中国科学院研究生教育基金会资助出版

国科大文丛

丛书主编/任定成

科学、哲学、社会和历史

范岱年 著

科学出版社
北京

图书在版编目(CIP)数据

科学、哲学、社会和历史/范岱年著．—北京：科学出版社，2013.3
（国科大文丛）
ISBN 978-7-03-037036-5

Ⅰ.①科… Ⅱ.①范… Ⅲ.①科学哲学-文集 ②科学史-文集 ③社会科学-文集 ④中国历史-文集 Ⅳ.①N02－53②G3－53③C53④K207－53

中国版本图书馆CIP数据核字（2013）第046122号

丛书策划：胡升华 侯俊琳
责任编辑：石 卉 程 凤/责任校对：张怡君
责任印制：徐晓晨/封面设计：黄华斌
编辑部电话：010-64035853
E-mail：houjunlin@mail.sciencep.com

科学出版社出版
北京东黄城根北街16号
邮政编码：100717
http://www.sciencep.com
北京厚诚则铭印刷科技有限公司 印刷
科学出版社发行 各地新华书店经销

*

2013年4月第 一 版 开本：B5(720×1000)
2021年1月第七次印刷 印张：16 1/2
字数：269 000

定价：82.00元

国科大文丛

丛书弁言

“国科大文丛”是在中国科学院大学和中国科学院研究生教育基金会的支持下，由中国科学院大学人文学院策划和编辑的一套关于科学、人文与社会的丛书。

半个多世纪以来，中国科学院大学人文学院及其前身的学者和他们在院内外指导的学生完成了大量研究工作，出版了数百种学术著作和译著，完成了数百篇研究报告，发表了数以千计的学术论文和译文。

首辑“国科大文丛”所包含的十余种文集，是从上述文章中选取的，以个人专辑和研究领域专辑两种形式分册出版。收入文集的文章，有原始研究论文，有社会思潮评论和学术趋势分析，也有专业性的实务思考和体会。这些文章，有的对国家发展战略和社会生活产生过重要影响，有的对学术发展和知识传承起过积极作用，有的只是对某个学术问题或社会问题的一孔之见。文章的作者，有已蜚声学界的前辈学者，有正在前沿探索的学术中坚，也有崭露头角的后起新锐。文章或成文于半个世纪之前，或刚刚面世不久。首辑“国科大文丛”从一个侧面反映了中国科学院大学人文学院的历史和现状。

中国科学院大学人文学院的历史可以追溯至1956年于光远先生倡导成立的中国科学院哲学研究所自然辩证法研究组。1962年，研究组联合北京大学哲学系开始招收和培养研究生。1977年，于光远先生领衔在中国科学技术大学研究生院（北京）建立了自然辩证法教研室，次年开始招收和培养研究生。

1984年，自然辩证法教研室更名为自然辩证法教学部。1991年，自然辩证法教学部更名为人文与社会科学教学部。2001年，中国科学技术大学研究生院（北京）更名为中国科学院研究生院，教学部随之更名为社会科学系，并与外语系和自然辩证法通讯杂志社一起，组成人文与社会科学学院。

2002年，人文与社会科学学院更名为人文学院，之后逐步形成了包括科学哲学与科学社会学系、科技史与科技考古系、新闻与科学传播系、法律与知识产权系、公共管理与科技政策系、体育教研室和自然辩证法通讯杂志社在内的五系一室一刊的建制。

2012年6月，中国科学院研究生院更名为中国科学院大学。现在，中国科学院大学已经建立了哲学和科学技术史两个学科的博士后流动站，拥有科学技术哲学和科学技术史两个学科专业的博士学位授予权，以及哲学、科学技术史、新闻传播学、法学、公共管理五个学科的硕士学位授予权。

从自然辩证法研究组到人文学院的历史变迁，大致能够在首辑“国科大文丛”的主题分布上得到体现。

首辑“国科大文丛”涉及最多的主题是自然科学哲学问题、马克思主义科技观、科技发展战略与政策、科学思想史。这四个主题是中国学术界最初在“自然辩证法”的名称下开展研究的领域，也是自然辩证法研究组成立至今，我院师生持续关注、学术积累最多的领域。我院学术前辈在这些领域曾经执全国学界之牛耳。

科学哲学、科学社会学、科学技术与社会、经济学是改革开放之初开始在我国复兴并引起广泛关注的领域，首辑“国科大文丛”中涉及的这四个主题反映了自然辩证法教研室自成立以来所投入的精力。我院前辈学者和现在仍活跃在前沿的学术带头人，曾经与兄弟院校的同道一起，为推进这四个领域在我国的发展做出了积极的努力。

人文学院成立以来，郑必坚院长在国家发展战略方面提出了“中国和平崛起”的命题，我院学者倡导开辟工程哲学和跨学科工程研究领域并构造了对象框架，我院师生在科技考古和传统科技文化研究中解决了一些学术难题。这四个主题的研究也反映在首辑“国科大文丛”之中。

近些年来，我们在“科学技术与社会”领域的工作基础上，组建团队逐步在科技新闻传播、科技法学、公共管理与科技政策三个领域开展工作，有关研究结果在首辑“国科大文丛”中均有反映。学校体育研究方面，我们也有一些工作发表在国内学术刊物和国际学术会议上，我们期待着这方面的工作成果能够反映在后续“国科大文丛”之中。

从首辑“国科大文丛”选题可以看出，目前中国科学院大学人文学院实际上是一个发展中的人文与社会科学学院。我们的科学哲学、科学技术史、科技新闻、科技考古，是与传统文史哲领域相关的人文学。我们的科技传播、科技法学、公共管理与科技政策，是属于传播学、法学和管理学范畴的社会科学。我们的人文社会科学在若干个亚学科和交叉学科领域已经形成了自己的优势。

健全的大学应当有功底厚实、队伍精干的文学、史学、哲学等基础人文学科，以及社会学、政治学、经济学和法学等基础社会科学。适度的基础人文社会科学群的存在，不仅可以使已有人文社会科学亚学科和交叉学科的优势更加持久，而且可以把人文社会科学素养教育自然而然地融入理工科大学的人文氛围建设之中。从学理上持续探索人类价值、不懈追求社会公平，并在这样的探索和追求中传承学术、培养人才、传播理念、引领社会，是大学为当下社会和人类未来所要担当的责任。

首辑“国科大文丛”的出版，是人文学院成立10周年、自然辩证法教研室建立35周年、自然辩证法组成立56周年的一次学术总结，是人文学院在这个特殊的时刻奉献给学术界、教育界和读书界的心智，也是我院师生沿着学术研究之路继续前行的起点。

随着学术新人的成长和学科构架的完善，“国科大文丛”还将收入我院师生的个人专著和译著，选题范围还将涉及更多领域，尤其是基础人文学和社会科学领域。我们也将以开放的态度，欢迎我院更多师生和校友提供书稿，欢迎国内外同行的批评和建议，欢迎相关基金对这套丛书的后续支持。

我们也借首辑“国科大文丛”出版的机会，向中国科学院大学领导、中国科学院研究生教育基金会、我院前辈学者、“国科大文丛”编者和作者、科学出版社的编辑，表示衷心的感谢。

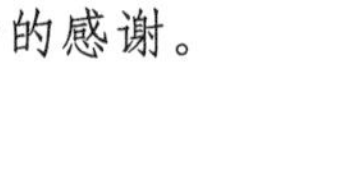

2012年12月30日

序

2012年是中国科学院大学人文学院更名10周年。院领导决定为一批老教师出版个人文集。我在20世纪80年代曾任该院自然辩证法教研室主任和研究生导师，所以学院也要为我编一本文集。我本来没有出版文集的计划，但因为有这个机会，就把我2005年以后发表的文章和少数以前发表的文章，编成这个集子——因为我在2005年前发表的文章，大都收录在2006年由科学出版社出版的我的《科学哲学和科学史研究》一书中了。

现在这个文集，共分四部。

第一部是“哲学与现实”。

其中第一篇文章《关于结合中国实际、开展多元化的社会科学哲学研究的若干思考》是我最近写的。我从开始介绍、研究科学哲学到现在，也有30多年了，但是过去一直偏重于自然科学哲学。近年来，我深感当今中国和世界的问题主要是社会问题、人类社会和自然环境的关系问题，因此必须联系现实，加强社会科学和社会科学哲学的研究。因为社会现象比自然现象更为复杂和多变，所以更需要从多个视角，以多种观点，用多种方法来加以研究，而这方面的研究成果，也会有利于我国哲学的创新。

第二篇文章《传统文明、现代科学：工业文明和人类的未来》是评田松的《有限地球时代的怀疑论——未来的世界是垃圾做的吗》一书。田松是我的好友，他的观点很有点后现代的味道。他认为现代的科学-工业文明是不可持续的，未来的世界将是一大堆垃圾。他主张摈弃现代的科学技术，回归传统的农业文明。但我认为，人类发展现代科学、工业，实现城镇化、信息化、全球化，已经走上了一条“不归路”，很难停止或逆转，比较可行的方法还是扭转科学技术的方向，朝可持续的方向发展。

自从罗伯特·科恩于1985年应《自然辩证法通讯》杂志社的邀请访华以来，我和他就成了志同道合的挚友。《杰出的科学哲学家罗伯特·科恩与中国》一文写于2007年。科恩是人道主义的马克思主义者，我也是从人道主义出发，参加革命和接受马克思主义的。我们有许多共同的语言。这篇文章也介绍了我们20多年的交往。

1963年我通过龚育之同志的推荐，开始在《自然辩证法研究通讯》从事编辑工作。从那以后，在中国科学院哲学研究所自然辩证法研究组、中国自然辩证法研究会，我们共事了40多年。《回忆与龚育之同志55年的交往》写于育之同志逝世的2007年。

第二部是“科学家和科学史”。

我翻译的《爱因斯坦新语录》和《玻恩-爱因斯坦书信集（1916－1955）》分别于2008年和2010年在上海科技教育出版社出版。这里收录了这两本书的译后记。爱因斯坦不仅是伟大的科学家，也是伟大的和平主义者、社会主义者、民主自由主义者。他对资本主义社会的深刻批判，对社会主义如何保障民主和个人权利这个问题的思考，至今仍有现实意义。

1995年，经戈革教授的推荐和范岁久先生的大龙基金会的资助，我到丹麦玻尔理论物理研究所和玻尔文献馆做访问学者，开始了“尼耳斯·玻尔与中国”的研究。但是直到2012年才把这个资料汇编整理出来，收录于此。

施乃德是我在20世纪80年代初认识的美国历史学家。2005年他送我他编写的《20世纪中国的生物学与革命》（2003年出版），我在2006年写了对这本书的评介。从中可以看出，中美两国生物学家、农学家的合作对中国生物科学和农业科学技术的发展起了很大的促进作用。

《〈不该遗忘的胡先骕〉读后》，是我对该书的一个评介。在文中我对我国现代植物学的先驱、学衡派成员、新人文主义者胡先骕先生敢于坚持真理、不怕高压、大胆批判李森科的伪科学的科学精神表达了深深的敬意。

第三部是“科学与社会”。

20世纪90年代末，我因为校译默顿的《十七世纪英格兰的科学、技术和社会》一书，和默顿开始了书信联系。2000年我首次到他纽约的家中拜访，受到他的热情接待。2001年和2002年我也去拜访过他。2003年年初，他因病逝世。《深切悼念杰出的社会学家罗伯特·默顿先生》是我应《中华读书报》之约写的悼念文章。

曹聪是美国哥伦比亚大学社会学系默顿夫妇、科尔兄弟的学生。他的博士学位论文的主题是研究中国科学院的院士群体。为了采访院士，他还曾寻求我的帮助。他在1997年获得博士学位。《中国的科学精英》这本书就是他在其博士论文的基础上写成的，于2004年出版。因为这本书可能是第一部用社会学方法研究中国科学院院士群体的著作，所以我在2006年写了《一部用社会学方法研究中国科学院院士群体的力作》这篇书评。

我在20世纪80年代末，认识了美国政治学家苏迈德教授，之后经常交往。2004年，苏迈德送给我《中国的技术战士》这本书和他为这本书写的书评。该书作者是美国前国务卿赖斯的学生，其本人后来也曾任美国国务院的官员。作者非常了解中国研制“两弹一星”，以及后来制订和执行“国家高技术研究发展计划”（“863”计划）的情况。同时，这本书也反映了美国一部分学者对中国科学技术政策的观点。我在2005年写了这本书的简介——《一个美国人看中国的技术-军事政策》，也作了一些评论。

王作跃是中国科学院研究生院的硕士生，留学美国，获科学史博士学位，后在美国任教授，任两个著名科学史杂志的编委。2011年在合肥举行的东亚科技和医学史会议上，他组织了一个讨论留美科学家历史的分组会，请我主持。《关于留美华裔科学家》一文就是在那次会议发言的基础上写成的。

杜开昔（Kathy Dugen）是美国人，科学史博士，曾任中国科学院大学外语教研室教师。她在20世纪80年代末与《自然辩证法通讯》杂志社的编辑王德禄一起访谈了许多留美归国的科学家，但一直没有整理出访谈录。在王作跃的推动下，王德禄和他的助手把《1950年代归国留美科学家访谈录》整理出来了，2012年就可以出版。我为此书写了“序”，今也收录于此。

第四部是“怀念长辈”。

2011年，我参加了两次纪念辛亥革命100周年的会议，宣读了《从革命的参与者看辛亥革命与科学》一文，介绍了为保障人权献身的杨杏佛、中国现代科学的先驱任鸿隽、现代教育的先驱经亨颐、为实业救国奋斗一生的范高平（我的祖父）。

《怀念民主主义教育家经亨颐先生》一文曾于1987年在浙江上虞市“经亨颐先生诞辰110周年纪念会”上宣读。经老先生和我祖父都是上虞人，清朝末年一起留学日本，一起参加辛亥革命，是终生的挚友。

《胡愈之和〈东方杂志〉》是2006年在上虞为纪念胡愈之诞辰110周年举行的“胡愈之文化思想研讨会”上的发言。胡愈之是我堂舅，他从1914年到商务印书馆任练习生，1915年任《东方杂志》助理编辑，1933年任主编，一共工作了18年，为该刊写了大量文章，把《东方杂志》办成一个广受欢迎的大型综合性、学术性、政论性期刊。1933年年初，胡愈之主编的《东方杂志》新年号开辟了“新年的梦想”专栏，刊登了142个梦想，其作者极大部分是著名的知识分子，我的父亲范寿康也是作者之一。因为有部分文章讽刺和批判国民党当局，商务印书馆的总经理王云五要求删除或修改，为此和胡愈之发生了争执，胡愈之亦因此辞去了主编职务。2008年，我在《中华读书报》上发表了《1933年中国知识分子的新年梦想》一文，比较全面地介绍了这一组“梦想”。

2008年，为庆祝浙江上虞春晖中学100周年校庆，我写了《范寿康一家和春晖中学》一文。我父亲范寿康在1927年，因经亨颐的约请，担任春晖中学校长，1930年和一位教师、一位学生一起被匪徒绑架，在上虞附近深山上待了50多天。我当时才4岁，但我至今还记得一个夏日晚上父亲和老师、学生三人蓬头垢面回到家中的情景。在这以后，我父亲就离开了春晖中学。但我的大姐、三妹、四妹、三弟都曾在春晖中学毕业或肄业。春晖中学和我们一家，关系是很深的。

最后，我深深感谢中国科学院大学人文学院为我这本文集的出版提供机会。

范岱年

2012年6月6日写于北京中关村

目录

第二部
科学家和科学史

第三部
科学与社会

第四部
怀念长辈

第一部
哲学与现实

关于结合中国实际、开展多元化的社会科学哲学研究的若干思考*

我们介绍、研究科学哲学已有30多年的历史。过去我们偏重于自然科学哲学的介绍、研究；现在，我感到我们需要大大加强社会科学哲学的研究。因为人类现在所面临的主要问题，是社会问题、社会科学问题。而对这些问题的探索、研究和解决，也必然会大大丰富社会科学和社会科学哲学的内容，大大促进这些学科的发展。*

一

社会科学是用理性的、科学的方法研究人类社会的种种现象的各学科总体或其中任一学科。社会科学研究人类在社会和文化方面的行为，包括经济学、政治学（法学）、社会学、社会和文化人类学、社会心理学、社会和经济地理学，也包括教育学的有关领域。

社会科学的特点如下：①社会是人类关系的总和，是由人组成

* 本文为首次发表。

的。所以社会科学的对象是人、人与人之间的关系。人是能使用和制造工具、有语言、有思想、有感情、有文化、有知识、有伦理道德和审美情操的动物，人的行为有动机、有意向、有意义。所以社会科学远比自然科学复杂多变。②人掌握了社会科学的知识和规律，会有对策，有自反性。③每个人有多种不同的属性、个性，这就为还原论（简化论）、原子论带来了困难。④人组成的机构、制度、关系等负荷着人的概念和活动，所以社会科学大多不是价值无涉的。

现代社会科学起源于18世纪末19世纪初。现代社会科学是随着资本主义市场经济、公民社会、实证的自然科学和工业化的发展而逐步发展起来的。其代表人物有孟德斯鸠（1689～1755，法国）、亚当·斯密（1723～1790，英国）、孔德（1798～1857，法国，实证主义和社会学的创始人）、J. S. 密尔（1806～1873，英国，功利主义政治哲学家、逻辑学和经济学家、方法论的个体论者）、马克思（1818～1883，德国，唯物史观、剩余价值学说、科学社会主义学说的创始人）、杜克海姆（1858～1917，法国，社会学家、社会哲学家、实在论者）等。波特等人编著的《剑桥科学史》第七卷《现代社会科学》比较全面地介绍了现代社会科学发展的历史[①]。贝尔的《第二次世界大战以来的社会科学》介绍了20世纪社会科学的重大贡献，指出了经济学、社会学日益朝定量化、数学化的精密科学方向发展。他既肯定了列宁和毛泽东的革命理论和实践的成就，同时也介绍了在20世纪60～70年代兴起的新马克思主义[②]。

二

对社会科学哲学有较大影响的，除上面几位学者外，还有狄尔

① 波特、罗斯：《现代社会科学》，第七卷翻译委员会译，大象出版社，2008年。

② 贝尔：《当代西方社会科学》，范岱年等译，社会科学文献出版社，1988年。

泰（1833～1911，德国，历史哲学家和诠释学家）、韦伯（1864～1920，德国，社会学家、社会科学哲学家，他讨论过社会科学中的价值判断，认为对社会事实的叙述应该是价值中立的；他认为社会科学要超越因果说明，要理解社会行动的意义；他主张社会建构论，提出将理想型作为社会建构的工具；在方法论上，他还是个体主义者）、胡塞尔（1859～1938，德国，现象学哲学家）、纽拉特（1882～1945，奥地利，维也纳学派重要成员、逻辑经验论者、社会学家，提倡统一科学运动）、海德格尔（1889～1976，德国，重要现象学哲学家）、波普尔（1902～1997，奥地利，科学哲学家和政治哲学家，提倡证伪主义，反对历史决定论，方法论上的个体论者）、库恩（1922～1997，美国，科学哲学家，赞成诠释学科学哲学）、戴维森（1917～2008，美国，分析心灵哲学和语言哲学家）、温奇（1926～1998，英国，社会科学哲学家，他主张社会科学应着重理解语言，而不是理解机器的运转，社会行动受规则支配，不受规律支配，规则是人创造的一种框架，用来指导和建构决策和行动的意义，他是文化相对主义者，但他认为，生、结婚、死，与自然界打交道是不同文化所共有的）。

博伊德编的《科学哲学》文集，第四部分是"社会科学哲学"。加斯珀在"导论"中写道："社会科学哲学讨论有关人类社会理论的解释、确认、说明和简化（还原）。社会科学在预测和说明方面不如自然科学那么成功，其原因是，历史短、受意识形态的扭曲、对象特别复杂等。""导论"后面选载了雷尔顿论述"马克思和科学的客观性"，韦伯论述"社会科学中的价值判断"，沃特金斯论述"个体论方法论和社会趋向"的文章①。

霍利斯的《社会科学哲学导论》探讨了社会科学的理解和说明，

① Boyd，Gasper，Trout . The Philosophy of Science，MIT Press，1991.

比较了个体论和整体论方法，博弈论和系统论方法①。

G. 波特的《社会科学哲学——新的视角》坚持批判实在论，主张自然科学和社会科学的统一，认为理性论和经验论是科学的哲学基础。他批判了实证论的科学统一观，介绍了韦伯、波普尔、杜克海姆的社会科学哲学，介绍了温奇的文化相对主义、哈贝马斯的批判理论、女性主义哲学、后结构主义和后现代主义、超实在和批判实在等②。

特纳和罗思在其主编的《社会科学哲学》（英文原版在 2003 年出版）的“导论”中指出：社会科学哲学主要研究与社会科学有关的逻辑、本体论、认识论和方法论，它一直是围绕社会知识的科学地位问题而进行的松散研究。社会科学哲学讨论的问题有动因（意义、理由和原因等）、合理性（说明还是诠释，客观性，价值中立等）、科学方法（统一的科学方法，独特的社会科学方法等）。该书的第一编“历史”探讨了因果性和目的论、现象学-解释学的社会研究、分析传统的社会科学哲学③。

马尼卡斯的《实在论的社会科学哲学——说明和理解》着重讨论了说明和理解，强调了社会科学和自然科学的两大差别：第一，研究对象不同，一个是人，一个是物；第二，社会存在制度、机构、社会结构、社会关系是实在的，但负荷着人的概念和活动④。

谢拉特的《欧洲大陆的社会科学哲学——从古希腊到 21 世纪的诠释学、系谱学和批判理论》介绍了不同于英美经验论传统的欧洲大陆

---

① Hollis M. The Philosophy of Social Science—An Introduction. Cambridge University Press，1994.

② Potter G. The Philosophy of Social Science—New Perspectives. Prentice Hall，2000.

③ 特纳 S P 、罗思 P A ：《社会科学哲学》，杨富斌译，人民大学出版社，2009 年。

④ Manicas P T . A Realist Philosophy of Social Science—Explanation and Understanding. Cambridge University Press，2006.

的社会科学哲学。第一部分介绍诠释学和现象学，第二部分介绍系谱学传统，第三部分介绍批判理论，而这三者都有人文主义传统①。

康德（1724～1804）是西方古典哲学的集大成者。他的三大批判和实用人类学为以后的哲学发展奠定了基础②。

康德以后，以卡尔纳普、卡西勒、纳托普等为代表的马堡学派关注自然科学，他们与英美的经验论学派相结合，发展了分析的经验论哲学。这种哲学清晰明确，但有时繁细琐碎，是狭义的哲学。

康德以后，胡塞尔和以海德格尔、利克特为代表的西南德国学派发展了现象学派，狄尔泰、伽达默尔等发展了诠释学，形成了欧洲大陆的诠释学——现象学派。

康德以后的批判学派从马克思到法兰克福学派，再到哈贝马斯。

除了以上三大学派，还有列维-施特劳斯（1908～2009）和皮亚杰的结构主义，后来又有后现代主义、解构主义、女性主义（立场论）等学派。

这些学派都以他们自己的观点提出了他们的社会科学哲学。而在东方则有中国的儒家哲学、道家哲学，印度哲学，阿拉伯哲学等。这些也都是我们研究社会科学哲学的思想资源。

三

我认为60年来我国哲学研究的一个教训是过分强调了所谓的哲学的党性原则，导致思想僵化。我觉得，我们不必坚持哲学的党性原则，赞成超越唯物论（物质论）和唯心论（观念论）、实在论和反实在论、唯理论和经验论、个体论和整体论、定性和定量、自然主

① Sherratt Y. Continental Philosophy of Social Science—Heumeneutics, Genealogy and Critical Theory from Ancient Greece to the 21st Century. Cambridge University Press, 2006.

② 李秋零：《康德著作全集》，第三至五卷，中国人民大学出版社，2003～2010年。

义和人道主义、自然主义和规范主义、还原论和突现论，把它们看成是不同的视角、不同的出发点或不同的方法。我们要吸取各个流派的所长，多元化地开展社会科学哲学研究。

康德批判了莱布尼茨、沃尔夫的独断论，将唯理论和经验论相结合，将唯物论（物自体）和唯心论相结合，成为古典哲学的集大成者。马克思承认“唯心主义发展了能动的方面”（“关于费尔巴哈的提纲”）[①] 继承批判了康德、黑格尔的唯心论、辩证法，也批判继承了费尔巴哈的唯物论。现象论哲学家主张超越唯物论和唯心论，提倡视角主义，认为二者只是从不同的视角看问题。实际上对立的观点，常常是互补的。

唯物史观强调发展生产力的需要推动了人类历史的发展，唯心史观强调人的思想、观念推动了历史的发展。美国社会学家默顿在研究17世纪英格兰科学技术的发展时，既肯定了韦伯所强调的清教主义的作用，也肯定了马克思所强调的发展生产力的需要。默顿命题把二者结合起来，对当时英格兰科学技术的发展作了比较正确、全面的理解。

个体论者强调行动者（对策论），整体论者强调系统、结构、制度（系统论），其实二者不可偏废，是相互补充的[②]。

美国科学哲学家科恩在比较研究辩证唯物论和逻辑经验论时指出，二者都赞成自然主义和人道主义，它们的差异在于：一个奠基于研究人的冲突的社会理论，所以强调批判、创造，重视历史的、动态的、辩证的发展；另一个奠基于研究自然秩序的物理理论，所以强调一致、归纳，静态的和形式的分析推理。前者对社会科学理论和社会革命实践有较大的影响，后者则对形式科学和自然科学有较大的影响，二者可以相互补充。科恩虽然很敬仰列宁，但他不赞

① 马克思：《马克思恩格斯全集》（第一卷），人民出版社，1972年。

② Hollis M. The Philosophy of Social Science—An Introduction. Cambridge University Press，1994.

同列宁认为唯心论为反动的社会目的服务，唯物论为进步的社会目的服务的论断。科恩指出，关于哲学的社会功能问题，并没有如此简单的答案[①]。

英美的分析哲学、还原论、理论抽象、定量描述、数学化、精确化，与欧洲大陆的现象论哲学、整体观、定性描述、直觉把握也是互补的。

英美的实证论者强调覆盖律、说明，欧洲大陆的诠释学强调规则、理解、诠释、语境；一个偏重静态，一个偏重动态、历史；一个更适用于物理科学和计量经济学等社会科学，一个更适用于人文学科和一般社会科学。

其实，不光是社会科学研究需要多元的、多视角的哲学，自然科学也是一样。爱因斯坦说得好："科学家……感激地接受认识论的概念分析；但是，经验事实给他规定的外部条件，不容许他在构造他的概念世界时过分拘泥于一种认识论体系。因而，在一个有体系的认识论者看来，他必定像一个肆无忌惮的机会主义者：就他力求描述一个独立于知觉作用以外的世界而论，他像一个实在论者；就他把概念和理论看成是人的精神的自由发明（不能从经验所给的东西中逻辑地推导出来）而论，他像一个唯心论者；就他认为他的概念和理论只有在他们对感觉经验之间的关系提供出逻辑表示的限度内才能站得住脚而论，他像一个实证论者；就他认为逻辑简单性的观点是他的研究工作所不可缺少的一个有效工具而论，他甚至还可以像一个柏拉图主义者或者毕达哥拉斯主义者。"[②] 爱因斯坦就是这样灵活地运用各种哲学观点和方法，才取得物理学上划时代的成就。

---

① 科恩：《当代哲学思潮的比较研究》，陈荷清、范岱年译，社会科学文献出版社，1988年。

② 爱因斯坦：《爱因斯坦文集》（第一卷），许良英等译，商务印书馆，2010年，第643页。

所以，我们研究社会科学，就更不应该拘泥于一种哲学体系。

四

我们应该从中国的现实的生活世界出发，面对中国现实的社会问题，开展社会科学和社会科学哲学研究。

丹尼尔·贝尔（1919～2011，美国，传播批判学派的代表人物）在《第二次世界大战以来的社会科学》一书中列举了1900～1965年全世界62项重大的社会科学贡献，其中有我们熟悉的罗素、杜威、维也纳学派、韦伯、默顿、布里奇曼等的工作，以及系统论、控制论和信息论等；苏联有列宁的苏维埃型一党国家、巴甫洛夫的条件反射学说、康托罗维奇的线性规划三项；中国只有一项，就是毛泽东的农民、游击队组织和政府。由此可见，联系实际，解决社会中的现实问题是取得社会科学重大成就的有效途径①。而这种研究，应该是多元、多视角的。当代中国，在现代化、工业化、信息化和经济建设方面已取得巨大进展，但仍存在许多社会问题，需要我国的社会科学家和哲学家来研究、思考。

第一，在经济方面，我们国家仍然坚持中国特色的社会主义。为此，我们必须对马克思、列宁、斯大林、毛泽东、伯恩斯坦、西方国家的社会民主主义作历史的、诠释学的考察。同时用分析哲学的方法，对中国特色的社会主义作明确、清晰的界定。我国在所有制方面是以公有制为主体、多种所有制共同发展，在经济运营上实行社会主义市场经济，在分配制度上是以按劳分配为主体、多种分配方式并存。马克思主义的经济学坚持整体论方法，以消灭剥削、共同富裕为目标。但在改革开放后，我们加入了世界贸易组织，和

---

① 贝尔：《当代西方社会科学》，范岱年等译，社会科学文献出版社，1988年。

全球经济融为一体。我们通过引进外资和技术，利用我国丰富、廉价的劳动力，大大发展了生产力，使国内生产总值位居世界第二；大大推进了工业化和信息化，成为世界工厂，出口大国；也使贫困人口总数大大减少。但也出现了严重问题，如贫富差距扩大，政府官员和国有企业管理人员贪污腐败，国有资产大量流失，生态环境严重破坏，资源大量浪费，等等。这就需要转变经济发展方式，实行政治体制改革。

我们实行对外开放、与资本主义国家打交道，就需要懂得西方的资本主义经济学，懂得他们的话语和游戏规则。西方资本主义经济学的理论基础是配置稀缺资源的边际效用理论，采用的是个体主义的成本-效益分析方法。它的前提是理性经济人假说。西方经济学经过200多年的发展，发展出凯恩斯主义和供应学派，经济学日益精密化、定量化和数学化，可是也未能预见2008年的金融危机。所以我们也需要记得现象学家胡塞尔对欧洲现代科学危机的批评，不要迷信定量化、数学化，不要迷信数学模型、虚拟经济，还是要回到现实的生活世界。我们与资本主义世界打交道，是在全球市场中进行竞争，需要运用博弈论。但是作为全球经济体系中的一员，我们也需要维护全球经济体系的平稳运行，防止、应对经济危机，这就要求我们运用整体论的系统论。

龚育之等参与编写的《马克思主义中国化研究——历史进程和基本经验》指出，"充分利用资本主义，最终战胜资本主义。这是中国特色社会主义的发展之道，也是马克思主义中国化的成功之道"①。可是，世界经济的发展还存在很大的不确定性。中国特色的社会主义要战胜资本主义，就需要使国有经济的利润、政府的税收真正造福于人民，使广大人民真正满意中国特色的社会主义制度；就需要

---

① "马克思主义中国化的历史进程和基本经验"课题组：《马克思主义中国化研究——历史进程和基本经验》，北京人民出版社，2009年，第735页。

使我们的产品价廉、物美、安全，受到国内外消费者的欢迎；就需要中国对国外的投资做到互利共赢并有利于对方人民的就业、不破坏当地的生态环境。总之，社会主义只有真正站在道德的制高点上，才有可能战胜资本主义。

第二，在政治方面，温家宝总理近年来多次提到了政治体制改革。他说："现在改革到了攻坚阶段，没有政治体制改革的成功，经济体制改革不可能进行到底，已经取得的改革和建设成果还有可能得而复失。社会上新产生的问题也不能从根本上得到解决，'文化大革命'这样的历史悲剧还有可能重新发生。"①

托马斯在《政治哲学导论》中，引述了阿克顿的名言"权利导致腐败，绝对的权利绝对导致腐败"，引述了孟德斯鸠的三权分立的思想，引述了马克思的异化学说、罗尔斯的正义理论②。这些理论对我们思考政治体制改革，都有指导意义。王若水曾经根据马克思的异化学说，认为当前的中国，存在着人民的公仆异化成人民的老爷的危险③。这说明了马克思的异化学说的现实意义。爱因斯坦在1949年发表的《为什么要社会主义》一文中也提出："社会主义的建成，需要解决这样一些极端困难的社会-政治问题：鉴于政治权力和经济权力的高度集中，怎样才有可能防止行政人员变成权力无限和傲慢自负呢？怎样能够使个人的权利得到保障，同时对于行政权力能够确保有一种民主的平衡力量呢？"④ 温家宝总理多次提出，要推进政治体制改革，"政府的一切权力都是人民赋予的，必须对人民负

① 温家宝：《十一届人大五次会议记者会上答中外记者问》，《光明日报》，2012年3月15日。

② 托马斯：《政治哲学导论》，顾肃等译，中国人民大学出版社，2006年。

③ 王若水：《为人道主义辩护》，三联书店，1986年。

④ 爱因斯坦：《爱因斯坦文集》（第三卷），许良英等译，商务印书馆，2010年，第318页。

责，为人民谋利益，接受人民的监督”①。我们希望，中国政府的官员，都能有这样的自觉。

在国际政治方面，由于全球的工业化，全球温室气体的排放将威胁到未来地球的安全；核武器的扩散和使用，有可能消灭全人类。要解决这些问题，比较可行的办法是建立世界政府，来限制温室气体的排放，销毁并禁止生产核武器。要做到这些，康德的“实用人类学”（1798）、“关于一种世界公民观点的普遍历史的理念”、“论永久和平”②，中国传统哲学中的“大同”理想、“仇必和而解”、“为万世开太平”③，都是极为珍贵的思想资源。

第三，中国在建设和谐社会方面，必须保障宗教信仰自由，保障各个民族间的平等和民族区域自治，保护各民族的文化遗产，保存各民族的文化基因。而最重要的是逐步推进城镇化，逐步消灭工农（牧、渔）之间、城乡之间的本质差别。中国的农民占全国人口的绝大多数，他们是中国革命和建设的主力军，他们为中国革命和建设作出了最大的贡献和牺牲，可是新中国成立后实行的城乡二元结构和户籍制度对农民极不公平。为了改变这种不合理的状况，实现城乡的协调发展，我国开始执行反哺农业、以城带乡的政策，发展现代农业，建设新农村。改革开放以来，中国出现了上亿的农民工，出现了大规模的城乡移民现象，这是中国特有的社会现象，也有许多独特的问题，值得社会学家和社会科学哲学家进行深入的研究④。

第四，在教育方面，由于中国是人口大国，中国的学校教育和国民教育，关系到中国的命运，也关系到人类的未来。中国在 20 世

---

① 温家宝：《政府工作报告》，人民出版社，2011 年。

② 康德：《康德著作全集》（第 7 卷），李秋零译，中国人民大学出版社，2010 年；康德：《康德著作全集》（第 8 卷）．李秋零译，中国人民大学出版社，2009 年。

③ 冯友兰：《中国现代哲学史》，广东人民出版社，1999 年。

④ 李培林：《中国社会》，社会科学文献出版社，2011 年。

纪初，就开始兴办现代学校，出版了介绍现代教育的书刊。“五四运动”前后，杜威的实用主义教育哲学、康德主义者纳托普（他也是马堡学派的代表人物）的理想主义教育哲学[①]等各种学说也开始在中国传播。

新中国成立后学习苏联，把西方的绝大部分人文学科、社会科学（包括教育学）看成是资产阶级的伪科学，并予以取缔；并认为西方的自然科学，没有阶级性，可以学习、讲授，但西方科学家的世界观是资产阶级的、唯心主义的，需要批判。1957 年“大鸣大放”期间，有些学者呼吁不要取消旧社会科学，要批判继承，结果这些学者被打成“右派”，他们的主张被认为是复辟资产阶级伪科学的反动纲领。“文化大革命”期间，一方面，否定知识，“知识愈多愈反动”，“卑贱者最聪明”，于是停课闹革命。苏联的哲学社会科学被批判为修正主义的，西方的哲学被批判为资产阶级的，中国传统的学说被批判为是封建主义的，结果成为文化虚无主义。另一方面，否定人性、道德和法治，甚至出现了中学生打死老师这样的惨剧和暴行。其结果是给中国的教育事业带来了空前巨大的灾难。

“文化大革命”以后，开始恢复正规的学校教育。人们开始解放思想，开始介绍和讲授西方的人文学科和哲学社会科学。人们饥渴地学习西方的人文学科和哲学社会科学，一度出现了文化热，但也受到了“反精神污染”、“反资产阶级自由化”的干扰。教育规模有巨大的发展，但人文学科和社会科学仍相对落后；自然科学和工程技术虽日益接近世界先进水平，但重大的理论突破和技术创新仍不多。在教育学生方面，似乎对知识和才艺的教育和传授较为重视，对伦理道德比较忽视。想要纠正这些弱点，需要端正教育的态度，改进教育的方法，就需要大大加强教育哲学的研究。

① 范寿康：《教育哲学大纲》，福建教育出版社，2007 年。

中国的儒家有重视教育、尊师崇道的优良传统，儒家重视伦理道德的教育、提倡仁义礼智信，“格物致知，诚意正心，修身齐家，治国平天下”，把求知、道德修养和治国平天下（建立一个和平、平等的大同世界）的人生抱负统一起来。这需要我们很好地批判继承。

康德和马克思都是人道主义者，他们都认为“人是目的”。康德认为教育是把人培养成理想的人，是追求真善美的人，而首先是“善”，即善良的、永久和平的世界公民。康德强调个性教育，尊重每个人的兴趣、特点，因材施教，不是把人当成“驯服工具”或“螺丝钉”[①]。康德还在《什么是启蒙》一文中鼓励人们要有“使用自己的理智的决心和勇气”，要有“公开地运用自己的理性的自由”[②]。马克思关注人的自由和全面发展，认为“每个人的自由发展是一切人自由发展的条件”[③]。这些都是教育哲学的宝贵思想资源。

总之，今天的世界存在巨大的风险，人类社会的前途存在巨大的不确定性。人类要争取实现一个和平、和谐、可持续发展的社会，需要有极大的智慧，需要爱智的哲学，包括社会科学哲学。

---

① 康德：《康德著作全集》（第 7 卷），李秋零译，中国人民大学出版社，2009 年。

② 康德：《康德著作全集》（第 8 卷），李秋零译，中国人民大学出版社，2010 年。

③ 马克思：《马克思恩格斯全集》（第一卷），人民出版社，1972 年。

传统文明、现代科学：工业文明和人类的未来*

——评田松的《有限地球时代的怀疑论——未来的世界是垃圾做的吗》

田松在获得物理学学士和硕士学位以后，攻读了两个博士学位，一个是科学哲学博士，另一个是理学（科学史）博士，论文方向分别为量子物理哲学、中国少数民族科学史（纳西族）。他是一个很有才华的青年学者。他的这本著作《有限地球时代的怀疑论——未来的世界是垃圾做的吗》（北京，科学出版社 2007 年版）表达了对传统文明的尊重、对现代科学-工业文明的深刻反思和批判，以及对未来的文明——生态文明的渴望。这是一本值得人们认真阅读并深入思考的著作。作者观点鲜明、语言生动、善于雄辩。2008 年，该书成为第四届国家图书馆文津图书奖的推荐之书（《光明日报》，2008 年 12 月 27 日），表明该书在国内已有相当大的影响。田松和我已是多年的朋友，他在 2007 年 11 月就送给我这本书，但我一直没有阅读。直到 2008 年年底，他要我为这本书写个书评，我才认真地通读

* 本文原载《科学文化评论》，2009 年第 6 卷第 4 期，第 86～95 页。

了一遍。下面，我想就三个问题与田松商榷。

一、关于传统文明

田松十分尊重传统，他的书的第一部分的标题是“一个民族需要传统”（第1页[1]）。这应该是不会有争议的。他反对把传统文明与愚昧、迷信、落后联系在一起（第6、15页）。在这部分中，他推崇我国纳西族的署自然观对保护生态环境的积极意义（第34、79页）；他谈到佤族、怒族的刀耕火种的生产方式具有巨大的合理性和高超的生存智慧（第17、18页）；他也赞赏美国阿米什人恪守古老简朴的生活方式、抗拒现代工业文明的事例（第39～41页）。他认为，“那些乐于放羊并乐于世代放羊的人是幸福的”（第10页）；“那些年薪600元每天唱歌跳舞的阿佤人是幸福的”（第200页）；他反对这些民族的青少年接受现代教育，认为“现代教育是传统文明的破坏者”，是“空投的文明”（第5页）。虽然，他也承认，“文化当然不是一成不变的”（第172页），纳西文化有吸收了汉文化的丽江型，也有吸收了藏文化的永宁型（第24页）。那么，在现代化浪潮席卷中国的今天，这些民族为什么不能吸收一点现代文化呢？当然，在现代社会，各个少数民族有权利保留他们的生活方式和传统文化，联合国也注意到保护人类的文化遗产。但是，在现代社会，这些民族的青年人也有权选择现代的生活方式、接受现代化的教育。田松这样一味地固守传统，完全拒斥现代化教育，是否有点过分偏激呢？

我赞同董光璧先生的意见，文明的产生和演变，一方面是源于对自然灾害等挑战的应对，另一方面是源于与外来文明的冲突与融

① 指引用语句在原书的页码，余同。

合[①]。文明是在变动演化的，既不能没有传统，也不能固守传统、一成不变。

田松还认为，传统是不可以拆分的，不能“取其精华，弃其糟粕”（第22、48页）。这我也不能苟同。我觉得文明是可以分为器物技术层次，制度和习俗层次，科学和人文（包括语言文字）层次，以及价值、道德、哲学和宗教等形而上学层次。传统文明中，也是有糟粕的。例如，旧礼教中以孝、节的名义给青年、妇女套上道德“枷锁”甚至迫害其致死，藏族农奴制对农奴的残酷迫害，等等。

田松在讨论传统文明的这部分，没有对中华民族的主流传统文化——儒家文化的历史和演变作简略的回顾与考察是一大欠缺。

儒家文化在2000多年的发展演变过程中，吸收了本土的道家文化，也吸收了外来的佛教文化，到明末清初，又接触到西方文明。中国对西方文明，开始也是有抗拒的，鸦片战争后，才开始要“师夷长技以制夷”，以后又提出“中学为体，西学为用”，在“戊戌变法”和辛亥革命时期，又开始学习西方的君主立宪和民主共和的政治体制。可是袁世凯复辟和军阀混战的现实使中国的有识之士认识到中国需要全面地学习西方，开展了新文化的启蒙运动。在此后的20多年间，中国开展了东西方文化问题、科学与人生观问题的论战，激进的主张全盘西化，稳健的主张东西方优秀文化的融合；也展开了关于中国现代化道路——资本主义还是社会主义的论战；关于中国文化出路——中国本位还是全盘西化的论战；中国经济发展的道路——以农立国还是以工立国的论战[②]。维新派领袖梁启超在20世纪初，提出了新民说，在1920年又提出：“拿西洋的文明来扩充我的文明，又拿我的文明去补助西洋的文明，叫它化合起来成一种新文明。”民主革命领袖孙中山结合儒家传统中的大同世界、民本主义

① 董光璧：《互联网与中国传统文化》，《光明日报》，2008年11月27日。
② 罗荣渠：《从“西化”到现代化》，北京大学出版社，1990年。

的理想、西方的民主自由和人权观念，以及马克思的社会主义学说，提出了民族主义、民权主义、民生主义，但他不赞成马克思的阶级斗争学说，主张平均地权、节制资本。他创建的中国国民党在“三民主义”的旗帜下，与中国共产党合作，取得了北伐战争的胜利，并在此后进行了初步的工业化建设；通过与中国共产党的第二次合作，取得了抗日战争的胜利。中国共产党是在马克思列宁主义和第三国际指导下创建的。但中国共产党领导的新民主主义革命之所以能取得胜利，是因为继承了孙中山的“三民主义”，提出了新民主主义的政治纲领；是因为继承了中国农民革命传统，提出并执行了“以农村包围城市、然后夺取城市”的战略方针；是因为继承了中国传统的政治智慧，巧妙地执行了统一战线的策略；是因为中国共产党党员的修养中吸取了儒家的许多崇高的道德理念①。1949年以后，毛泽东先主张全面学习苏联，过早地进行了社会主义改造，通过执行“五年计划”，进行工业化建设，发展科学技术，争取接近和赶上世界先进水平；而在赫鲁晓夫批判斯大林以后，又开始反对苏联的社会主义模式，提出并执行自己独特的社会主义革命和建设的路线。“反右”斗争伤害了大批知识分子。“大跃进”和人民公社化运动导致巨大的资源浪费，森林、生态的破坏及空前的大饥荒。“反右倾”运动又打击了提出不同意见的党内干部。“四清”社教运动打击了大批农村基层干部。而在“文化大革命”时期，中国在反对封、资、修的旗号下，既反传统、又反西方资本主义、也反苏联式的社会主义，反对西方和苏联的现代化道路，实际上是文化虚无主义。有讽刺意味的是，在彻底反传统的旗号下，许多封建专制的传统却在对毛泽东个人崇拜的名义下复活了。“文化大革命”的结果，是工业化建设的停滞、倒退，科学技术与先进国家的差距明显拉大，国民经

① 刘少奇：《论共产党员修养》，《刘少奇选集》（上卷），人民出版社，1981年，第97～167页。

济到了崩溃的边缘，文化教育事业遭到巨大的破坏，许多干部、知识分子和青年积极分子遭到残酷迫害。“文化大革命”后，中国共产党恢复进行现代化建设的路线，实行改革开放，恢复学校教育，得到了广大人民的拥护，取得了巨大的成就。田松应该也是从中受益的。

近两个世纪以来，中华民族在吸收西方文化的基础上，已形成了自己的新的民族文化。中国已由农业-手工业国家发展为具有现代工业的国家，经过半殖民地的资本主义市场经济、社会主义计划经济，开始建立新型的市场经济，参加了世界贸易组织，加入全球现代化的行列。中国国内生产总值已居世界第三位[①]。在文学艺术方面，通过新文学运动，中国已出现了鲁迅、茅盾、巴金、沈从文、曹禺、老舍等杰出的大作家。在科学方面，中国已建成完整的自主的科学体系。在人文学说方面，中国出现了融贯中西的冯友兰、金岳霖、陈寅恪这样的哲学家、史学家。现代中国的文化是传统文化、西方文化（包括马克思主义）的融合。这种文化并不是西方空投下来的文化，也不是被欧美或苏联的文化“格式化”的文化，而是具有中国特色的现代民族文化。2008 年汶川地震和北京奥运会前后，中国广大人民和海外华人呈现出高度的民族主义、爱国主义热情和仁爱之心。这表明中国的文化传统仍具有巨大的影响，中华民族仍具有巨大的凝聚力。

总之，中国在吸收西方文化、实现工业化和现代化的过程中，开始是被动的、被迫的，后来就成为主动的。对传统的态度，自五四运动以来，在中国知识分子群体中，有激进的、反传统的全盘西化派，有固守传统的保守派，也有主张融合东西方优秀文化的学者（如严复、梁启超、杜亚泉和学衡派的成员吴宓、陈寅恪、胡先骕

① 2009 年是第三位，现在已是第二位——作者注。

等)。中国吸收西方文化的途径和内容也大不相同，起初是通过日本的中介而吸收，后来是直接向欧美学习，还有的是通过苏俄引进了马克思列宁主义。中国国民党在苏联和第三国际的援助下建立武装，1927 年后，蒋介石又开始联合英美，可是在政治上仍坚持专政、独裁，在文化上却又维护传统。毛泽东在新中国成立初期，号召诚心诚意学习苏联，可是在后来又坚决反对苏联修正主义。在科学和人文方面，中国引进了西方的分科和方法，但很多仍是以中国地域的自然状况、社会状况和历史经典为对象和内容的。中国人对传统，有批判，有继承；对西方文化，有搬用模仿，但也有创造，当然也有扭曲，也走过弯路，有进展，也有倒退，所以是一个十分复杂、曲折的演变过程。但无论如何，现代的中华文明绝不是“空投的文明”，也不是简单地被西方格式化了的文明。

二、关于现代的科学-工业文明

田松在本书的第二部分“在科学依据之外”中，对认为科学万能的唯科学主义进行了尖锐的批判。他反对对科学的迷信；(第 66～69 页) 反对“把好的归科学，坏的归魔鬼”，基本肯定了“科学是一把双刃剑”这一命题的积极意义 (第 69～72 页)；反对把科学“尊崇为绝对正确的东西”；这些我都是赞同的[①]。这些批判在当今唯科学主义十分流行的中国，是有积极意义的。

但是田松把科学看成是与神话、巫术、宗教相对立的另一种形而上学和意识形态 (第 24 页)，这就混淆了经验科学与形而上学、科学与唯科学主义的界线。其实，西方的许多科学家和科学哲学家都没有把科学看成是绝对正确的、万能的东西。田松引用的罗素的

① 范岱年：《唯科学主义在中国——历史的回顾与批判》，《科学文化评论》，2005 年第 2 卷第 6 期。

话说得很清楚："科学家的信念不是武断的，是尝试性的信念，他不依据权威，不依据直观，而建立在证据的基础上。"（第 79 页）爱因斯坦说过，"科学不能创造目的，更不用说把目的灌输给人们；科学至多只能为达到某些目的提供手段。但目的本身却是由那些具有崇高伦理理想的人构想出来的。"[①] 他还说："我们切莫忘记，仅凭知识和技巧并不能给人类的生活带来幸福和尊严。人类完全有理由把高尚的道德标准和价值观的宣道士置于客观真理的发现者之上。在我看来，像释迦牟尼、摩西和耶稣这样的人物对人类所作的贡献远远超过那些探索和建构客观真理的人士所取得的一切成就。"[②] 而现代著名的科学哲学家们一般都认为科学理论是可错的，可证伪的，科学家所遵循的科学研究纲领和范式是可以更换、可以取代的。而在价值观方面，许多科学哲学家，如维也纳学派的成员，都是人道主义者和社会主义者，而不是唯科学主义者[③]。所以，把科学当成唯一的真理、当成取代宗教的新宗教，实际上是对科学和现代科学哲学的误解。

田松在本书的第三部分"垃圾，工业文明的痼疾"、第四部分"在现代化的下游"中，对现代工业文明的批判是很有意义的。他认为现代科学-工业文明是不可持续的。现代工业的高速发展，不仅会很快带来自然资源的枯竭，而且会产生大量垃圾，使未来的世界成为垃圾做成的、人类无法生存的世界。他认为，"垃圾问题，将会超出能源问题，成为未来世界最主要的问题。即使能源危机能够解决，垃圾问题仍然无法解决。"（第 122 页）他还进一步用热力学的熵增加原理进行了科学的论证（第 134～142 页）。有意思的是，田松一

---

① 爱因斯坦：《爱因斯坦文录》，浙江文艺出版社，2004 年，第 25 页。

② 海伦·杜卡斯，巴纳西·霍夫曼：《爱因斯坦谈人生》，高志凯译，世界知识出版社，1984 年。

③ 科恩：《当代哲学思潮的比较研究》，社会科学文献出版社，1998 年。

再强调，要把经验依据和历史依据置于科学依据之上（第 vii 页），可是他在这里论证时所依靠的还是科学依据。

对技术，当今世界主要有三种观点。第一种工具论的观点是，技术是价值中立的，现代技术的不良后果，主要是由于对技术的不良使用。第二种实质论的观点是，技术不仅是手段，而且已变成一种环境和生活方式。要避免现代技术的不良后果，只有放弃现代技术，回归传统的原始的生活方式。田松显然赞同这种观点，所以他主张“停下来，唱一支歌儿吧”（第 189 页），保持纳西族、佤族的传统生活方式。第三种观点是芬伯格的技术批判论，他认为要避免现代技术的不良后果，就要改变现代技术，改变现代科学技术的目的和方向①。我赞成第三种观点。

田松对现代文明、现代化的批判集中于对科学-工业文明的批判。但现代化、现代文明的内涵不仅仅是这些。现代化指世界自 16 世纪西欧文艺复兴、科学革命、宗教改革以来的社会演变过程。现代化包括现代科学的发展和工业化、都市化，资本主义市场经济，政治上的民主化和法治化，宗教世俗化，教育普及化等内容②。20 世纪后，又出现了不同于资本主义的社会主义现代化道路。

而现代文明带来的不良后果也不仅是资源和能源的枯竭、环境污染、生态破坏和垃圾充斥的问题。现代世界所遭遇的严重问题还有世界大战和局部战争问题（而战争是最快、最大量地制造垃圾的手段），核武器扩散和核战争问题（这可以最快速地导致人类文明的毁灭，具有放射性的核废料是最难以处理的有毒垃圾），恐怖主义问题（恐怖分子如用上脏弹或化学武器、生物细菌武器可以造成大量人类的死亡），地球温室气体效应问题（这是气体垃圾所导致），饮

① Feenberg A. Transforming Technology—A Critical Theory Revisited，Oxford University Press，2002。中译本：芬伯格，《技术批判论》，北京大学出版社，2005 年。

② 罗荣渠：《现代化新论》，北京大学出版社，1993 年。

用水资源的枯竭和污染问题（这也与有毒垃圾问题有关），经济和金融危机问题，全球贫富差距的拉大、粮食和饥饿问题，人口激增问题等。这些问题有科学技术的因素，但更主要的是社会政治经济制度和文化信仰的因素。田松突出垃圾问题和环境生态问题，并主要用热力学熵增加原理、永动机不可能等科学依据来做论证，这正反映了田松的知识结构确有如他自称的是一种“缺省配置”，缺少必要的人文历史和社会科学方面的知识素养和视角。

三、关于人类的未来

田松在书的第五部分“眺望新的文明”中，没有对现代世界所面临的重大紧迫问题、现代化的不同道路作比较具体、深入的探讨，只是提出“让我们停下来唱一支歌儿吧”（第 189 页），不要“把对物质的追求本身作为目的”（第 198 页），要努力建设“生态文明”（第 ix 页），要“从传统中学习生存的智慧”（第 211 页）。因而这一部分显得最为薄弱。

田松也承认“作为现代城市里的现代人，完全回到过去是不可能的”（第 212 页）。实际上，要完全放弃现代的科学技术，回到传统的生活方式，也是不可能的。比较可行的方案，还是如芬伯格的技术批判论所主张的，改变现代科学技术的目的和方向。例如，把以核战争为目的的核科学和核技术转变为以和平利用核能（裂变能和聚变能）、禁止和彻底销毁核武器的科学技术。粒子物理研究所用的昂贵的大加速器的研制与建造，要考虑到全球的经济承担能力，要优先解决全球的贫困与饥饿问题，然后才考虑这方面科学研究的需要。化学家、化学工程师不要再研制毒气了，要着重研究物质的尽可能的循环利用，如何化解和保存有毒工业废料，等等。生物学家、医学家、农学家在涉及生命伦理的克隆、转基因等生物技术时，要慎之又慎，是否应该更多地关注保护地球的生态，关注艾滋病、流感、癌症、心血管等疾病的预防与治疗，关注绿色食品的生产与增产，并要禁止生物武器的研究。过去的经济学，追求利润、鼓吹消费，为资本主义经济服务，今后的经济学是否应当研究如何实现共同富裕、节约资源、持续发展，如何从资本主义转向社会主义；今后的政治学是否应当研究如何从集权政治转向民主政治，从形式民主走向实质民主，使政治民主与经济民主相结合；如此等等。

而且，现代科学技术文明的种种弊病，其原因也不全在于科学技术本身，科学家、工程师也不能决定科学技术的目的与方向，这往往更主要地决定于追求利润、刺激消费、争夺资源和市场的资本主义经济制度。特别是贫富差距的拉大、战争的此起彼伏、资源枯竭、生态环境的破坏都与资本主义制度有不可分割的联系。2008 年开始的全球性金融海啸和经济危机又一次表明资本主义的痼疾是难以避免的。所以，要建设后现代的生态文明，就需要考虑改变资本主义的全球化，探索全球化、现代化的另类道路，即社会主义的全球化、现代化道路[①]。

20 世纪，从俄国十月革命开始，人类就对社会主义现代化进行了探索和实践。但是，苏联等社会主义国家的工业化、现代化，在浪费资源、污染环境、破坏生态等方面，并不比资本主义国家优越。为了与美国争夺世界霸权，苏联把很大一部分资源用于军备竞赛，忽视了对民生的改善；实行无产阶级专政，错杀了许多干部和知识分子，人民没有基本的人权。这些弊端最终导致苏联解体和东欧剧变。中国近 30 年来经济取得了高速的发展，钢铁、煤炭、水泥等产量和外汇储备都高居世界之首。2007 年，一位民营企业家施正荣就比乾隆皇帝更为富有[②]。但这同时也带来许多问题，如过分依赖国际

---

① 曹天予：《现代化、全球化与中国道路》，社会科学文献出版社，2003 年。

② 陈志武：《为什么中国人勤劳而不富有》，中信出版社，2008 年，第 6～15 页。

市场，一些行业产能过剩、部分企业经营困难，就业形势十分严峻，国内消费需求不足，能源资源消耗巨大、环境污染严重，贫富差距、城乡差距大大拉大，贪污腐化、铺张浪费、国有资产大量流失，政治体制改革严重滞后、民主法治不健全、基本人权仍缺乏保障，等。这些问题如不能得到妥善解决，就有可能使中国原不健全的社会主义蜕变为权贵资本主义，成为资本主义现代化、全球化的下游，成为国际跨国资本的附庸。但所有这些并不说明社会主义的理想都错了，资本主义可以万世长存了。如何建设社会主义，建设怎样的社会主义，在社会主义国家如何实行民主和法治，如何保障人民的权利和自由，这些都是社会主义者要认真探索和实践的。至少，真正的社会主义的生产，不以追求利润为目的，应该更能重视环境和生态的保护，重视资源的节约与合理利用，更能保障就业，在产能过剩时，可以减少工时，“停下来唱歌”，从事各种文化艺术活动，使人民活得更悠闲、更幸福。

有些自由主义者认为自由主义与社会主义是不相容的。其实，在第一次世界大战以后，有许多自由主义者转变为社会主义者。例如，自由主义者罗素 1920 年 2 月 26 日在伦敦作了题为“社会主义与自由主义”的讲演，认为“自由、民治、和平、生产效率提高、经济公平，只有国际社会主义才可以做到”①。他主张在英国实行基尔特社会主义（即行会社会主义），而不主张政府权力过大的国家社会主义。罗素于该年 5～6 月随英国工党到苏俄考察。他本来对苏俄的期望很高。但在实际考察后，发现苏俄实行的无产阶级专政实际上是少数共产党领导人的专政，由于权力过分集中，又缺乏法治，残酷对待异己，他对苏俄的社会主义产生了疑虑。但他也承认，在当时外国武装干涉、内部敌对势力反对的情况下，无产阶级专政也

① 罗素：《社会主义与自由主义》，胡愈之译，《东方杂志》，第 17 卷，1920 年。

许是必要的过渡阶段[①]。罗素在 1920 年 7 月来中国访问，1921 年 7 月离开中国。他在来中国之前，准备了五大讲演，即“哲学问题”、“心之分析”、“物之分析”、“数理逻辑”和“社会之结构”，但是他来中国的主要目的，还是想了解中国的实际状况，探索中国的工业化、现代化道路。他在中国的最后一次讲演“中国人到自由之路”中指出，中国当时的状况，工人阶级幼稚，不能实行基尔特社会主义，还是得像苏俄那样实行国家社会主义。他同时告诫说，在注意物质分配的同时，要注意权力的分配，权力不要过分集中。[②] 在文化问题上，他认为“西方文化最显著的长处是讲求科学的方法，而中国文化最突出的优点只是对人生目的具有洞见。我们希望看到的正是二者的结合。”[③] 他的这种观点，对主张东西方文化融合的《东方杂志》前主编杜亚泉是一个有力的支持[④]。

爱因斯坦是一个自由主义者，他在青年时代，也赞同社会主义。但他对苏联斯大林的集权和专制十分反感。1933 年，他在遭受纳粹的迫害离开德国时，虽也得到了苏联的邀请，他还是决定去民主的美国。在美国生活了多年之后，在 1949 年，爱因斯坦写了著名的《为什么要社会主义?》一文。他在文中指出，在资本主义社会，“私人资本倾向于集中到少数人手里”，“结果造成私人资本的寡头政治，它的巨大权力甚至连民主组织起来的国家也无法有效地加以控制”，“人民的代表事实上不充分保护人民中无特权的那一部分人的利益”，“追逐利润，加上资本家之间的竞争，使资本的积累和利用不稳定从而导致日益严重的不景气。无限制的竞争导致劳动力的莫大浪费，也导致个人社会意识的消沉”。他深信，“要消灭这些严重祸害，只

---

① 胡愈之：《罗素的新俄观》，《东方杂志》第 17 卷，1920 年。

② 罗素：《中国人到自由之路》，《东方杂志》第 18 卷，1921 年。

③ 罗素：《中西文化的比较》，见《罗素自选文集》，商务印书馆，2006 年，第 176 页。

④ 坚瓠：《本志的二十周年纪念》，《东方杂志》第 21 卷，1924 年。

有一条道路，那就是建立社会主义经济”。但是他又指出，“社会主义的建成，需要解决这样一些极端困难的社会-政治问题：鉴于政治权力和经济权力的高度集中，怎样才能防止行政人员变得权力无限和傲慢自负呢？怎样既能使个人的权利得到保护，同时又能确保行政权力有一种民主的平衡力量呢？”①

罗素和爱因斯坦是20世纪的两位伟大的人道主义者、和平主义者和自由主义者。他们的共同理想是把民主和社会主义结合起来，把人类社会建成一个真正民主的、社会主义的社会，使自由、平等与世界和平都得到保障。实现他们的伟大理想，是21世纪人类的共同任务。

我的好友罗伯特·科恩是物理学博士、著名的科学哲学家、美国资深的马克思主义者②。他也反对斯大林式的社会主义，赞成自由、平等、博爱这些普世价值。他认为，对马克思主义者，自由意指民主，平等意指社会主义，而博爱意指人道主义。他认为，三者之中，人道主义是最主要的。他主张人道主义的马克思主义，也赞成民主的社会主义。他写道：在马克思看来，“暴力是破坏性的，决不是创造性的。至多暂时可以作为从旧社会产生新社会的助产婆。但一旦当暴力取代了人民的信心，暴力就是一种社会的毒害，是对民主的毒害，也是对社会主义的毒害”③。这些话，是值得那些迷信暴力、专政的“左派”人士深思的。

过去的庸俗马克思主义者把文化看成是上层建筑，经济基础改变了，原来的传统文化也要随之消失。这是过去苏联和中国共产党在文化问题上的极“左”错误的思想根源。其实，文化绝不仅仅是

---

① 爱因斯坦：《爱因斯坦文集》，浙江文艺出版社，2004年，第29～31页。

② 范岱年：《杰出的科学哲学家罗伯特·科恩与中国》，见《我们的科学文化》，华东师大出版社，2007年第2期。

③ Cohen R S. Marxism and democracy，*In*：Aptheker H. Marxism and Democracy. Humanities Press，1965：1～17.

上层建筑，它与生产、经济、语言文字密不可分。现代文化必须在传统文化的基础上建设起来。要使人类有美好的未来，必须继承世界各民族的优秀文化传统，使它们逐渐融合起来；要继承释迦牟尼、耶稣、孔孟、穆罕默德等圣贤的崇高理想，人类才可能建立一个和平、自由、平等、博爱、民主、社会主义的大同世界。正如田松所引用的费孝通的名言："各美其美，美人之美，美美与共，天下大同。"（第ix页）也只有在这样的世界，才能建立人与自然和谐共处的生态文明。

要做一个有这样伟大理想的人，田松啊，你就不能满足于做一个科学文化人，不能停留在知识的缺省配置上了，而应该做一个有治国平天下的理想和必要的修养的君子或大丈夫。我对治国平天下的现代诠释是，知识分子作为现代国家的公民、现代国家的主人，不仅应当具备必要的科学技术知识，也应当具有必要的人文素养和政治经济知识，关心祖国的独立自主、民主、富强，关心人民的自由、平等、幸福，对国家民族的发展有比较合理的理解；关心和维护世界和平，维护人权和各国的主权，关心世界的持续发展，关心环境保护和生态文明。我已是一个年过八旬的人了，来日无多，学物理学出身的缺省配置无法改变了。田松，你还年富力强，还有可能改变缺省配置、开阔眼界。你既然尊重传统，就致力于把世界上各民族的优秀传统继承下来吧，能够和世界上的不同种族、不同国家、不同文明、不同信仰的人们和谐相处、求同存异，反对反人类的战争贩子、法西斯主义和恐怖主义，反对贪婪和浪费，为人类的美好未来、为人类与自然的和谐共处努力奋斗吧。

杰出的科学哲学家罗伯特·科恩与中国*

一

罗伯特·科恩（Robert S. Cohen，1923～　）是一位杰出的科学哲学家，人道主义的马克思主义者，与中国学术界有着浓厚的友谊。

首先，科恩是一位物理学家。他在纽约念中学时就对物理学感兴趣，16 岁时进入卫斯理大学，1943 年 1 月毕业后立即到耶鲁大学攻读物理学硕士学位，在第二次世界大战时做了几年军事研究，主要研究干扰雷达的磁控管。1946 年他回到耶鲁大学，开始攻读博士学位，随天体物理学家施皮策（Lyman Spitzer）研究等离子体物理，1947 年完成博士论文《完全离子化气体的电传导率》。1957 年到波士顿大学任教后一度担任物理系主任，在此期间，他曾开设过电动力学、热力学、经典力学等课程。他还推动研究生研究量子

---

* 本文写于 2007 年，原载《我们的科学文化——阳光下的民科》，江晓原、刘兵编，华东师范大学出版社，2007 年。

力学和相对论的哲学基础。他对物理学教育十分有兴趣，有着多年的物理学教学经验，为文科学生写过一本很好的物理学教科书。

科恩是一位杰出的科学哲学家，一位了不起的编辑和组织家。他早在念硕士时就在耶鲁神学院旁听过有关怀特海的课程，随新康德主义者卡西尔（Ernst Cassirer）教授学过形而上学和康德哲学。1947 年他获得一年博士后研究补助金，从事哲学研究。在这一年中，他成为怀特海的学生外斯（Paul Weiss）的朋友，外斯开设的有关黑格尔的课程对科恩的影响特别大。同时，他也结交了亨佩尔（Hempel）、布兰夏德（Blanshard）、马根脑（Margenau）、诺斯劳普（Northrop）等学者。他还旁听了蒂利希（Tillich）关于存在主义的课程。从 1950 年开始，科恩在耶鲁大学哲学系任助理教授，讲授科学哲学等课程，后又到卫斯理大学任教。1955 年科恩因受麦卡锡主义的迫害离开卫斯理大学，来到剑桥大学从事研究工作。在此期间，他写了一篇有关卡尔纳普的科学哲学的重要论文。1957 年科恩在波士顿大学哲学系任教授（曾任哲学系主任、文学院代理院长），直到 1993 年退休。他曾开设过的哲学课程和讨论班：有关休谟、斯宾诺莎、莱布尼茨、黑格尔、马赫、罗素、维也纳学派的发展，马克思主义哲学，以及科学哲学和科学史的多种课题，也讲过科学的社会根源等问题。

1959～1960 年，波士顿大学哲学系开始培养科学哲学硕士，由科恩 、瓦托夫斯基（Marx Wartofsky）和贝里（George Berry）讲授科学哲学和认识论，以后又开始培养博士研究生。自 1960～1961 年春季学期开始，科恩和瓦托夫斯基为了让研究生了解科学哲学的前沿工作，组织了“波士顿科学哲学讨论会”，邀请知名科学哲学家和科学家来做讲演，并组织进行评论和讨论。为了出版讨论会的会议录，他们又开始编辑出版《波士顿科学哲学研究丛书》，1963 年出版的第一卷就是 1961～1962 年的会议录。1960～1994 年，他们组织了 600 多次讨论会，内容涉及科学哲学和科学史的许多方面。而《波士顿科学哲学研究丛书》则扩展到包括马赫、亥姆霍兹、罗森菲尔德、弗莱克等人的经典性科学哲学和科学史著作；弗兰克、格伦鲍姆、沃特金斯、希伯特（Erwin Hiebert）、邦格、费耶阿本德、瓦托夫斯基等人的纪念文集；追思卡尔纳普、汉森、拉卡托斯等人的文集；各地举行的重要学术会议的会议录，以及意大利、波兰、日本、希腊、中国、南斯拉夫、以色列等国家的科学哲学和科学史论文集。到 1995 年该丛书已出版 180 多种。在科恩退休后，他参加主编的丛书仍陆续出版，到 2002 年共计出版了 225 种。科恩为这些书共写了 100 多篇“前言”。可以说，这套丛书是 20 世纪国际科学哲学的里程碑。除了这套丛书，科恩还是《维也纳学派文集》的主编之一，这套丛书也已出版了 20 多卷。

正如 1995 年出版的 3 卷纪念科恩的文集的三位编者在“序言”中所写：科恩是国际科学哲学界中“最受欢迎的演说家，最明晰的评论家，旅行地区最广的国际知名学者，博览群书、文化修养最深的人物之一”[①]。可是，科恩缺乏耐心把自己的谈话变成文本。这令人感到奇怪，因为他是一个擅于写作之人，文笔流畅，但他似乎对自己的文章缺乏自信。尽管如此，科恩还是发表了许多论著，涉及的领域从物理学、物理学史到哲学和哲学史；从历史哲学到社会科学哲学，到马克思主义和马克思主义的教育哲学；从技术哲学到维也纳学派和法兰克福学派的哲学和历史，等等。值得注意的是，在所有这些领域中，科恩做的都是前沿性的工作。他作出了新颖的、创造性的贡献，具有很高的学术水平。

科恩是世界知名的研究马克思主义的学者，是一个人道主义的

---

① Gavroglu K，et al. Philosophy and the Scientific Community. Netherland，Kluwer，1995：xxi. 本文前半部的材料大多引自这篇“序言”——作者注。

马克思主义者。他很早就开始自学马克思主义。1949 年耶鲁大学行政当局怀疑他是共产党员，决定不再聘请他任教。科恩声明自己不是共产党员，反对将他解聘。由于哲学系和学院院长对他坚决支持，校方最终改变了原来的决定。1950 年，科恩申请开一门马克思主义哲学课，遭到许多教授的反对，最后才勉强得以通过，并将课程名称改为“马克思主义的批判研究”。可是这门课程却取得了很大的成功，受到许多学生的欢迎。1955 年，科恩成为卫斯理大学年轻的助理教授，发表了一篇题为“论马克思主义教育哲学”的论文。就在这一年，北卡罗来纳州的共产党主席斯凯尔斯被控受审，按照史密斯法，他可能被判监禁 10 年。这时，32 岁的科恩挺身而出，作为一个非党员但是研究马克思主义的权威人士到法庭为斯凯尔斯辩护。[①]然而由于麦卡锡主义对美国大学校园的创伤性影响，科恩本人还是被诬指为共产党员，他做永久教授的申请也被否决了，被迫离开了卫斯理大学。1963 年，科恩写了一篇题为“辩证唯物论和卡尔纳普的逻辑经验论”的重要论文[②]，强调指出，逻辑经验论者和马克思主义者都以自然主义和人道主义为准则，并进一步分析比较了 20 世纪这两大哲学思潮。

当美国马克思主义研究会成立时，人们要求科恩担任主席，科恩接受了。在该会的出版物中，科恩贡献了一篇名为“马克思主义和民主”的重要文章。1970 年，科恩发表《历史中的因果性》一文。1978 年，科恩为权威性的《科学家传记词典》撰写了关于马克思和恩格斯的两个条目，涉及两位思想家的生平以及他们对自然、科学、

---

① Gavroglu K，et al. Science，Politics and Social Practice，Netherland，Kluwer，1995：ix.

② Cohen R S. Dialectical Materialism and Carnap's Logical Empiricism. *In* Schilpp P A. The Philosopher of Rudolf Carnap，LaSalle，Open Court Pub. Co. 1963：99～158，中译本：科恩：《当代哲学思潮的比较研究——辩证唯物论和卡尔纳普的逻辑经验论》，陈荷清、范岱年译，社会科学文献出版社，1988 版。

科学方法、科学与社会的理解，科恩对此作了严肃认真、精练深入、详尽丰富的介绍。[①] 科恩对西方马克思主义中的法兰克福学派的哲学和历史也有深入的研究。他熟识哈贝马斯，与马尔库斯更是长期亲密的朋友。

二

科恩早在20世纪40年代就接触过一些中国人，听到过一些有关中国的故事。他喜欢中国的绘画，钦佩孙中山和毛泽东领导的革命。罗素是科恩心目中的英雄，科恩对中国的友好感情一是受到罗素的影响，二是由于1955年在剑桥与李约瑟的交往。

20世纪80年代初，科恩培养了第一个来自中国内地的博士生吴忠（在这之前有一个来自中国台湾地区的博士生）。通过吴忠的联系，1985年，中国科学院《自然辩证法通讯》杂志社（当时我是杂志社的常务副主编，实际负责杂志社的工作）邀请科恩来华进行讲学访问。科恩于5月底到中国，在华21天，先后访问了北京中国科学院研究生院、北京师范大学、武汉大学、西安交通大学和天津南开大学等学术机构，围绕如下6个专题作了一系列讲演：①科学哲学近40年来的发展；②西方科学哲学中的一些基本问题；③西方现代哲学中的维也纳学派、黑格尔左派和法兰克福学派；④科学、技术与社会；⑤科学、宗教和伦理学；⑥马克思主义与科学；由吴忠博士翻译。[②] 在专题①中，科恩指出，科学哲学中的分析学派和历史学派各有长处，今后的发展趋势是分析主义与历史主义的结合。在

---

① Dictionary of Scientific Biography，Vol. xv，Suppl. 1，Charles Scribner's Sons：403～417，131～147.《自然科学哲学问题丛刊》1983年第1期、1985年第2期曾节译这两个条目。

② 吴忠：《美国科学家罗伯特科恩来华作学术访问》，《自然辩证法通讯》，1985年第5期，第71～73页。

专题④中，科恩介绍了意大利、英国、法国、德国、美国、苏联、日本等国的不同科学传统和发展科学技术的经验教训，指出：科学技术是一种日趋强大的社会生产力，科学技术转化为生产力的速度越来越快，国家的科技政策对发展本国的科学技术也显得越来越重要。上述各国科学发展具有民族特点，但科学真理的内容是超越种族、国家、民族、社会和阶级的，谁要是想把民族或阶级的标签强加到科学的头上，结果只能是阻碍科学技术的发展。在专题⑤中，科恩用实例说明，在西方历史上，科学与宗教的关系并不完全是互相排斥、互相对立的，有一些时期是互相利用甚至是互相支持的。马克思说"宗教是人民的鸦片"时，指鸦片是一种贵重的止痛药，穷人用不起，只好转向宗教以图解脱。马克思和恩格斯对待宗教的态度从来都不是简单地一概否定，而是历史地对待、具体地分析。在专题⑥中，科恩提到，马克思的《1844 年经济学哲学手稿》是研究马克思的社会科学研究方法的重要文献。总之，科恩的一系列讲演对当时中国的自然辩证法和科学哲学界有很大的启发性和启蒙作用。科恩这次来华，见到了他在 1955 年就知道并在以后通过信的洪谦教授，他们一见如故，从此成了亲密的朋友。

在这次访问中，科恩建议从 1980～1985 年的《自然辩证法通讯》中选出较有代表性的论文，将其译成英文，作为《波士顿科学哲学丛书》中的一卷出版。该书最后由范岱年和科恩共同主编，以"中国的科学技术史和科学技术哲学研究"为题，作为丛书的第 179 卷于 1996 年出版。[①] 该书出版后，科恩将该书的纸面版 200 多册赠送给中国的大学和研究所的图书馆。当时科恩还同《自然辩证法通讯》杂志社和商务印书馆达成协议，将科恩从《波士顿科学哲学丛书》中选出的较重要的文章译成中文，作为《波士顿科学哲学研究》

---

① Dainian Fan，Cohen R S. Chinese Studies in the History and Philosophy of Science and Technology. Kluwer，1996.

文选在中国出版。我约请一些朋友翻译了一些文章，在我离休后开始编校这套文选，先编校好两册，一册是罗森菲耳德的文选，一册是有关马赫的文集，送交商务印书馆，但只出版了一册，[①] 第二册至今未出。由于商务印书馆原领导已去世，新领导对出版这套书没有热情，所以这套文选的计划没有执行下去。科恩对此深感遗憾，我更感到十分内疚，没有把这项工作落实好。

1988 年 8 月，科恩的《辩证唯物论与卡尔纳普的逻辑经验论》一文由陈荷清、范岱年翻译，在社会科学文献出版社以书籍形式出版，书名为“当代哲学思潮的比较研究”。[②] 该书的出版，有力地批驳了苏联和中国的僵化的、教条主义的马列主义者，支持了中国的人道主义的马克思主义者和逻辑经验论者，在当时的中国仍具有现实意义。

1988 年 9 月，应《自然辩证法通讯》杂志社和中国自然辩证法研究会的邀请，科恩再次来华讲学访问。在北京，科恩作了主题为“马克思、马克思主义和科学”的系列讲演。在第一讲中，他介绍了当代对马克思主义的 4 种解释：①分析的；②辩证的；③科学社会学的；④人道主义的、现象学的、存在主义的。他在第二讲中，阐述了马克思和具体科学的关系；在第三讲中则阐述了马克思和生态学的关系；在第四讲中还讲了马克思主义在欧美和第三世界的发展。之后，科恩还在中国人民大学召开的“现代科学技术和哲学改革”研讨会上作了题为“当代欧美的马克思主义流派与美国大学中的马克思主义教学”的讲演，在中国科学院自然科学史研究所作了题为“科学史和科学哲学”的讲演。而在和中国社会科学院哲学研究所的

---

① 罗森菲耳德：《量子革命》，戈革译，商务印书馆，1991 版。

② Cohen，R S. Dialectical Materialism and Carnap's Logical empiricism，In Schilpp P A. The Philosopher of Rudolf Carnap，LaSallel. Open Court Pub. Co. 1963：99～158，中译本：科恩：《当代哲学思潮的比较研究——辩证唯物论和卡尔钠普的逻辑经验论》，陈荷清、范岱年译，社会科学文献出版社，1988 版。

座谈中，科恩提到，马克思很少讲社会历史发展的“规律”，而只讲社会历史发展的“趋势”。在北京，科恩会见了马克思主义哲学家于光远、龚育之；访问了中国哲学大师冯友兰；再次和洪谦长谈。10月初，科恩访问了南京华东工学院、南京大学、浙江大学、上海社会科学院哲学研究所等学术机构，由《自然辩证法通讯》杂志社的范岱年全程陪同并担任翻译。①

1992 年 6 月，国际科学哲学学术会议首次在北京举行。科恩应邀担任会议学术委员会主席，他在开幕式上，作了怀念洪谦的即席发言，回顾了他与洪谦的交往及他们曾经交谈过的方方面面。之后他在闭幕式上作了大会总结。② 会后，他和希尔品能、邱仁宗共同编辑了会议文集，作为《波士顿科学哲学丛书》第 169 卷出版。③

1994 年 10 月，“纪念洪谦：维也纳学派与当代科学和哲学”国际会议在北京举行。科恩又应邀到会并担任会议的学术委员会主席，作了大会的总结发言。④ 会后，他到广州中山大学做学术访问。

在科恩 1985 年访问中国之前，波士顿科学哲学讨论会就曾邀请中国学者许良英作讲演，以后也请过范岱年、曹天予等作讲演。《波士顿科学哲学丛书》除出版科恩与邱仁宗、范岱年合编的两卷外，还出版了中国台湾学者林正弘和傅大为主编的《科学哲学和科学概念史在台湾》（丛书第 141 卷）。科恩曾对顾速说，中国台湾的这卷

---

① 代山：《马克思、马克思主义与科学——罗伯特科恩来华讲学》，《自然辩证法通讯》，1988 年第 6 期，第 73、74 页。

② 胡岱：《北京国际科学哲学学术会议简介》，《自然辩证法通讯》，1992 年第 5 期，第 74～76 页。

③ Cohen R S，Hilpinen R，Qiu R Z. Realism and Anti-Realism in the Philosophy of Science. Beijing International Conference 1992，Dordrecht，Kluwer，1996.

④ 胡奈：《“纪念洪谦：维也纳学派与当代科学和哲学”国际会议在北京召开》，《自然辩证法通讯》，1995 年第 1 期，第 35 页。

文集在学术水准上比中国内地的两卷要高一些。[1] 科恩还曾计划与武汉大学江天骥教授合编一卷科学哲学文集，但因故没有完成。

作为波士顿大学科学哲学和科学史中心的主任，科恩曾邀请了中国许多学者到中心做访问学者，据我所知，就有范岱年、金吾伦、林春、兰征、曹秋华、胡志强等。科恩在他们有困难时给予了热情的帮助。科恩也曾再招收一名清华大学去的博士生，可是这位学生后来改行了。曹天予和林春是改革开放后出国留学、分别在科学哲学和比较政治学中作出较大贡献的学者，和科恩建立了深厚的友谊。他们在自己著作的“前言”中都着重指出科恩对他们的巨大帮助。[2]

2007 年 8 月，科恩第 5 次来到中国，参加第 13 届国际逻辑学、方法论与科学哲学大会。8 月 11 日上午，有一个分会场，主题是“科学哲学：科恩与中国”。会议由清华大学曾国屏教授主持，发言的有范岱年、邱仁宗、曹天予和林春。会议还有一个议题是清华大学图书馆向科恩颁发捐赠证书。科恩决定，把他终生的藏书 2 万多册，全部捐给清华大学。这批图书的内容非常广泛，包括一般哲学、科学哲学、哲学史、一般历史、科学史、科学家传记、政治学、政治学史、美国史、马克思主义研究、印度哲学、中国哲学、犹太研究、德国和大屠杀、宗教、美术和画册、心理学等，也包括整套的《波士顿科学哲学丛书》和《维也纳学派哲学丛书》，其中有不少珍本和绝版书，价值难以估算。科恩把他心爱的藏书捐给中国，表明了他对中国的深厚感情。

科恩在该年 8 月 11 日上午的会议上说，他是一个一直致力于打破各种界限和各种壁垒的人，包括文理之间的隔阂、东西方之间的

---

① 顾速：《中国科学哲学界的挚友良师——罗伯特·科恩访问记》，《自然辩证法通讯》，1995 年第 5 期，第 77～80 页。

② Tian Yu Cao：Conceptual Developments of 20th Century Field Theories，Cambridge University Press，1997：xx；Lin Chun：The Transformation of Chinese Socialism，Durham，Duke University Press，2006：xi.

隔阂、冷战时期社会主义和资本主义国家之间的壁垒、各学科之间的壁垒（致力于统一科学的运动）。在哲学和科学哲学领域，他致力于打破分析哲学和现象学-诠释学之间的壁垒、马克思主义和非马克思主义之间的壁垒。他主编的《波士顿科学哲学丛书》的选题充分体现了这一点。

2007 年 8 月 13 日，科恩在接受《科学时报》记者杨虚杰采访时说，他对中国抱一种“批判的同情”的态度。对当前的中国和世界，他说他是“短期的悲观主义者，长期的乐观主义者”。他肯定中国近年来经济建设的长足发展，但认为其中也潜伏着危险。他说的危险，一是指能否坚持社会主义市场经济的理念，二是能否尊重、保存、发扬中国自己的民族文化。他说美国并非一切都好，中国不要一味模仿，资本主义全球化的远景不一定美妙。[①] 他说一个多世纪以来，中国在国家建设和学术研究方面都努力学习西方，但也应该有所独创，要批判地珍视本民族的传统。科恩希望，中国的学者、社会思想家对中国的现代化道路进行严肃认真的研究，这对世界也会有巨大的贡献。这些，都是中国人民真挚的朋友的肺腑之言啊！

---

① 杨虚杰：《他不远万里给中国送书——美国科学家、哲学家 R. S. 科恩的中国情结》，《科学时报》，2007 年 8 月 15 日。

回忆与龚育之同志55年的交往*

我与龚育之同志相识已经55年了，虽然我们交往不深，但他却对我人生轨迹有极大的影响。

1952年1月10日，龚育之同志在《人民日报》上发表了题为“纠正科学刊物中脱离政治脱离实际的倾向——评《科学通报》第二卷（1951）”一文。

这篇文章发表后，引起中国科学院领导的极大震动。次日（1月11日），竺可桢副院长和郭沫若院长就商谈有关《科学通报》的事宜，“决计从三卷一期起改变方针，将已付印之稿收回，但将损失数千元”①。1月12日上午，郭院长和副院长李四光、竺可桢、吴有训、陶孟和，编译局局长杨钟健又开会商谈《科学通报》改变姿态问题。晚上，竺可桢还打电话给老龚的父亲龚饮冰，了解龚育之的情况。1月13日，竺可桢和杨钟健去东交民巷28号看望龚饮冰和龚育之，谈《科学通报》之事。1月14日，竺可桢又与郭院长“谈

* 本文写于2007年，原载《自然辩证法研究》，2007年增刊。

① 《竺可桢日记》第三卷，科学出版社，1989年，第254页。

《科学通报》编辑非加强人力则不能胜任，并告以昨日晤龚育之结果"，"又推荐……许良英来编译局"①。这样，许良英就从杭州调到中国科学院，任《科学通报》编辑室主任。由许良英提名，我于该年 9 月从杭州市委学校党委调到中国科学院，任《科学通报》编辑。这样就开始了我 20 多年的编辑生涯。我到《科学通报》编辑室不久，就和许良英到中宣部科学处去看过龚育之。当时他的办公室在一间平房内，没有暖气，生煤炉，比中国科学院简朴多了。此后不久，于光远同志任科学处处长。科学处每周开一上午会，大家汇报情况，讨论问题。许良英和我因工作关系，经常列席会议，因此和科学处的同志比较熟悉。当时在中宣部，人们相互之间都以同志相称，不称官衔，比较亲切。

1955 年，人民出版社想请龚育之写一本书，谈科学和社会主义建设。老龚因为忙，就介绍许良英来写。许良英当时因"胡风分子"嫌疑受审查，被停职反省，不能查阅内部资料，所以就请我写第四章。1957 年，许良英和我合作编写的《科学和我国社会主义建设》一书由人民出版社出版，出版前老龚看过大部分原稿。这是我第一次写书，得了 900 元稿费，全部寄给瘫痪在床的大姐，给她作为医疗费用。

1956 年上半年，于光远发起并主持制订"自然辩证法研究远景规划"（1956～1967）。龚育之和许良英（当时已调中国科学院哲学研究所工作）协助他进行具体的组织讨论和编写计划的工作。我参加了多次讨论，但没有参加编写工作。这是我接触自然辩证法工作的开始。1956 年 6 月，中国科学院哲学研究所成立自然辩证法研究组，于光远兼任组长，龚育之兼任秘书，后改由陈步兼任。许良英、赵中立、何成钧（兼任）等为研究骨干。10 月，《自然辩证法研究通

① 《竺可桢日记》第三卷，科学出版社，1989 年，第 255～256 页。

讯》创刊号出版。许良英、赵中立负责编辑。

1957 年 5 月下旬，我在中国科学院第二次学部委员大会上见到老龚。他向我介绍了北大热烈“大鸣大放”的情况。我和老龚都是 1948 年参加中国共产党的。我们这一代革命青年都希望在中国共产党领导下，建立一个独立、自由、民主、统一和富强的新中国，然后由新民主主义走向社会主义、共产主义。当时我们对“大鸣大放”持欢迎的态度，以为这有助于党来克服宗派主义和官僚主义，有助于发扬民主。我们都没有想到接踵而来的是“反右派”斗争，自然辩证法组的许良英、赵中立、何成钧、陈步，中宣部科学处的侯德彭、黄青禾等同志都被错划为“右派”分子，我也因与许良英关系密切，被错划为“右派”分子。自然辩证法研究转向低潮，《自然辩证法研究通讯》在 1960 年后停刊。于光远、龚育之也不继续在自然辩证法组兼任工作了。此后我和老龚有 4 年没有见面。

1962 年，形势有了变化。于光远、龚育之又开始兼任哲学研究所自然辩证法组的领导。9 月 9 日，龚育之在《人民日报》上发表了《对自然辩证法研究的一点意见》一文，强调自然辩证法研究的基本学术资料的建设工作。这项工作的一个重要方面是翻译出版当代著名自然科学家的哲学著作，为此还制订了具体的翻译出版计划。为了及时介绍国外刊物上发表的有关自然科学哲学问题的文章，决定恢复出版《自然辩证法研究通讯》。当时许良英、我、陈步、侯德彭等都先后摘掉了“右派”帽子，并分别参加了爱因斯坦、海森伯、薛定谔、维纳、玻恩等科学家的著作的翻译工作。于光远、龚育之把陈步介绍到商务印书馆任编辑，具体负责这套图书的出版。我当时在中国科学技术大学图书馆做西文图书的采购编目工作，摘掉“右派”帽子后，学校领导考虑调我去做物理学的教学工作。1963 年，我去看望了老龚。他说《自然辩证法研究通讯》缺一个专职的、有经验的编辑。我考虑根据我当时的条件，比起搞物理学教学工作来，我更适合于做自然辩证法的编辑工作，因此就毛遂自荐。老龚也觉得可以考虑。在征得于光远和哲学研究所所长潘梓年的同意后，我就在 1963 年秋被调到哲学所担任《自然辩证法研究通讯》的专职编辑，从此开始了自然辩证法方面的编辑、翻译和研究工作。

从 1963 年秋到 1964 年秋，老龚是《自然辩证法研究通讯》的实际主编，刊物要经过他最后审订，才能付印出版。我就是在他领导下做具体的编务工作。他作为领导，既严肃认真，又平易近人。对我这个摘帽"右派"，也没有丝毫歧视，把我当做一个共事的同志，使我在思想上不感到压抑。后来，查汝强来担任自然辩证法组的专职副组长后，他才不再具体领导《自然辩证法通讯》的编辑工作。我到哲学所后，到文化大革命前，除了编辑《自然辩证法通讯》外，还翻译了薛定谔的《关于波动力学的四次讲演》和海森伯的《物理学和哲学》，和陈步合作编译了《控制论哲学问题文集》。正是由于老龚的计划与安排，我才能从事这方面的工作。

在"文化大革命"前，老龚已在考虑并准备自然科学哲学领域的"反修"和"文化大革命"了。他组织翻译了八辑《外国自然科学哲学资料选辑》。我觉得，他心目中的"反修"和"文化大革命"是在大量资料积累基础上作说理的思想批判。可是，"文化大革命"却是由姚文元的扣帽子、打棍子的《评海瑞罢官》开始的。老龚参加了以方求为笔名的不同于姚文元的《评海瑞罢官》的文章，结果却成了对抗"文化大革命"的"罪状"，被打成了中宣部"阎王殿里的小判官"，在运动初期就受到了冲击。在"文化大革命"期间，老龚和我们哲学所基本上没有联系。

"文化大革命"结束后，1978 年 1 月，中国自然辩证法研究会筹委会成立。我的"右派"问题得到改正。我开始担任哲学所自然辩证法研究室副主任。1980 年底，我接替李宝恒，任中国科学院《自然辩证法通讯》杂志社副主编，于光远兼任主编。当时成立了一个编委会，由于光远、龚育之、李佩珊、罗劲伯、范岱年等组成。在第一次编委会上，我建议在刊物名称后加一个副标题“关于自然科学的哲学、历史和社会学的综合性、理论性杂志”，目的是便于和国际上有关学科接轨。这个建议得到了编委会的同意。这样《自然辩证法通讯》就在科学哲学、科学社会学、科学史（偏重科学社会史和近现代中外科学史）这三个领域开展工作。龚育之同志对《自然辩证法通讯》的工作是很支持的，他在《自然辩证法通讯》上发表过《〈自然辩证法〉在中国——为纪念恩格斯诞生 160 周年而作》(1981)、《无产阶级运动与现代科学的结合——为纪念马克思逝世一百周年而作》(1983，与孙小礼合作）等重要文章。

1981 年 10 月，中国自然辩证法研究会正式成立，龚育之和我都当选为常务理事，他还当选为秘书长；1986 年 12 月，龚育之在第二届理事会上当选为副理事长；1992 年 4 月、1996 年 11 月，龚育之在第三届、第四届理事会上当选为理事长；在 2001 年 2 月第五届理事会上当选为名誉理事长。我则一直是常务理事，直至 2006 年。从 20 世纪 80 年代初到 1999 年，我还兼任自然辩证法研究会下属的科学哲学专业委员会的主任委员。1980～1999 年我们举行了 9 届全国科学哲学学术会议，研究、介绍、探讨西方科学哲学的各个流派的学说，龚育之同志作为自然辩证法研究会的领导，对科学哲学方面的学术活动一直是表示支持的。1997 年，我们在武汉举行第 8 届全国科学哲学学术会议，龚育之同志作为研究会的理事长，本来是准备参加会议的，后来因临时有重要工作未能到会。龚育之肯定西方许多有建树的自然科学家的哲学思考和科学哲学家的学术成果中有积极的东西，自然辩证法工作者需要和他们相互交流，相互探讨①。1987 年，龚育之、查汝强和我都参加了第 8 届国际逻辑学、方法论

---

① 龚育之：《自然辩证法在中国》，北京大学出版社，2006 年，第 56 页。

和科学哲学大会，中国自然辩证法研究会也就在这届大会上参加了国际科学哲学和科学史联合会科学哲学分会，在组织上也与国际科学哲学界接了轨。1992 年 6 月和 1994 年 10 月，在科学哲学专业委员会的推动下，在北京举行了两次科学哲学的国际会议，这两次会议的大会主席都是龚育之同志。

1986 年，北京大学科学与社会研究中心成立，孙小礼同志任主任，龚育之同志任兼职教授。他们指导了许多硕士、博士研究生，并邀请我参加过多次学位论文答辩委员会，有个别学生还请我协助指导。

但是，自然辩证法对于老龚来说，只是一个副业。自 1980 年以来，他担任过中央文献研究室副主任、中宣部副部长、中共中央党校副校长、中共中央党史研究室常务副主任等重要职务，主持编辑过毛泽东著作、《邓小平文选》等文献，参加过许多中央重要文件的起草。特别是他整理、阐述的邓小平有关市场经济的论述，在邓小平 1992 年“南方谈话”以后发表，产生重大影响，促进了经济体制的改革。就在那个时候，我在一个会议上遇到他。他告诉我说，他写的那个小册子，人民日报社曾作为学习文件下发，但不久又收回了。这说明，党内有一股保守势力，对他的著作还是有抵触的。

我和老龚虽然相识多年，但没有多少私人交往。有时会后在同一桌吃饭，在随意的交谈中，我发现老龚兴趣广泛、知识渊博。他对国内理论界、文艺界的动向、情况都十分了解。而且他善于发现作品的优点和长处。例如，对章诒和的《往事并不如烟》，他虽表示并不完全赞同作者的观点，但还是对该书的优点和价值予以肯定。我感到，老龚的学识、才华、勤奋与政策水平绝不在胡乔木之下，更远高于多年来主管意识形态的高官，可是老龚的职位却在他们之下，这可能与老龚不善于为官之道，只关注理论和学术研究有关吧。如果老龚不受行政职务的牵累，专心致志地搞学问，按他的理论知识水平和聪明才智，他在学术上一定可以有更大的成就。不过在特定历史条件下，老龚还是作出了他独特的、卓越的贡献。

2001～2005 年，我和老龚在唯科学主义（或科学主义，scientism）问题上有些不同意见。唯科学主义在国外是一个贬义词，是指一种认为科学万能的信念。老龚并不赞成科学万能论，他也大力提倡科学与人文的交融。但是他担心反科学主义被理解成反科学的主义，成为一种反科学思潮。他也不同意郭颖颐批评陈独秀、瞿秋白是科学主义者①。我在 2001 年、2003 年的两次会议上，发表了我的意见，可惜老龚已离开会场，没有听到。2005 年年底，我在《科学文化评论》第 3 卷第 6 期上发表了《唯科学主义在中国——历史的回顾与批判》，系统地阐述了我的意见，估计老龚会看到它。2006 年 12 月 24 日，北京大学科学与社会研究中心庆祝成立 20 周年纪念会，这是我最后一次见到老龚。那天老龚一进休息室，就坐在我的旁边，同我谈话。他告诉我，他曾打听我的电子邮件地址，说有一篇文章要给我看，但打听到的地址是我已废弃不用的地址，所以没有和我联系上。他还告诉我他治病的情况，一直谈到会议开始。他在会上讲话以后，因身体不好，就离开回家。离开前还跟我说，我的发言他没法听了，可是小礼会转告他。他还是那么谦虚，那么平易近人，让我非常感动。以后听说他回家就发烧了，当天就住院了。我在 12 月 28 日就去美国纽约了，心中老想着，早该去看望老龚，向他请教一些问题。今年 5 月 26 日，我回到了北京。此后不久，我就打电话给小礼同志。她告诉我老龚自去年 12 月住院后，一直没有出院，还曾一度病危，现仍病重，暂时还不能接受探望。我一直期待着老龚病情好转，能去看望他，向他请教两个问题：①马克思主义学说中，哪些应该继承发扬，哪些应该修正、与时俱进；②我国在对经

① 龚育之：《科学与人文：从分隔走向交融》，见《自然辩证法在中国》，第 400～435 页。

济体制作巨大改革之后，如何进一步开展政治体制的改革，建设中国特色的社会主义。哪知老龚在 6 月 12 日就与世长辞了。我没有早去看望他，失去了向他请教的机会，成了我终生的遗憾。老龚，我多么希望能听到你的灼见啊！

第二部
科学家和科学史

《爱因斯坦新语录》译后记*

2009年是爱因斯坦诞辰130周年。在这一年的初始，《爱因斯坦新语录》中译本能顺利出版，是很值得庆幸的。

该书编者艾丽斯·卡拉普赖斯是普林斯顿大学出版社的资深编辑。她为《爱因斯坦全集》工作了20多年。她也是《爱因斯坦年谱》的作者。1996年，她编辑出版了《爱因斯坦语录》(该书的中译本已于2001年由杭州出版社出版)。2000年，她又编辑出版了该书的增订版。2005年，她又编辑出版了这本《爱因斯坦新语录》。在该书中，她增加了300条新语录和"论老年"一节，对原来的语录的译文和资料来源作了修正和补充。在"附录"中，刊载了爱因斯坦老年时的女友范托娃和他的秘书杜卡斯关于他最后两年和最后几天的记述；美国联邦调查局的爱因斯坦档案的摘录；爱因斯坦给罗斯福总统和弗洛伊德的信。这些都是很珍贵的史料。所以，这本新语录已经大大不同于前两版的语录，有它新的价值。

---

* 本文写于2008年12月4日，原载《爱因斯坦新语录》(中译本)，上海科技教育出版社，2008年。

爱因斯坦（1879～1955）是20世纪影响最大的伟大物理学家。但他不仅是物理学家，还是伟大的人道主义者、民主主义者、和平主义者和社会主义者。他是一个伟大的人。这本语录摘引了他有关他本人、家庭和友人，人生、生命和死亡，政治和爱国主义，战争与和平，宗教与哲学，科学和技术，音乐和艺术以及犹太复国主义等方面的论述，其中充满了哲理、睿智，也不乏幽默和风趣。这是他留给人类的宝贵思想遗产。

爱因斯坦是20世纪初物理学革命的旗手。1905年他提出了光量子假说；提出了测定分子大小的方法，解释了布朗运动现象，证实了原子的实在性；创建了狭义相对论，提出了质能等效性定律，统一了力学和电动力学；使该年成为物理学史上的一个奇迹年。以后，他又进一步创建了广义相对论和引力理论，用一般协变性统一了惯性系和非惯性系，并开创了宇宙学的研究。他还把量子假说应用于解释固体比热和光化学当量定律，提出辐射的量子理论和激光的基本原理（受激辐射概念）；在玻色工作的基础上提出单原子理想气体的量子统计理论，并预言了玻色-爱因斯坦凝聚，为量子论的发展作出了巨大贡献。

1925～1926年建立的量子力学是20世纪物理学革命的又一个重要里程碑。但是爱因斯坦对量子力学中的测不准关系和波函数的概率解释持保留态度，认为量子力学不是完备的理论，他的名言是“上帝不掷骰子”。为此，他与哥本哈根学派的首领玻尔进行了长达20多年的争论。虽然后来事态的发展比较支持玻尔的观点，但爱因斯坦的挑战也促进了量子力学的诠释的清晰和完善。

从1925年开始，直到爱因斯坦逝世前不久，他一直全力投入统一场论的研究，企图把引力和电磁力统一起来，但没有取得什么积极成果。他的工作脱离了这一时期物理学发展的主流，即核物理、粒子物理和量子场论的发展，没有顾及新发现的强、弱相互作用力和大量基本粒子。在爱因斯坦之后，统一弱相互作用和电磁相互作用的理论建立了。但是，如何统一强相互作用的色动力学和弱电理论，至今尚无头绪。试图统一四种作用力的理论，是威滕等弦理论家的追求，可是，弦理论还只是一个探索性的数学理论，至今还没有得出可以用物理实验来验证的结果。看来爱因斯坦是过分重视世界的统一性和对称性了，而忽视了对称性破缺，没有设想世界也可能是多元的。

该书“关于科学和科学家、数学和技术”一节中的语录，多少反映了爱因斯坦一生从事物理学研究的过程和他的一些基本观点。至于统一场论的前景如何，正如爱因斯坦所说，“上帝是不可捉摸的”，难以预测。

该书摘引了爱因斯坦与第一任妻子早期的激情洋溢的情书。他们俩是瑞士苏黎世联邦工业大学物理系的同学，有共同的志趣。他不顾父母的反对，坚决要和她结婚。在 1903 年结婚时，爱因斯坦是瑞士专利局的三级技术员，收入不丰，一年后又有了孩子。但他们生活得幸福，还做出了杰出的物理学成就。可是在爱因斯坦成名之后，他们之间的感情产生了裂痕。1914 年，他到柏林工作，他的妻子却带着两个孩子回瑞士居住。尽管如此，爱因斯坦非常爱他的两个儿子，关心他们的健康成长，尽力为他们提供充裕的生活费用。第一次世界大战期间，爱因斯坦独居在柏林，紧张地从事广义相对论的研究，战时的生活条件又差，爱因斯坦患了严重的胃病，幸得他的表姐悉心照料。1919 年，爱因斯坦和他的第一任妻子离婚，协议商定给她和孩子充裕的生活开销，包括今后有可能得到的诺贝尔奖奖金。同年，爱因斯坦和他的表姐结婚。她虽然不懂物理学，但将爱因斯坦照顾得很好。1933 年，她同爱因斯坦一起移居美国，1936 年去世。此后，爱因斯坦一直与秘书杜卡斯和继女玛戈在普林斯顿过着平静的生活。妹妹玛雅在去世前，即 1939～1951 年，也和他生活在一起。他的第一任妻子一直住在瑞士，1948 年去世。他的大儿子汉斯 1936 年到美国，和其父亲保持了友好的关系。爱因斯坦的次子因患精神分裂症，一直留在瑞士，爱因斯坦到美国后，就没有再见到他。但在爱因斯坦的遗嘱中，他留给次子的遗产，远比留给长子汉斯的多。从该书收录的爱因斯坦和他的家人的书信中，可以看出，爱因斯坦也是一个有七情六欲、喜怒哀乐的活生生的人。尽管他也有缺点，但他对他的家人充满着深厚的感情。

作为世界权威理学家，爱因斯坦与 20 世纪的一流物理学家和科学家，如洛伦兹、普朗克、玻尔、奥本海默、居里夫人、弗洛伊德、罗素等都有交往。在 1919 年成为世界最负盛名的科学家之后，他与世界名人，如罗斯福总统，比利时王后，印度总理尼赫鲁，以色列总统魏茨曼，作家罗曼·罗兰、萧伯纳、辛克莱，印度诗人泰戈尔，电影大师卓别林，音乐家托斯卡尼尼等也都有过直接的交往（而且他更乐意与“左倾”人士相交往）。在“论朋友、科学家和其他人”一节中，爱因斯坦对他们都作了很有意思的评述。

爱因斯坦是一个民主主义者，酷爱自由。他认为：“社会的健康状态取决于组成它的个人的独立性，也同样取决于个人之间的密切的社会结合。”他声称：“我的政治理想是民主。让每一个人都作为个人而受到尊重，而不让任何人成为崇拜的偶像。”“一个好的政府给公民以极大的自由和政治权利”，并“保护公民的个人安全和一定程度的经济安全”。幼时，他就不喜欢军国主义的德国，因而离开德国。1896 年，他放弃德国国籍。他喜欢民主自由的瑞士，并于 1901 年成了瑞士公民。1933 年，他受到德国纳粹的迫害，再度放弃德国国籍，并辞去普鲁士科学院院士，最后流亡美国。1940 年，他成为美国公民。20 世纪 50 年代初，美国出现恐共歇斯底里，麦卡锡主义猖獗一时，爱因斯坦担心这会破坏美国的民主制度，侵犯美国人民的公民权利，号召美国知识分子起来同这股反民主的法西斯逆流相抗争。为此，麦卡锡骂他是“美国的敌人”，一个退伍军人组织骂他是“颠覆分子”。爱因斯坦对这些污蔑谩骂横眉冷对，自豪地说，“是，我是一个老革命……政治上我仍然是一座喷火的维苏威火山”。

从青年时代起，爱因斯坦就是一个和平主义者。他说：“我的和平主义是一种本能的感情，我有这样一种感情是因为我厌恶残杀生灵。我的态度不是来自任何知识理论，而是基于对一切残忍和仇恨的深恶痛绝。”1914 年，第一次世界大战之初，他就与友人共同签署《告欧洲人书》，反对德国文化界名流为战争辩护的《告世界文明书》。但他不是一个绝对的和平主义者。1933 年当德国法西斯用战争威胁着全人类时，他就鼓励比利时的青年服兵役。1939 年，在齐拉的推动下，他写信给罗斯福总统，建议美国加紧原子能研究，防止德国抢先掌握原子弹。1945 年 3 月，同齐拉讨论了原子军备的危险性之后，他又写信给罗斯福，介绍齐拉去反映有关情况。但罗斯福总统在 4 月去世，没有看到这封信。8 月美国在日本丢了两枚原子弹，造成大量平民死亡。爱因斯坦很后悔，说他如果早知道德国人制造不成原子弹，他绝不会在 1939 年签名上书罗斯福了。1946 年他发起组织原子科学家紧急委员会，反对原子军备竞赛。为了防止核战争，他主张建立世界政府。1955 年 4 月 11 日，在他逝世前两天，他写信给罗素，同意签署促使所有国家放弃核武器的宣言。他为世界的和平事业，确实奋斗了一生。今天，掌握核武器的国家数目和各个核国家储存的核弹头的数量已大大超过 20 世纪 50 年代，核战争的危险比那时更为严重。所以，爱因斯坦的许多警告和思考，至今仍有现实意义。

爱因斯坦是犹太人。他在德国上小学时，常受到别的孩子主动的攻击和言语的辱骂。他认为把犹太人联系在一起的纽带，是关于社会正义的民主理想、互助与宽容的精神，以及对智力追求的尊重。1921 年，他与魏茨曼一起到美国为犹太复国主义和创建希伯来大学募捐。他看到大批德国犹太人被希特勒法西斯屠杀，许多苏联的犹太人在苏联受到斯大林政权的迫害，十分痛心。他支持建立以色列这个犹太国家。他认为以色列的最重要的政策应该是与阿拉伯人完全平等相处。他说："如果我们不能找到与阿拉伯人真诚合作并真诚达成协议的方法，那么我们就没有从两千年来所遭受的痛苦中学到任何东西，我们就该承受我们的命运。"如果当今以色列的当权者能牢记并忠实执行爱因斯坦的遗训，中东地区以色列和巴勒斯坦的冲突也许就不会像今天那样难以解决。

早在青年时代，爱因斯坦就接受社会主义思想。但他不愿参加德国的社会民主党，他也不赞成苏联斯大林式的集权和专制。在1948年，他这样评价苏联："在俄国的制度中，每件事情都取决于那些手中掌握全权的少数人的性格。在当今俄国，个人的地位可描述如下：为了个人的长远的经济安全，他要付出牺牲个人自由的代价。"他还说："强迫的专制制度很快会腐化堕落。因为暴力所招引来的总是一些品德低劣的人，而且我相信，天才的暴君总是由无赖来继承，这是一条千古不易的规律。"但他始终赞成民主的社会主义。他在1949年发表了《为什么要社会主义》一文（遗憾的是，《爱因斯坦新语录》的编者没有收录这篇重要文章中的精辟语录）。爱因斯坦在文中说：在资本主义社会里，"私人资本倾向于集中到少数人的手里"，"结果造成私人资本的寡头政治，它的巨大权力甚至连民主组织起来的国家也无法有效地加以控制"，"追逐利润，加上资本家之间的竞争，使资本的积累和利用不稳定，从而导致日益严重的不景气。无限制的竞争导致劳动力的莫大浪费，也导致个人社会意识的消沉"。他深信，"要消灭这些严重祸害，只有一条道路，那就是建立社会主义经济"。但是，他又提出，"社会主义的建成，需要解决这样一些极端困难的社会-政治问题：鉴于政治权力和经济权力的高度集中，怎样才能防止行政人员变成权力无限和傲慢自负呢？怎样能使个人的权利得到保障，同时对行政权力能够确保有一种民主的平衡力量呢”？

在苏联解体和东欧剧变后，西方有一些学者，认为社会主义在冷战中失败了，历史终结了，资本主义可以一统天下、万世长存了。但是最近波及全球的金融危机又一次证明了资本主义固有的弊病。民主的社会主义仍然是一种替代资本主义的选项。过去人们不太注意的爱因斯坦的社会主义理想，实际上很值得我们重视、研究和深思。

爱因斯坦是一个有崇高理想的人。他说，“我从来不把安逸和享乐本身看做目的”，“指引我的道路并时时给我力量使我能直面人生的理想一直是善、美和真”。他认为他的精神生活和物质生活都基于别人的劳动，他必须尽自己的力量来报偿已经领受和仍在领受的帮助。他说：“只有献身于社会，才能找出那实际上是短暂而有风险的生命的意义。”他自称是一个“孤独的流浪者”、“独来独往的人”。他超越他的国家、故乡、朋友甚至他的亲人。这种超越和孤独，使他能潜心研究科学，探索宇宙的奥秘，使他能公正客观地审视、思考人类社会的现实和未来。他蔑视权威，可是，具有讽刺意味的是，在 1919 年的天文观测确认了他的广义相对论的预言之后，他成了科学界最大的权威。在他随后对美国和日本的访问中，他像圣人般地受到大众的欢迎。他的生活简朴：留长头发以减少理发的次数，袜子可以不穿，一件皮夹克解决了多年的上衣问题，其目的就是通过限制需要来增加自由。按照他的遗愿，他的骨灰不予保存，不建墓地，不保留故居。他不希望后人通过这些来纪念他。但与他的愿望相反，他已去世半个世纪，人们一直在怀念他，纪念他。他的著作，一再出版。他的全集正在陆续编辑出版。他的语录出了第三个版本。不管他个人的意愿如何，他的思想遗产已成了人类文化永恒的瑰宝。

《玻恩-爱因斯坦书信集（1916－1955)》译后记*

这本书信集收录了爱因斯坦和玻恩夫妇40年内的100多封通信，这40年历经了从第一次世界大战后期的德国到希特勒上台(1916～1933)、从希特勒执政到第二次世界大战结束（1933～1945)、从冷战开始到爱因斯坦逝世（1945～1955）三个时期。玻恩在1965年编辑了这本书信集，并在绝大部分书信的后面，写了评述，介绍该信的历史背景和有关细节。此书德文版在1969年出版，上有罗素（1872～1970）写的前言和海森伯（1901～1976）写的序，玻恩的女儿伊伦翻译的英文本在1971年出版。这次翻译出版的中译本是根据2005年出版的英译本，前面增加了玻恩的儿子古斯塔夫写的“新版说明”、物理学史家黛安娜·布赫瓦尔德（现任《爱因斯坦全集》的主编）和物理学家基普·索恩合作撰写的绪言。我翻译时也参照了1991年出版的德文版。

---

* 本文写于2010年6月8日，原载《玻恩-爱因斯坦书信集（1916－1955)》（中译本），上海科技教育出版社，2010年。

今年（2010年）是爱因斯坦（1879－1955）逝世55周年，马克思·玻恩（1883～1970）逝世40周年。在今年出版《玻恩-爱因斯坦书信集（1916－1955)》中译本是很有意义的。

爱因斯坦是20世纪物理学革命的旗手。他在1916年前，已经创建了狭义相对论和广义相对论，也为推进量子论作出了重大贡献。玻恩也是20世纪伟大的物理学家，是量子力学的奠基人之一，对固体物理、光学都有巨大贡献。他们在40年的通信中，涉及相对论、量子论、原子物理、分子物理、晶体、液体、超导、宇宙线、宇宙学、统一场论等十多个物理学分支。

玻恩早在1913年，就为狭义相对论作辩护，并把它推广应用到电子运动。对广义相对论的两个经验检验（光线的引力红移和引力偏转)，玻恩曾根据弗罗恩德利希的观测结果，有所怀疑，但爱因斯坦仍很自信（信99)。但后来，随着观测技术的进展，都确认了爱因斯坦的预测。在量子论方面，爱因斯坦最早把量子论推广到辐射和固体领域；1912年以后，玻恩把量子论推广到晶体领域、原子和原子发出的辐射领域。爱因斯坦起初对海森伯、玻恩等创建的量子力学十分赞叹（信50)，可是后来在量子力学诠释方面与玻恩产生了分歧。直到1953～1954年，爱因斯坦、玻恩和泡利（1900～1958）还对这个问题进行了深入的讨论（信105－106，108，110，112，115－116)。他们有关这些问题的通信、探讨是20世纪物理学思想史的经典文献，具有重大的历史意义。

布赫瓦尔德和索恩在2004年为该书写的新版绪言论述了该书出版后近40年来相对论和量子论的进展，也有很大的参考价值。她们在绪言中提到了探讨量子引力的弦论，遗憾的是没有提到21世纪初发展起来的圈论。

这本书信集不仅对20世纪物理思想史有巨大意义，对科学社会史也有巨大价值。第一次世界大战后到希特勒上台前，德国处于极端困难的时期。巨额的战争赔款、20 世纪 20 年代末的经济危机使德国的大学不得不通过减薪、裁员来维持局面。可是就在这个时期，玻恩在哥丁根大学却培养出了海森伯、泡利这样的诺贝尔奖获得者，约丹（1902～1980）、海特勒（1904～1981）、洪德（1896～1997）、韦斯科普夫（1908～2002）等这样一批杰出的物理学家。大数学家冯·诺伊曼（1913～1957）、原子弹之父奥本海默（1904～1087）、氢弹之父特勒（1908～2003）都曾在那里学习。在哥丁根大学，还有希尔伯特（1862～1943）、外尔（1885～1955）这样的权威数学家和物理数学家，有弗兰克（1882～1964）这样杰出的实验物理学家、诺贝尔奖获得者。玻恩这个团队，创建了量子力学（矩阵力学），提出了测不准原理、不相容原理、对波函数的几率解释，把量子力学推广应用到原子、分子、固体、化学、辐射等领域，大大推进了物理学的发展。他们为什么能取得这样惊人的成就？魏玛共和国的民主制度，德国大学的学术自由的传统，数学和物理、理论和实验的紧密结合，与柏林、哥本哈根、慕尼黑等地的权威物理学家的密切交流，玻恩夫妇与助教、学生亲如一家的师生关系，政府和企业家的支持……其中原因，值得科学社会学家作深入的研究。1933 年以后，爱因斯坦流亡到了美国普林斯顿，玻恩流亡到了英国剑桥，后来到了爱丁堡。从那以后，玻恩和爱因斯坦虽仍保持通信，但再也没有见过面。

玻恩和爱因斯坦在通信中不仅谈科学，也讨论了动荡时代的政治。例如，他们在 1944 年的通信（信 81）中回忆了 1918 年德国爆发革命的时候，城市里建立了工人士兵委员会，大学里建立了学生委员会，罢免并拘留了校长和若干学校里的高级行政人员，爱因斯坦和玻恩一起去找了学生委员会。爱因斯坦对学生说，德国大学最有价值的制度是学术自由，因此绝不要告诉教师该教什么，学生也能够选择听什么课。后来他们找了新总统艾伯特，解决了问题。他们当时很乐观，以为德国的民主胜利了。

对俄国布尔什维克的革命，爱因斯坦是比较同情的，他认为这是军国主义、官僚压迫和富豪统治等罪恶的后果，他希望共产党人能对情况有所改进。“那些家伙有天才的政治家担任最高领导”，“协约国用来摧毁德国军队的武器在俄国就像雪一样被春天的太阳融化了。”（信 13）由此可见，他对当时俄国革命的领导者还是颇为钦佩的。

对协约国要求德国付出巨额的赔款，玻恩感到十分忧虑，他担心这会激起德国人的愤怒、仇恨和报复情绪，从而产生新的战争狂人、导致大灾难（信 31）。历史的发展证明了他的忧虑。

1933 年春，希特勒上台，爱因斯坦不能再回到德国，最后流亡到美国。玻恩从意大利转到了英国。他们都对德国法西斯的野蛮和怯弱感到吃惊。爱因斯坦和玻恩都谴责德国法西斯的暴行。爱因斯坦认为德国是“大众杀人犯的国家”，他再也没有回到德国。而玻恩在 1953 年退休后，就回到德国定居。他说在德国还有足够多的相当好的人，他们中的绝大多数在希特勒时期也都遭受了极大的苦难，不能要求他们对纳粹的罪恶负责。玻恩回到德国后不久，在 1964 年荣获了诺贝尔奖。他利用他自己的声望，努力唤醒德国同行的良心，拒绝制造核武器。他感到有责任向大众启蒙核战争和其他技术发展的危险并为反对战争和军国主义而战斗。他通过讲演、广播讲话、电视讨论、写书来做这件事，取得了巨大的成效。

玻恩也反对英美对德国德累斯顿地毯式的轰炸，以及对日本广岛、长崎扔原子弹，因为受害的都是非作战的、无防卫能力的老人、妇女和儿童。玻恩起初不知道是爱因斯坦建议罗斯福总统研制原子弹的。不过，爱因斯坦是在反对德国法西斯的特定情况下提出这个建议的。在他逝世前不久签署的《罗素–爱因斯坦宣言》中明确主张“销毁热核武器”，要求各国政府“寻求和平办法来解决它们之间的一切争端”。玻恩在 1957 年签署了德国核物理学家的哥丁根宣言，主张联邦德国放弃拥有核武器，签名者决不“以任何方式参加原子武器的生产、实验和应用”。

1954 年，爱因斯坦曾对记者说，如果我重新是个青年人，我宁愿做一个管子工或小贩。玻恩以为爱因斯坦指的是由于科学的误用，科学用来研制原子弹，给世界带来祸害，所以不愿再当科学家，他并表示自己也有类似想法。而实际上爱因斯坦指的是美国麦卡锡主义带来的人权危机。

玻恩和爱因斯坦通信中的一大主题是帮助困难中的物理学家。在德国的时期，是帮助那些比德国物理学家更困难的俄国和东欧的物理学家，如鲁默（1901～1985）。鲁默回到苏联后，在斯大林时期被送到北冰洋附近的集中营，几乎丧命。斯大林死后，被任命为新西伯利亚的物理研究所所长（信 59）。在 1933 年以后到第二次世界大战期间，爱因斯坦和玻恩一直在尽力帮助受到纳粹威胁的犹太物理学家。例如，波兰的英费尔德（1898～1968），他先到爱丁堡随玻恩工作，后来到普林斯顿随爱因斯坦工作，取得了杰出成果。第二次世界大战结束后，英费尔德回到波兰，成了波兰科学院院长。在爱丁堡，玻恩先后有四位中国的研究生和合作者（见黄昆为《中国大百科全书》（物理卷）所写关于玻恩的条目），彭桓武院士（1915～2007）曾和他合作研究量子场论（信 80、83）、黄昆院士曾和他合写《晶体点阵的动力学理论》一书（信 96、98）。在中国学者要绕道美国回国时，玻恩还写信请爱因斯坦帮忙（信 84）。玻恩在书信集中没有提及名字的两位中国物理学家是程开甲院士（1918～　）和杨立铭院士（1919～2003）。彭桓武和程开甲都是研制、实验“两弹”的元勋，黄昆是我国半导体物理的先驱。杨立铭曾任我国核物理学会理事长。在爱丁堡，玻恩还有一位合作者是从德国流亡到英国的物理学家福克斯（1911～1988），他后来在英国、美国参加了原子弹、氢弹的研制（信 80）。1950 年因泄漏机密给苏联在英国被判间谍罪，囚禁了 9 年。1959 年释放后到民主德国定居。据网上介绍，那年我国“两弹”元勋钱三强院士（1913～1992）还去访问过他，但查无实据。

在书信集中，玻恩还记述了美国高盛银行创始人戈德曼的儿子亨利·戈德曼同玻恩和爱因斯坦的交往，他的德国情结及他对玻恩在哥丁根的物理研究所的资助（信 45）。书中也谈到了德国企业家卡尔·斯蒂尔夫妇与子女对哥丁根大学的科学家和普朗克的关照和友谊（信 30）。玻恩还谈到了他和曾任英国国防大臣和副首相的霍尔丹勋爵的交往，谈到了在第一次世界大战前他曾到柏林代表英国和德国讨论停止海军军备竞赛失败的往事（信 45）。爱因斯坦和玻恩也曾两次谈到西班牙裔的共产（第三）国际的早期领导人拉狄克（1885～1939?），一次是说他的小册子写得不错（信 13），一次是谈斯大林对他的审判（信 72）。拉狄克曾任莫斯科中山大学校长，1926 年，他在校内讲授中国革命史。他和托洛茨基有关中国革命的观点在共产国际内引起了争论，也影响了中国共产党和中国的思想界[①]。所以，这本书信集，对丰富我们的历史知识也很有帮助。

玻恩夫人是剧作家、诗人和虔诚的教友会信徒。她同爱因斯坦在通信中讨论宗教、人生、文学。这些信件展示了她和爱因斯坦之间的真挚友情。

总之，我在译完这本书信集后，深深感到，该书内容之丰富，远远超过我的预期。

最后，需要提到的是，11 封有关量子力学的信和 1 封有关康德哲学的信，我参照了许良英教授在《爱因斯坦文集》第一卷中的译文，特在此致谢。

---

① 《马克思主义中国化研究——历史进程和基本经验》，人民出版社，2009 年，第 146 页，第 193～195 页。

尼耳斯·玻尔与中国

——有关历史资料汇编（1920～2012）*

尼耳斯·玻尔（Niles Bohr，1885～1962）是20世纪最伟大的物理学家之一。他在1913年所创立的原子结构理论奠定了现代物质结构理论的基础，大大地开拓了物理学研究的疆土，并因此荣获1922年诺贝尔物理学奖。他于1921年创办的哥本哈根大学理论物理研究所培养了大量杰出的物理学家，在量子力学兴起时期曾经成为全世界最重要、最活跃的物理学中心，曾经称为物理学家的“麦加”。他于1927年提出的互补性观点以及从1927年到20世纪40年代末他同爱因斯坦有关量子力学诠释的大论战对当代的物理学和哲学都有深远的影响。1936年他提出原子核的“液滴模型”，曾经成为当时人们理解原子核反应并探索大规模释放核能的途径的可用的理论指导。

* 本文原载《科学文化评论》，2012年第9卷第2、第3期。

第二次世界大战期间他在美国参加了原子弹的研制工作并作出了重要贡献。他一生爱好和平，崇尚民主，反对侵略，反对独裁。从20世纪30年代至40年代初，他曾为营救、协助受纳粹迫害的知识分子做了大量的工作。第二次世界大战后，他大力呼吁和平，反对核军备竞赛，提出了开放世界的理想。他一贯对中国人民极为友好。

资料汇编共分六个部分。第一部分是1937年以前中国学术界关于玻尔工作的介绍和中国科学家与玻尔的交往。第二部分是玻尔1937年访问中国的前前后后的事情。第三部分是1938～1949年玻尔与中国科学家和学者的交往。第四部分是1949～1962年中国科学家与玻尔的交往以及中国学术界对玻尔哲学观点的批判。第五部分是1962年玻尔逝世以后的情况。第六部分是后记和感想。

一、1920～1936年

1. 20世纪20年代初，中国学术界关于玻尔工作的介绍

据戴念祖教授考证，早在20世纪20年代初，中国学术界就开始介绍玻尔的工作。例如：周昌寿在1920年在《学艺》杂志第3卷第3、4期上发表的《光波诱电论》，1921年在《东方杂志》第18卷第3期上发表的《量子说的梗概》；张水淇1923年在《学艺》杂志第5卷第5期上发表的《波耳氏线景理论》；夏元瑮在1923年7月2～3日《晨报副刊》上发表的《新原子论大略》和1923年11月6～10日在《晨报副刊》上发表的《新旧力学之异同》。

2. 玻尔与周培源

1928年秋，周培源（1902～1993）到德国莱比锡，在海森伯（W. Heisenberg，1901～1976）领导下工作。由海森伯推荐，周培源于1929年4月到哥本哈根，参加了玻尔召集的会议，会见了当时很多知名的物理学家。周培源后来回忆说："会上那种直率、自由和不拘形式的学术讨论风气，给了我深刻的印象。"① 据记载，周培源是第一个到玻尔研究所访问的中国物理学家②。在周培源 90 寿辰的纪念文集中的"周培源教授年谱"记载，"1929 年上半年至秋，应瑞士苏黎世高等工业学校泡利教授之约从事量子力学研究"③。所以，周培源去哥本哈根，是由海森伯推荐，还是由泡利推荐，还值得进一步考察。

二、玻尔 1937 年访问中国

1. 对玻尔访华的邀请

1937 年年初，尼耳斯·玻尔与夫人玛格丽特（Margrethe）和儿子汉斯·玻尔（Hans Bohr）访问美国。2 月初，当时在美国的周培源受北京大学和清华大学的委托，邀请玻尔访华④。

1937 年 2 月 27 日，北平清华大学吴有训教授（1879～1979）致电玻尔（美国加州伯克利转），电文如下：

> 四个科学机构真诚地欢迎您在您的旅行中顺访北平，吴，清华大学，北平。⑤

1937 年 3 月 11 日，吴有训又致电玻尔：

---

① 罗伯森：《玻尔研究所的早年岁月（1921～1930）》，杨福家等译，科学出版社，1985 年。

② 《曾长期在哥本哈根大学理论物理研究所工作的来自外国的访问者名录（1918～1961）》，玻尔文献馆档案（Niels Bohr Archive，NBA）。

③ 国际流体力学与理论物理科学讨论会组织委员会编：《科学巨匠 师表流芳》，北京：中国科学技术出版社，1992 年，第 313 页。

④ 罗伯森：《玻尔研究所的早年岁月（1921～1930）》. 杨福家等译，科学出版社，1985 年，第 iv～v 页。

⑤ 《吴有训 1937 年 2 月 27 日致玻尔电》，NBA。

加州伯克利加州大学物理系转尼耳斯·玻尔教授：

中国的国家的教育和文化机构热诚地欢迎您访问我国并作若干次讲演，详见另函，由仁科芳雄博士转。

吴有训，清华大学。①

1937年3月27日，中央研究院、国立北平研究院、国立北京大学、国立清华大学、国立中央大学和中华教育文化基金会的领导人联合发信邀请玻尔访华，信件的中译文如下：

日本东京，Hongo，Komagome，理化研究所仁科芳雄博士转

尼耳斯·玻尔教授：

亲爱的先生阁下：

我们谨代表中央研究院、国立北平研究院、国立北京大学、国立清华大学、国立中央大学和中华教育文化基金会，十分愉快地邀请您访问我国，并请求您在您逗留期间方便的时候作几次讲演。

中国的教育文化机构总是以极大的热忱关注大科学家的来访。如果您认为有可能接受邀请，我们将感到极大的荣幸。

中央研究院院长蔡元培（签名）

国立北平研究院院长李书华（签名）

国立北京大学校长蒋梦麟（签名）

国立清华大学校长梅贻琦（签名）

国立中央大学校长罗家伦（签名）

① 吴有训1937年3月11日致玻尔电，NBA。

中央教育文化基金会干事长孙洪芬（签名）

1937 年 3 月 27 日[①]

1937 年 4 月 10 日，国立清华大学吴有训教授再次致函玻尔，全信的中译文如下：

日本东京，Hongo，Komagome，

理化研究所仁科芳雄博士请转

尼耳斯·玻尔教授

亲爱的玻尔教授：

我们十分高兴地从周培源博士处获悉您将于 4 月到达日本。在得到这个令人愉快的消息之后，中央研究院、国立北平研究院、国立北京大学、国立清华大学、国立中央大学和中华教育文化基金会已经联合发出无线电报，通过加州大学（伯克利）物理系转送给您，向您表示最衷心的欢迎。这里谨随函附上上述机构的院长或校长给您的正式邀请信。为了使您了解安排的某些细节，我冒昧地给您写这封信。

这里的教育文化机构总是以极大的热忱关注大科学家的来访。过去曾经作为我们的贵宾的物理学家有朗之万（P. Langevin）教授、朗缪尔（I. Langmuir）博士和狄拉克（P. A. M. Dirac）教授。现在我们认为这是分外的荣幸，欢迎您来到我国并利用这个特殊的机会向您，现代科学思想的领袖，表达我们衷心的敬意。您的到来肯定会给我们科学界所有人士以不可估量的鼓舞。因此，我们热诚地期

① 蔡元培等 1937 年 3 月 27 日致玻尔信，NBA。

待着欢迎您并希望您能安排作短暂的逗留而不致影响您的其他计划。

在您访华的旅程中，我们渴望有幸听到您的讲演。我们必须请求您让我们支付您和您的家属在华的全部旅费和生活费用，以及那些在您原来的旅程之外的花费。

因为两个邀请机构，中央研究院和国立中央大学分别位于上海和南京，而其他四个机构均在北平，我们希望您能这样安排您的旅程：首先经过上海，然后在您北上赴北平的途中访问南京。也许您希望在北平度过更多的时间，因为从游览观光和了解中国的古代文化的观点来看，它是一个很吸引人的城市。如果您想了解更多的细节，请毫不犹豫地告诉我。

我在中央研究院的同事将很高兴地到轮船码头迎接您，如果您能事先通知您到达上海的日期。此后在各个地方，我们都将派几个人为您效劳以便利您的旅行。致最衷心的祝贺

尊敬您的

吴有训（签名）

1937 年 4 月 10 日①

1937 年 4 月 30 日玻尔给吴有训回信：

我亲爱的吴博士：

我希望您已收到我向您致谢的电报，感谢您的友好的来信以及来自中国大学和科学机构的荣幸地邀请，并为未

① 吴有训 1937 年 4 月 10 日致玻尔信，NBA。

及时回信致歉，因为轻微的流感使我们的计划难以确定。确实，访问如此友好地邀请我的大学和科学机构，使我的家属和我本人能对你们国家的奇妙的古老传统和美景取得印象，这将是很大的乐事，在这方面我从您的来信中所提到的朋友和同行那里已听到了很多。

我们打算在5月19日离开长崎赴上海，并将于5月20日3时左右到达上海。我们能够在中国逗留两三个星期，我们想在上海或南京都停留几天，在北平则停留八天左右，如果您能友好地对我们的访问和我的讲演的安排提出任何建议和忠告我将十分感谢。我将很高兴在上海作一次讲演，在南京作一次讲演，在北平作两次或三次讲演，我打算在上海和南京讲演的题目是“原子核”或“原子物理中的因果性”，而在北平我打算这两题目都讲。（来信请寄东京，Hongo，Komagome，理化研究所仁科芳雄博士转）

请您替我向中国的各个大学和科学机构对我的友好和荣幸地邀请表示最衷心的感谢。我期待着亲自与您和您的同事们相识。

您的真诚的

尼耳斯·玻尔

1937年4月30日[①]

1937年5月7日，玻尔又致函吴有训：

我亲爱的吴博士：

我希望您已收到我4月30日的信，信中我对中国大学

① 玻尔1937年4月30日致吴有训的信，NBA。

和科学机构友好和荣幸的邀请表达了谢意并提出了我在中国讲演的打算。

自那时以后，我收到了所附国立浙江大学的邀请。在那里作一次讲演，并让我的家属和我本人看一看美丽的杭州市，这对我将是一大乐事，如果杭州之行可以方便地纳入我在中国的旅行日程之中的话。因此我请求您友好地替我向国立浙江大学致衷心的感谢，并且如果您认为可取的话请与该大学作这样的安排。如果您能把您友好的意见寄到长崎（日本 Yusen Kaisha 转）（我们将于 5 月 19 日在那里起航）或者寄到上海（我们将于 5 月 20 日到达），我也将十分感谢。

最友好的致意

您的真诚的

尼耳斯·玻尔

1937 年 5 月 7 日[①]

1937 年 5 月 7 日吴有训回复玻尔，并对玻尔访华日程作了安排：

日本东京，Hongo，Komagome，理化研究所

仁科芳雄博士烦转

尼耳斯·玻尔教授

亲爱的玻尔教授：

非常感谢您 4 月 30 日电报和来信。我们希望您在轻微的流感之后已完全康复并在日本的旅行愉快。

在与我的同事商讨之后，我今寄上您在中国旅行的日程草案。征求您的同意。

① 玻尔 1937 年 5 月 7 日致吴有训的信，NBA。

5月20日	到达上海
5月21～22日	在上海
5月23日	坐火车离开上海赴杭州
5月24日	在杭州
5月25日	坐火车或汽车离杭州赴南京
5月26～27日	在南京
5月28日	早晨离南京赴北平
5月29日	下午到达北平
从5月30日开始	在北平

我们已经通知中央研究院物理研究所所长丁燮林先生您抵达上海的日期。丁先生将在您到达时在上海码头迎接您。请您告诉丁先生您将乘的轮船的名称，这样他将妥善地安置您和您的家属。他的地址是上海中央研究院物理研究所。

在上述日程中，您将看到我们已把去杭州的旅行安排在内，因为杭州是一个景色优美的地方。它距上海不远。您可以坐汽车或火车从杭州赴南京。国立浙江大学位于杭州，该校几位物理学家将欢迎您并为您做出舒适的安排。您在上海和南京的讲演将在您逗留在那两个城市的任何一天举行。“原子核”和“原子物理中的因果性”这两个题目十分合适。在北平的讲演将在5月31日、6月2日和4日举行。题目可以和您在南方讲的一样。

最后，我们再次感谢您友好的访问，因为这使我们深感荣幸。

尊敬您的

吴有训（签名）

1937年5月7日[①]

① 吴有训1937年5月7日致玻尔的信，NBA。

1937 年 5 月 11 日国立浙江大学又致电玻尔：

东京，Hongo，Komagome，理化研究所仁科芳雄转

尼耳斯·玻尔教授

尼耳斯·玻尔教授：

衷心欢迎来杭州并希望在您短暂访问期间慨允在此作一次讲演。

国立浙江大学①

1937 年 5 月 13 日，国立浙江大学校长竺可桢（1890～1974）致函玻尔：

上海中央研究院国立物理研究所

丁燮林先生转

尼耳斯·玻尔教授

亲爱的玻尔教授：

我谨代表国立浙江大学十分愉快地对您访问浙江大学和杭州市表示最衷心的欢迎。

在我们得到您有可能访问杭州的消息之后不久，一份欢迎您的电报已于本月 11 日通过仁科芳雄博士转交给您，我们相信您一定已经收到，该电报的电文如下。

“本大学衷心欢迎您来杭州并希望在您短暂访问期间慨允在此作一次讲演。”吴有训博士为您安排的旅行日程草案已纳入了我们的计划，在浙大的讲演可以在 24 日下午某个时候举行。我校的文理学院院长胡刚复博士将到上海陪同您来杭。我之所以请上海中央研究院我的同事丁燮林先生

① 国立浙江大学 1937 年 5 月 11 日致玻尔电，NBA。

转交这封信而不是通过仁科芳雄博士，是因为怕这封信到达日本的目的地时您已离开东京。我们相信这个计划会得到您的同意并将顺利实现，除非有某些不可预料的情况干扰了它。如果需要作任何改变，这总可以和丁先生商量，他将在码头迎接您并在您逗留上海期间为您效劳。

您很了解，杭州不仅是一个景色十分秀丽的地方，而且也有很高的历史和文化意义。处于中国的内地，作为一个先进省份的省会，杭州将提供您最好的机会来直接了解真实的中国。浙江人在国家建设和政治思想中所起的关键作用使得杭州和浙江大学成为现代科学理想的最热情的追随者和最好的文学传统的理所当然的继承者。一位杰出的学者对这个城市的访问应该是最为适当的事情，而一位现代科学思想的领袖在此时出现将必然给予追求真理和知识并决心为振兴他们的祖国而斗争的年轻一代以巨大的激励和鼓舞。

我期待着在杭州亲自看到您和聆听您的讲演的快乐。

尊敬您的

竺可桢（签名）

国立浙江大学校长

1937 年 5 月 13 日①

2. 来华前的报道

1937 年玻尔教授来华前，《中央日报》和《北京晨报》均报道了他来访的消息和旅程计划。《大公报》和《科学》杂志第 21 卷第 6 期分别发表了余潜修的文章《欢迎丹麦物理学家玻尔来华》。文章详细介绍了尼耳斯·玻尔的生平贡献，并指出了他来华讲学的重大意义②。

---

① 竺可桢 1937 年 5 月 13 日给玻尔的信，NBA。

② 阎康年：《N. 玻尔在中国》，《自然辩证法通讯》第 4 期，第 77～79 页。

3. 玻尔在上海

1937 年 5 月 20 日（星期天）下午 4 时，玻尔偕夫人及儿子汉斯·玻尔乘客轮抵达上海，受到中央研究院物理研究所所长丁燮林（1893～1974）及上海科学界著名人士的热烈欢迎。下榻花园饭店[①②]。

5 月 21 日上午 10 时，丁燮林陪同玻尔父子参观物理研究所。下午又陪玻尔到上海交通大学讲“原子核”。演讲后由上海交通大学校长黎照寰（1898～1968）设茶点款待。晚 7 时，中央研究院物理研究所所长丁燮林和化学研究所所长庄长恭（1894～1962）在北四川路新亚酒楼联合宴请玻尔教授及夫人和公子[③]。物理研究所顾静徽女士（1900～1983，她是中国第一位女物理学博士）在座[①]。

5 月 22 日上午 10 时，丁燮林陪同玻尔一家到上海市中心区参观[①]。晚上，有中国物理学会，化学会及中国科学社设宴款待[②]。

4. 玻尔在杭州

5 月 23 日玻尔一家由国立浙江大学文理学院院长胡刚复（1892～1966）陪同，于 8 时 25 分乘火车赴杭州。12 时 30 分到达杭州，受到物理系主任张绍忠、何增禄（1898～1979）、束星北（1907～1983）、王淦昌（1907～1998）等物理学家的欢迎，下榻西泠饭店。下午游西湖。晚 7 时，竺可桢校长在大华饭店设宴招待[④]。竺可桢因事未能出席，由一位哲学家（可能是郑晓沧）代表主持。

5 月 24 日上午 9 时，胡刚复、束星北、王淦昌、何增禄、张绍

① 玻尔：《尼耳斯·玻尔教授在中国》，戈革译，《中国科技史料》，1990 年第 11 卷第 2 期，第 88～96 页。原文参见 Bohr H. Professor Bohr and Margrethe Bohr in China. NBA.

② 阎康年：《N. 玻尔在中国》，《自然辩证法通讯》第 4 期，第 77～79 页。

③ 丁燮林、庄长恭 1937 年 5 月 21 日给玻尔及夫人的请柬。NBA。

④ 竺可桢 1937 年 5 月 23 日给玻尔及夫人的请柬，NBA。

图 1　N. 玻尔和丁燮林

此照片摄于上海中央研究院物理研究所，由顾静徽女士于 1937 年 5 月 28 日函寄玻尔夫人（由饶树人先生转），玻尔文献馆（NBA）提供

宗、梅光迪夫人陪同玻尔一家游览了西湖、灵隐寺、龙井、九溪十八涧、六和塔等地①。下午 5 时，玻尔在国立浙江大学文理学院作了题为“原子核”的讲演。讲演约一小时半，会议由竺可桢校长主持。胡刚复作简要介绍②。

---

① 玻尔：《尼耳斯·玻尔教授在中国》，戈革译，《中国科技史料》，1990 年第 11 卷第 2 期，第 88～96 页。原文参见 Bohr H. Professor Bohr and Margrethe Bohr in China. NBA.

② 竺可桢：《竺可桢全集》第 6 集（竺可桢日记第 1 集），上海科技教育出版社，2005 年，第 307 页。

图 2　N. 玻尔和丁燮林、杨肇燫等

摄于上海，NBA 提供

晚 7 时半，浙江省政府主席朱家骅（1893～1964，后为中央研究院院士，并曾代理中央研究院院长）及夫人朱程佩芬在省政府设宴款待玻尔夫妇及公子[①]。应邀作陪的有竺可桢、程远帆夫妇、梅光迪（1890～1945）夫妇、楼光来、胡刚复和郑晓沧（1892～1979）[②]。

在玻尔访问杭州期间，王淦昌和束星北与他讨论了许多物理问题。王淦昌曾问他是什么原因引起了宇宙线中的簇射现象。玻尔回答说这个问题已经搞清楚了。这种现象是由电磁相互作用引起的[③]。1927～1937 年，玻尔和爱因斯坦已就量子力学的诠释问题进行长达十年的争论，其间 1927 年、1930 年、1935 年是三次高潮。在杭州，束星北直截了当地问玻尔对这场大论战持什么

① 朱家骅夫妇 1937 年 5 月 24 日给玻尔公子的请柬，NBA。

② 竺可桢：《竺可桢全集》第 6 集（竺可桢日记第 1 集），上海科技教育出版社，2005 年，第 307 页。

③ 王淦昌：《深厚的友谊，难忘的会见》，《科学对社会的影响》，第 137 期，第 51～57 页。

看法。玻尔直率地回答，在这个问题上，他是对的，而爱因斯坦的想法不对①。

5月25日上午8时，玻尔一家乘火车去上海，何增禄、王淦昌、束星北陪送至长安站告别②。玻尔一家在上海进午餐和晚餐，晚12时，坐火车去南京；丁燮林到车站与玻尔告别。

5. 玻尔在南京

5月26日（星期三）早晨，玻尔一家到达南京。中央研究院秘书王毅候和国立中央大学周教授（可能是周同庆，1907～1989）到车站迎接。中央研究院院长蔡元培（1868～1940）在5月24日就留下了一封欢迎信，全文如下：

面交尼耳斯·玻尔博士

亲爱的先生阁下：

在您首次访问中国的新首都时，我谨代表中央研究院在南京的各研究所向您表示最衷心的欢迎。因我不在南京，我为不能到车站欢迎您深感遗憾。我希望您在南京的短暂停留愉快。

致最诚挚的问候。

您的忠诚的

蔡元培（签名）

中央研究院院长

1937年5月24日③

---

① 王淦昌：《深厚的友谊，难忘的会见》，《科学对社会的影响》，第137期，第51～57页。

② 玻尔：《尼耳斯·玻尔教授在中国》，戈革译，《中国科技史料》，1990年第11卷第2期，第88～96页。原文参见 Bohr H. Professor Bohr and Margrethe Bohr in China. NBA；《竺可桢全集》（第6集），上海科技教育出版社，2005年，第307页。

③ 蔡元培1937年5月24日致玻尔的信，NBA。

早餐后，周（同庆）教授陪同玻尔一家游览了明孝陵和中山陵。中午 12 点半，国立中央大学校长罗家伦（1897～1969）在国际联欢社设宴款待玻尔夫妇及公子。[①] 中央研究院历史语言研究所的赵元任（1892～1982）教授出席作陪。下午 4 点玻尔先生在中央大学科学馆作了题为“原子核”的讲演。[②]

5 月 27 日早晨，赵元任教授陪同玻尔夫妇及公子参观了中央研究院各研究所，参观了心理研究所汪敬熙（1893～1968）领导的神经生理实验室，赵元任所在的历史语言研究所，以及地质研究所、气象研究所。

下午 4 点，玻尔又在中央大学讲了“原子物理中的因果性”[②]。

傍晚，玻尔夫妇及公子访问了金陵女子学院并在那里晚餐[③④]。5 月 28 日玻尔夫妇与公子于上午 7 时 45 分乘火车离开南京赴北平。

6. 玻尔在北平

5 月 29 日（星期六）下午 1 时 55 分，玻尔一行到达北平前门车站，受到国立清华大学理学院院长吴有训（正之）、国立北京大学理学院院长饶毓泰（树人）（1891～1968）、国立北平研究院院长李书华（1889～1979）、中华教育文化基金会干事长孙洪芬（1889～1953）等文化教育界著名人士的热烈欢迎。下榻北京饭店 501 房间[④⑤]。下午游了北海公园。

5 月 30 日上午 9 时，吴有训陪同玻尔夫妇与公子游了天坛，午

---

① 罗家伦 1937 年 5 月 26 日致玻尔夫妇的请柬，NBA。

② 玻尔：《尼耳斯·玻尔教授在中国》，戈革译，《中国科技史料》，1990 年第 11 卷第 2 期，第 88 页～96 页。原文参见 Bohr H. Professor Bohr and Margrethe Bohr in China. NBA.

③ 金陵女子学院院长于 1937 年 5 月 26 日邀请玻尔夫人及玻尔于 5 月 27 日下午 6 时半去该院便餐的便条，NBA。

④ 阎康年：《N. 玻尔在中国》，《自然辩证法通讯》第 4 期，第 77～79 页。

⑤ 玻尔：《尼耳斯·玻尔教授在中国》，戈革译，《中国科技史料》，1990 年第 11 卷第 2 期，第 88～96 页。原文参见 Bohr H. Professor Bohr and Margrethe Bohr in China. NBA.

餐后，又陪他们游览了故宫。①

晚7时，国立清华大学。中华文化教育基金董事会、国立北平研究院、国立北京大学联合宴请玻尔夫妇与公子，座设松公府北大教职员俱乐部②。

5月31日，上午10时，国立北京大学饶毓泰教授陪同玻尔一家游览景山。下午3时，玻尔在国立北京大学理学院讲演厅作题为“原子核”的讲演（图3）。在讲演前，玻尔参观了国立北京大学物理实验室。在该室吴大猷（1907～2000）、郑华炽（1903～1990）等做了

图3　N. 玻尔夫妇与国立北京大学校长蒋梦麟夫妇、中国的物理学家和数学家等在国立北京大学理学院合影（1937年5月31日）

此照片是吴大猷送给哥本哈根大学校长 Ove Nathan 教授的。这是 Ove Nathan 教授送给作者的复制件

---

①　玻尔：《尼耳斯·玻尔教授在中国》，戈革译，《中国科技史料》，1990年第11卷第2期，第88～96页。原文参见 Bohr H. Professor Bohr and Margrethe Bohr in China. NBA.

②　清华、中华文化教育基金会、北平研究院、北大1937年5月30日宴请玻尔的请柬，NBA。

研究拉曼效应的光谱实验，并在测量“苯”的光谱时发现了两条很相近的谱线，一条强度大，而一条却很弱。当玻尔看到光谱照片时，对我国物理学家能在当时条件下拍好需要几百小时的曝光时间才能拍下的照片表示十分赞赏①。讲演以后他在花园中饮茶喝咖啡，然后与北大校长蒋梦麟（1886～1964）夫妇、中国的物理学家、数学家等合影。

6月1日（星期二）上午，新从欧洲回来的维也纳学派成员、青年哲学家洪谦（1902～1992）来访。10时30分，余教授陪同玻尔参观了故宫。下午7时，余教授陪同玻尔夫妇和公子到欧美同学会，参加由中国化学会曾昭抡（1899～1967）、中国数学会熊庆来（1893～1969）、中国物理学会吴有训联合主持的欢迎宴会，到会的有50多位中国科学家②。

6月2日10时，吴有训教授陪同玻尔夫妇与公子去国立清华大学，玻尔参观了赵忠尧（1902～1995）和霍秉权（1903～1988）的实验室，赵从事中子和“选择俘获”方面的工作，霍从事威耳孙云室和“簇射”方面的工作。中午，在梅贻琦（1889～1962）校长家中用餐。下午3时30分，玻尔作了有关原子核理论的发展的讲演。

是日，中华教育文化基金会干事长孙洪芬（1889～1953）致函玻尔，赠送了该基金会1924～1936年年底的活动总结材料，并约定次日下午2时半陪同玻尔参观静生生物调查所和国立北平图书馆③。

6月3日（星期四）上午，吴有训陪同玻尔一家游颐和园。

下午，孙洪芬陪同玻尔参观了位于文津街的静生生物调查所和国立北平图书馆，并在国立北平图书馆举行了茶会。

6月4日（星期五）上午，玻尔参观了国立北平研究院，下午，

---

① 阎康年：《N. 玻尔在中国》，《自然辩证法通讯》第4期，第77～79页；王淦昌：《深厚的友谊，难忘的会见》，《科学对社会的影响》，第137期，第51～57页。

② 阎康年：《N. 玻尔在中国》，《自然辩证法通讯》第4期，第77～79页；玻尔：《尼耳斯·玻尔教授在中国》，戈革译，《中国科技史料》，1990年第11卷第2期，第88～96页。原文参见 Bohr，H. Professor Bohr and Margrethe Bohr in China. NBA.

③ 孙洪芬1937年6月2日致玻尔的信，NBA。

图 4　玻尔和吴有训——摄于国立清华大学

摄影者熊大缜当时为国立清华大学物理系助教。1937 年抗日战争爆发后，熊大缜到中国共产党领导的冀中抗日根据地参加武装斗争，作出了重要贡献。在 1939 年春的锄奸运动中被冤杀。1986 年 8 月，中共河北省委做出了为熊大缜昭雪平反的决定。照片由 NBA 提供。

由饶毓泰陪同，到国立北京大学理学院作有关“原子物理中的因果性”的讲演。下午 5 时至 6 时半，玻尔参加了国立北平研究院长李书华在东皇城根北平研究院物理研究所举行的茶会[①]。

6 月 5 日（星期六）饶毓泰、吴有训等物理学家陪同玻尔父子游

---

① 李书华 1937 年 6 月 4 日致玻尔的请柬，NBA。

图 5　玻尔和李书华等摄于北平研究院物理研究所

明十三陵①。

6 月 6 日（星期日）玻尔一家由赵忠尧和郑华炽陪同，游长城①。

6 月 7 日（星期一）上午 10 时，玻尔在国立北京大学又作一次非正式讲演并参加讨论，之后玻尔夫妇与公子一起被邀到校长蒋梦麟家中用午餐。晚上，玻尔一家乘火车去山海关，再转乘火车赴苏联①。

7. 玻尔在中国拍摄了彩色电影

在玻尔来华前在美国时，柯达胶卷公司送他一部小电影机和彩

① 玻尔：《尼耳斯·玻尔教授在中国》，戈革译，《中国科技史料》，1990 年第 11 卷第 2 期，第 88～96 页。原文参见 Bohr H. Professor Bohr and Margrethe Bohr in China. NBA.

色电影胶卷（当时还是试用的非卖品）。玻尔在沪杭路的火车上，在杭州游览西湖、岳坟、灵隐寺时，在南京游览明陵和中山陵时，在北平游览十三陵时，拍了沿途风光。在北平还拍了用花轿迎亲的场面。

特别珍贵的是，影片记录了浙江大学何增禄、王琻昌、束星北三教授在浙江长安车站翘首送别、依依不舍的情景。这可能是在中国拍摄的最早一部彩色电影（现存玻尔文献馆，作者离开丹麦前夕，文献馆还专门为我放映了一次）。因为年代太久，胶片老化，容易破碎，所以文献馆轻易不放映这部影片。为了抢救文物，我在此建议，我国有关方面，能尽快派人争取复制一套回来。

8. 关于玻尔访华的报道

在玻尔访问上海、杭州、南京、北平期间，上海《大公报》、杭州《东南日报》、南京《中央日报》、北平的《晨报》都有所报道①。在玻尔离开中国以后，1937 年 7 月 1 日出版的《学艺》杂志第 16 卷第 3 号，发表了戴运轨的《Bohr 教授的讲演》和石延汉的《波尔（Niles Bohr）氏和量子论》两篇文章。戴运轨的文章称玻尔是“20 世纪原子物理学的开拓者”，并介绍了玻尔在国立中央大学的两次讲演。石延汉的文章称玻尔是“世界今日最大的物理学家之一”。

三、1938～1949 年

1949 年前到玻尔领导的理论物理研究所从事研究的中国物理学家有张宗燧和胡宁。

1. 张宗燧和尼耳斯·玻尔

张宗燧（1915～1969），是著名哲学家张东荪（1886～

① 阎康年：《N. 玻尔在中国》，《自然辩证法通讯》第 4 期，第 77～79 页。

1973）的儿子。1930 年考入燕京大学物理系。1931 年转到国立清华大学物理系。1934 年毕业，成为吴有训的研究生。1936 年 8 月，考取赴英公费留学生，到英国剑桥大学著名统计物理学院跟随否勒（R. H. Fowler，1989～1944）研究统计物理。1938 年获博士学位。

1938 年 6 月 8 日，否勒写信给玻尔，推荐张宗燧到玻尔的研究所去作研究[①]。6 月 11 日，玻尔给否勒回信欢迎张宗燧在下学期（9 月 1 日开始）去哥本哈根[②]。

1938 年 6 月 15 日，张宗燧写信给玻尔，称否勒写信告诉他，玻尔已同意在下学期接纳他。他为此表示十分高兴和衷心感谢，并询问应到达哥本哈根的时间，以及为了能跟上玻尔的课程和研究，他应该具备何种预备知识[③]。

玻尔在 6 月 18 日回信给张宗燧对他表示了热情的欢迎，并告诉张“我们现在对原子核问题特别感兴趣”，随函附寄了自己最近工作的几个抽印本。信中还写道：“除了许多实验工作，莫勒（Moller）博士和罗森菲尔德（Rosenfeld）教授正在此研究与新基本粒子的发现有关的核力问题。秋天，巴勒莫的维克（Wick）博士来访，他曾与费米（Fermi）教授在许多核物理问题上进行了成功的合作。”并告知下学期在 9 月开始，希望届时张如无特殊困难，能来到哥本哈根。玻尔并说，张不必听用丹麦语讲的正规课程，但可参加用英语的讨论和讨论会。在附言中又告知他将去英国参加英国科学促进协会，如届时张还在英国，他可以与张面谈一切有关事宜[④]。

张宗燧接到回信，对玻尔的信和抽印本致谢。张在信中说，

---

① R. H. 否勒 1938 年 6 月 8 日致玻尔的信，NBA。
② N. 玻尔 1938 年 6 月 11 日给否勒的回信，NBA。
③ 张宗燧 1938 年 6 月 15 日致玻尔的信，NBA。
④ 玻尔 1938 年 6 月 18 日致张宗燧的信，NBA。

8月他不在剑桥，所以见不到玻尔。所以他准备提前几天在9月初以前到达哥本哈根，以便与玻尔面谈有关工作的实际准备等事项①。

1938年8月31日，张宗燧又写信给玻尔教授，谈到按照丹麦的规定，中国人申请进入丹麦的签证，必须有丹麦的公民作担保。在8月19日张在领事馆申请签证时，一位负责人答应写信给哥本哈根警察局去和玻尔联系，如联系不上，则发给特殊的临时签证。可是十天过去了，哥本哈根的警察局仍未答复。所以张只好继续等待②。

在收到张宗燧8月31日的信以后，玻尔立即于9月2日写了回信，对张宗燧申请签证遇到困难表示遗憾，并告知已立即写信给警察局主管说明张是来研究所参加科学讨论与研究，并要求尽快通过驻伦敦的丹麦公使馆发出签证③。不久，张宗燧就到了哥本哈根。

玻尔理论物理所有个传统的惯例，每年10月间要照一张全所人员（包括来访者）的合影。图6就是1938年的全所合影。

到了哥本哈根以后，在玻尔、P. A. M. 狄拉克和W. 泡利的影响下，张宗燧开始了量子场论的研究。

1939年1月，玻尔赴美访问。不久，张宗燧从哥本哈根给玻尔写了一封信，张在信中首先对未能为玻尔送行致歉，并认为玻尔在美国会遇到许多好人，他们不具偏见、伸张正义。然后张宗燧谈到他想向中国申请奖学金，以便在欧洲作更长的逗留。但因为他实验技能不佳，他不愿在玻尔的研究所做实验工作（拿洛克菲勒基金会的资助）。如果以后又从美国获得资助，他将把钱退还中国方面。为

① 张宗燧对玻尔1938年6月18日来信的回信，日期不详，NBA。

② 张宗燧1938年8月31日给玻尔的信，NBA。

③ 玻尔1938年9月2日给张宗燧的信，NBA。

图 6　玻尔理论物理研究所 1938 年全体人员合影

前排坐者，左 4 为维克，左 7 为玻尔，左 10 为莫勒，左 12 为张宗燧。照片由 NBA 提供

了申请资助，他请求玻尔写一封推荐信。张说他在 2 月 1 日前，将留在哥本哈根，完成通过一个重电子吸收 K 电子的计算（β 射线部分已完成）。他希望在离开哥本哈根前能收到回信。最后，在向玻尔致意以后，又向伊瑞克（Ellic Bohr，玻尔的三子）问好①。1939 年 1 月 23 日，玻尔写了回信，并写了推荐信，并请张宗燧替他和罗森菲尔德向泡利教授问好②。

玻尔在同一天写的推荐信中谈到了张宗燧曾在剑桥随莫勒教授工作，由莫勒介绍来到哥本哈根，在哥本哈根半年来，显示了很高的科学才能和人品。在此期间，张宗燧完成了在剑桥开始的有关统计力学问题的研究。他又在莫勒教授指导下，研究了核理论新近

① 张宗燧 1939 年 1 月致玻尔的信，NBA。

② 玻尔 1939 年 1 月 23 日致张宗燧的信，NBA。

发展中所提出的各种问题，特别是有关β射线蜕变现象。张精通新的复杂的数学方法又能最透彻地理解其物理含意。他对理论物理问题的热忱和敏锐的洞察力将为他未来的科学活动带来巨大的期望。推荐信中最后指出，在玻尔访美期间，张将到苏黎世随泡利教授进行研究。如果在此之后，张先生希望回到哥本哈根理论物理研究所，将肯定十分受到欢迎。最后是玻尔的签名：N. B. （Niels Bohr）①。

1939 年 4 月间，张宗燧从瑞士苏黎世给玻尔夫人写了一封信。信中谈到了瑞士的好天气和景色，谴责了希特勒新近对捷克斯洛伐克的野蛮侵略。张宗燧谈到中、捷两国均被西方民主国家出卖，但中国的抗日战争形势却比捷克乐观得多。顺便张又谈到，吴教授介绍他去中央大学任教，但他却希望留在欧洲进一步深造。他希望在中国申请奖学金，否则他将回玻尔研究所从事核物理实验研究（由洛克菲勒基金会提供资助。）最后，张说欧洲的情况不妙，但希望丹麦、丹麦人，以及玻尔夫人平安无事，附言中又向玻尔夫人的次子汉斯问好②。

在苏黎世呆了四个月之后，张宗燧到了巴黎。此时（大概是 1939 年 6 月）他写信给玻尔说，他在巴黎读一些纯粹数学并等待向中国申请奖学金的结果。结果是申请未获批准。所以，张如要继续留在欧洲，只有到玻尔的研究所从事"放射性示踪"的实验研究（从洛克菲勒基金会获得资助）。"张表示，如果他还能得到这笔资助，他将立即来玻尔的研究所③。两星期后，张宗燧因没有收到玻尔的回信，又给玻尔写了信，重申了前一封信的请求④。

---

① 玻尔 1939 年 1 月 23 日为张宗燧写的推荐信，NBA。
② 张宗燧 1939 年 4 月间从苏黎世写给玻尔夫人的信，NBA。
③ 张宗燧 1939 年从巴黎写给玻尔的第一封信，NBA。
④ 张宗燧 1939 年从巴黎写给玻尔的第二封信，NBA。

1939 年 8 月 10 日玻尔给张宗燧写了回信，表示从洛克菲勒获得资助也有问题，要 9 月才能最后确定，因此无法立即欢迎张去哥本哈根。9 月初玻尔要到苏黎世去开会，如果张届时也去开会，玻尔希望能在那时见面，并希望张更详细地谈谈整个近况，特别是是否打算去苏黎世开会[①]。但这封信没有发出。8 月 25 日，玻尔发出了给张的复信，比前一信稿增加了在丹麦为张申请资助未能成功这一点。特别提到："在人们不知道整个世界的命运将是如何这样一个最令人焦虑的时刻，所有这类事情当然特别困难。"这也是他不能立即回信的理由。在欧洲面临大战的情况下，玻尔说他希望在采取任何措施之前先听到张的计划。最后玻尔代表全家和全研究所向张致意[②]。为了回复张宗燧的这封信，玻尔写了一个手稿，改了几份打印稿，最后才正式发出。玻尔的这种不辞辛劳、热诚助人的情景确令人十分感动。

1939 年 9 月 5 日，玻尔夫人给张宗燧写了一封信。此时欧洲大战已经爆发，玻尔夫人说他和玻尔不知道能给张什么帮助。夫人还问张宗燧如何处理张寄放在她家的东西——一只大箱子。夫人欢迎张去哥本哈根但又怕难以实现。最后她希望在战争过去之后能立即再看到张，并代替玻尔及孩子们向张问好[③]。

1939 年 9 月 28 日，张宗燧自巴黎给玻尔夫人写了回信。一开始写道："直到 9 月 27 日才收到 9 月 5 日来的信。"张表示如果战事扩大，他就必须回中国。如果战事局部化并有暂时的和平，他希望能去哥本哈根看望玻尔与夫人。但张认为这种可能性非常小，而且去了丹麦，一旦战事扩大，有可能回不了中国，所以决定暂留巴黎观望战事的发展。张在信中还谈到应召上前线的法国兵士在火车站与

---

① 玻尔 1939 年 8 月 10 日给张宗燧的复信稿，未发出，NBA。

② 玻尔 1939 年 8 月 25 日给张宗燧的复信，NBA。

③ 玻尔夫人 1939 年 9 月 5 日给张宗燧的信，NBA。

亲友话别的令人伤心的情景。最后张庆幸丹麦尚未卷入这场人类的残杀，但他相信丹麦也必定有某些军事预防措施。张关心汉斯（玻尔的次子）及玻尔的其他儿子是否应召接受军训，关心研究所是否受到什么影响①。

1939 年 10 月间，张宗燧决定从巴黎回国。他于 10 月 23 日从巴黎写信给玻尔夫人。信中谈到他计划在 10 月 27 日从马赛乘一法国船回中国。回中国后，他将担任教学工作。他感到遗憾的是不能在欧洲继续深造，并更为中国内地难以得到外国书刊而遗憾。接着他拜托玻尔夫人把他寄存的大箱子海运到上海他的哥哥 Joseph T. Chang（张宗炳）处。最后，张还是十分关心玻尔的研究所，问研究所在战时是否仍忙于进行研究，并表示一旦欧洲的战争与中日战争结束，他将尽力设法再度访问哥本哈根。张留下的通信地址是中国昆明西南联大王竹溪教授（1911～1983）转②。

此后不久，张宗燧从法国乘船回到上海，后又取道越南海防、河内经过昆明来到重庆中央大学任教。

1941 年 9 月 23 日，玻尔在从菲尔兹（Fierz）博士处得到张宗燧的地址后，给张写了一封信。玻尔在信中表示对张宗燧给莫勒博士的有关他在玻尔研究所的工作的论文深感兴趣，指出张关于赝标量介子的寿命的公式已被罗森塔尔（Rozental）博士用于 β 射线问题的一般处理。玻尔通知张，他关于赝标量介子的论文将在《哥本哈根通讯》（Copenhagen Communication）中发表，由莫勒和罗森塔尔代写一个新的引言，并表示在张的论文出版后，将给他寄若干抽印本，并替张分发抽印本。最后，玻尔写道，现在我们有了您的地址，我们当然要给您寄一切您感兴趣的研究所的新近出版物③。

---

① 张宗燧 1939 年 9 月 28 日从巴黎致玻尔夫人的信，NBA。

② 张宗燧 1939 年 10 月 23 日从巴黎给玻尔夫人的信，NBA。

③ 玻尔 1941 年 9 月 23 日给张宗燧的信，NBA。

第二次大战结束后，1945 年年底，经李约瑟的推荐，张宗燧以英国文化协会高级研究员的身份再次到剑桥大学工作。到剑桥大学后不久，1946 年 1 月 29 日，张宗燧给玻尔写了一封信。告知他已到英国同狄拉克合作研究。接着张问玻尔研究所的工作情况。张还写道，据报纸报道，您一定对原子弹的制造作出了许多贡献。对此和玻尔所作的其他贡献，张对玻尔表示了最深切的敬意。张说他另函寄上了一些他的工作的抽印本，并向玻尔索取玻尔本人、罗森菲尔德、莫勒 1939 年以来工作的抽印本。最后，张对丹麦的现状、玻尔的夫人和几位儿子的近况表示关切①。

1946 年 3 月 7 日，玻尔给张宗燧写了回信，对张安全度过困难的时期重新来到英国表示庆幸。对张寄赠的抽印本致谢，并表示将寄赠研究所的抽印本。接着玻尔说："我们正致力于重新组织我们的活动并希望我们将立即恢复一年一度有关实际的原子问题的会议并会见许多老朋友。"并表示希望很快再度会见张。最后，玻尔告知他一家在战争后期长期分离之后又得团聚并且全部平安愉快②。

以上就是玻尔文献馆所保存的 1938～1946 年张宗燧与玻尔交往的信件资料。

2. 胡宁和玻尔研究所

关于胡宁（1916～1997），玻尔文献馆除在一份"曾长期在哥本哈根大学理论物理研究所工作的来自国外的访问者名录（1918～1961）"③ 中有所记载外，没有更多的档案资料。

胡宁 1938 年毕业于清华大学物理系，1943 年在美国加州理工学院

① 张宗燧 1946 年 1 月 29 日从剑桥给玻尔的信，NBA。

② 张宗燧 1946 年 1 月 29 日从剑桥给玻尔的信，NBA。

③ 曾长期在哥本哈根大学理论物理研究所工作的来自外国的访问者名录（1918～1961），NBA。

获博士学位，1948 年到哥本哈根大学理论物理研究所访问，1950 年回国后在北京大学物理系任教授，1955 年被选为中国科学院学部委员。

3. 罗忠恕和玻尔

罗忠恕（1903～1985），1903 年出生于四川武胜县；1922 年入四川成都华西大学医科学习；1929 年秋考入燕京大学哲学系研究生院，研究哲学和心理学；毕业时获硕士学位；1931 年回华西大学任教，历任讲师、副教授、教授，教务主任、文学院院长。他在任文学院院长期间，曾聘请张东荪、冯友兰、梁漱溟、邵力子、林语堂等知名学者到华西大学任教或讲学。他还建立了东西文化学社，任社长，与国际上知名学者，如泰戈尔、罗素、杜威、普朗克、爱因斯坦，柏格森等都有信函交往。

罗忠恕于 1937 年留学英国牛津大学，该年 9 月曾访问物理学家普朗克。他在留学期间，写了《荀子论知与德》的长篇论文，将中国与西方哲学进行了比较研究。1940 年，他从牛津大学毕业后，组织中英文化合作委员会，因此与李约瑟相识。李约瑟到中国华西大学讲学，是由罗忠恕推荐介绍的。罗忠恕在 1941 年回国后，仍在华西大学任文学院院长和东西文化学社社长。1945 年，东西文化学社曾对联合国宪章的起草提出建议，由吴贻芳、张君劢分送联大代表讨论。1946 年，应英国文化委员会邀请，罗忠恕到英国考察战后的大学教育。在此期间，他见到了英国著名物理学家、丘吉尔首相的科学顾问林德曼，发现青霉素的弗洛里，伦敦经济学院哲学教授、工党总书记拉斯基，大哲学家罗素等著名学者，也见到了当时在剑桥大学心理实验室学习研究的中国学生曹日昌。1947 年 5 月末，罗忠恕由李约瑟陪同，会见了联合国教科文组织的秘书长赫胥黎。赫胥黎请罗忠恕担任该组织的哲学顾问，与其他国家的学者一起研究人权的理论基础。罗忠恕写了一篇《论人权》的文章[①]，他认为世界上每一个人都应该有三种权利：生存权、自我表现权、享受权。1947 年 6 月 11 日，罗作为联合国教科文组织的代表，到斯德哥尔摩参加了世界哲学大会，在会上作了题为“哲学在教育中的地位以及它与联合国教科文组织的关系”[②] 的讲话。玻尔参加了这次会议，听取了罗的讲话，他表示很喜爱孔子的哲学思想，他和罗讨论了东西方文化问题，二人意见很是契合。6 月 12 日的《瑞典日报》上报道了罗忠恕的讲话，同时刊载了罗与玻尔在会上交谈的照片（图 7）[③]。玻尔保存了罗的两篇文章的英文稿和《瑞典日报》的报道。罗忠恕

图 7　罗忠恕和玻尔

---

① Lo Chung-shu，On Human Rights，英文打印稿，NBA。

② Lo Chung-shu，The Place of Philosophy in Education and its Relation to UNESCO，英文打印稿，NBA。

③ Sydsvenska DagBladet，12，Juni，1947，NBA。

的夫人杨质先和女儿罗义蕴为罗忠恕写的传记介绍了罗忠恕的生平事迹，其中也谈到了罗忠恕和玻尔的会见。这里有关罗忠恕的介绍，主要根据这一传记①。

1947 年 11 月，罗忠恕出席了在墨西哥举行的联合国教科文组织年会，与会的有赵元任等中国代表。12 月，罗忠恕到美国普林斯顿会见了爱因斯坦，1948 年回国后仍任华西大学教授、文学院院长。新中国成立后，1951 年，罗曾到中国人民大学学习马列主义。1953 年，罗任四川师范学院（南充）心理学教授，1956 年学院迁到成都，他实际上长期从事英语教学工作。“文化大革命”期间，他受到迫害，1977 年退休，后又被返聘到四川大学人口学研究所（这期间对人口学、心理学、孟子和荀子的研究作出了贡献），1985 年逝世。

4. 小结

1920～1936 年，玻尔的原子结构理论和对量子力学的哥本哈根诠释在中国已有了相当广泛的传播。1937 年玻尔访华时，又介绍了他的原子核理论、互补性观点和他与爱因斯坦有关量子力学诠释的争论。他到中国访问，受到两所最高级的研究院（中央研究院和北平研究院）和四所最著名的大学（北京大学、清华大学、中央大学和浙江大学）的邀请，见到了丁燮林、竺可桢、朱家骅、罗家伦、蒋梦麟、梅贻琦、李书华、孙洪芬、黎照寰这样一些重要学术机构的领导人，见到了吴有训、饶毓泰、胡刚复、何增禄、王淦昌、束星北、周同庆、赵忠尧、吴大猷、顾静徽等著名物理学家，见到了化学家庄长恭、语言学家赵元任、哲学家洪谦、西方文学家梅光迪、心理学家汪敬熙等著名学者。在 20 世纪上半叶，受到如此隆重接待的外国科学家，玻尔是第一人。玻尔访华，是近代中国科学交流史上的突出事件。

---

① 杨质先、罗义蕴，《积极从事中西文化交流的著名学者罗忠恕》，铅印稿，出处不明，由四川大学哲学系高兴华教授提供，特在此致谢。

在玻尔离开中国不久，中国就爆发了卢沟桥事变，开始了艰苦的抗日战争。在抗战之初，玻尔对张宗燧的关怀与帮助、他们之间的深厚友谊，也十分令人感动。接着，第二次世界大战爆发，玻尔也流亡美国，和中国学者失去了联系。直到战争结束后，玻尔和张宗燧才恢复了通信联系，胡宁才有机会访问玻尔研究所。华西大学文学院院长、联合国教科文组织哲学顾问罗忠恕教授才有机会到瑞典讲演并会见玻尔。

图 4 是玻尔与吴有训的合照，摄影者熊大缜是清华物理系的学生，他在照片上写了他的名字。他在抗日战争初期，就到中国共产党领导的冀中抗日根据地献身卫国战争，不幸在 1939 年春的“除奸运动”中被冤杀，到 1986 年 8 月中共河北省委才为他昭雪平反。我不知道国内是否还有熊大缜这位烈士的任何遗物和手迹。可是，在丹麦的玻尔文献馆，还有他拍的照片和他的签名。我觉得这是十分珍贵的史料。

四、1949～1962 年

1950 年 5 月，中华人民共和国和丹麦建交。玻尔曾要求他夫人代表他出席中国驻丹麦使馆举行的国庆招待会，表现出对新中国和中国人民的友好。

1. 国内刊物对量子力学中的“唯心主义”的批判

1952 年中国科学院《科学通报》和近代物理研究所批判量子力学中的唯心主义和玻尔的互补原理。在毛泽东“诚心诚意学习苏联”的号召下，在中宣部科学处干部的推动下，1952 年 8 月，中国科学院《科学通报》第 3 卷第 8 期刊载了三篇由龚育之、吴钧燮等译自苏联《哲学问题》的文章。其中一篇译自苏联《物理科学的进展》、一篇译自《科学与生活》、一篇译自法共理论刊物《思想》，这些文章批判量子理论和物理学中的“唯心主义”，批判了量子力学中的哥本哈根诠释和玻尔的并协原理（或译互补原理）。这些文章的主要论点是，并协（互补）原理的基础是主观唯心论，“并协原理与量子力学的真正内容相矛盾，妨碍了量子力学的进一步发展”①。

该刊第522页还发表了对《中国科学院近代物理研究所举行‘批判量子力学中的唯心主义’的讨论》的简短报道。这次讨论于1952年6月4日上午举行，是在“北京大学、清华大学、燕京大学都已开展了学习和讨论”之后。

1956年10月，《自然辩证法研究通讯》创刊号发表了“自然辩证法（数学和自然科学中的哲学问题）十二年（1956～1967）研究规划草案”，提出要批判物理科学中的唯心主义。杨立铭（1919～2003）、周光召（1929～　）在“量子力学中的理论基础和基本方法的哲学分析”中认为并协原理是对测不准关系的唯心的解释。林万和在“量子力学中的哲学问题”一文中认为，苏联物理学家布洛欣采夫“在认识论上给各式各样的唯心论者，特别是哥本哈根学派的并协原理以毁灭性打击”。

中国科学院哲学研究所《自然辩证法研究通讯》（内部刊物）1957年第4期刊载了张汉良讨论量子力学的文章，批评了量子力学的哥本哈根解释；1958年第1期，刊载了苏联福克院士为哥本哈根解释辩护并批评布洛欣采夫对量子力学的系综解释的文章和布洛欣采夫的答复；1958年第2期刊载了林万和译自苏联《共产主义手册》上沙茨曼的文章，介绍了法国威西叶的量子物理学的因果性诠释，批评了哥本哈根诠释；1958年第3期又发表了福克批评玻尔量子力学观点和奥米里扬诺夫斯基反对量子力学中的非决定论的译文；1959年第2期发表了萨契诃夫的《关于量子力学的讨论》一文，批

---

① 见1952年《科学通报》，第8期，第513～561页。

评了福克院士对玻尔哲学观点批判的不彻底性。1959 年第 3、第 4 期介绍了玻姆对量子力学的隐变量解释①。

2. 中国科学院院长郭沫若邀请玻尔访华的经过

1956 年 12 月 28 日，中国科学院院长郭沫若通过丹麦驻华使馆，向玻尔发出了邀请他访华的信件（中英文各一份，英文信为 12 月 26 日）。今将中文信件抄录如下：②

尊敬的玻尔教授：

我能够写这封信给您，并表达中国物理学工作者的诚恳愿望，这是一件十分荣幸的事情。

中国物理学工作者每当谈起您对现代物理学所作出的辉煌成就，无不表示尊敬和仰慕之意。

现在，我十分恳切地邀请您，希望您在明年四月间能来中国作一个月的访问和讲学。如果方便的话，并希望您的夫人和您的两位公子也一起前来。至于你们到中国的来回旅费以及（逗）留中国期间的费用，将由中国科学院负担。

我曾经把这一愿望向贵国驻我国大使格瑞杰先生，我所尊敬的朋友谈过，获得了他的赞同。我们相信，您的来访，必将增加中丹两国科学工作者的友谊和合作，并促进学术文化的交流。

随时等候您的回复，请接受我崇高的敬意。

中国科学院院长郭沫若（签名）

一九五六年十二月二十八日

---

① 见 1958～1959 年《自然辩证法研究通讯》。

② 郭沫若 1956 年 12 月 28 日致玻尔的信，NBA。

1957 年 2 月 14 日，玻尔给郭沫若写了复信：[①]

中国科学院院长

郭沫若先生

亲爱的院长先生：

我衷心地感谢您友好的来信以及邀请我和我的家属在1957 年 4 月访问中国并作几次有关物理学课题的讲演。更新我们二十年前访问中国的珍贵回忆对我和我的妻子都会是极大的愉快。当时我们对你们美好的国家和她古老的文化都有十分深刻的印象。这个春天由于我在哥本哈根有些不容推辞的事情而不能去中国访问，因此我深感遗憾。可是，我愿向您保证，我和您同样渴望促进国际合作，以促进科学发展和人类的相互理解，而且我们这里所有人都十分欢迎任何有助于建立丹麦和中国物理学家之间个人的接触的机会。

再一次感谢您友好的邀请并致最好的祝愿与问候。

您的真诚的

尼耳斯·玻尔

1957 年 2 月 14 日

1957 年 3 月 23 日（英文信为 3 月 25 日）郭沫若院长又致函玻尔，全文如下：[②]

敬爱的玻尔教授：

来函敬悉。知您因工作繁忙，不克于今年四月来我国访问，但希望能在另一个时候来。您同您的夫人和两位公

① 玻尔 1957 年 2 月 14 日致郭沫若的信，NBA。

② 郭沫若 1957 年 3 月 23 日致玻尔的信，NBA。

子不论任何时候来访问我国，都将受到我国物理学界和我本人最大的欢迎。请您选择您认为最方便的时期，并盼于首途之前通知我们，以便妥善安排好对您的接待。

致以

最真挚的致意

您忠实的

中国科学院院长　郭沫若（签名）

一九五七年三月二十三日

3. 玻尔与中国科学界的交往

1960年吴有训率中国科学院代表团参加英国皇家学会300周年庆典时遇见了玻尔。玻尔告诉吴有训说，在他的研究所中几乎有来自世界各个国家的学者和学生，就是没有中国的。希望中国能派学者去他的研究所[①]。

据杨振宁1989年12月30日在上海交通大学的讲演，杨在1957年曾到哥本哈根玻尔家中访问玻尔，二人在走廊上来回走了一个多钟头。因为玻尔的英语口音很重，又有点大舌头，还含着烟斗，所以一个钟头的谈话，杨振宁几乎没有听懂一句[②]。1961年4月8日，中国物理学家杨振宁（他当时尚未加入美国籍）在美国麻省理工学院作了题为“物理学的未来”的报告[③]。4月11日，杨振宁从美国普林斯顿写信给玻尔[④]，并寄去该报告的英文打印稿。玻尔文献馆保存了这两个文件，但没有玻尔对这篇文章的反应的记载。

1962年1～10月中国科学院原子能研究所的冼鼎昌到玻尔研究

---

① 阎康年：《N. 玻尔在中国》，《自然辩证法通讯》，1981年第4期，第77～79页。
② 参见杨振宁的《几个科学家的故事》，《自然》杂志1991年第1期，第65～66页。
③ Yang C N. The Future of Physics，英文打印稿，NBA。
④ 杨振宁1961年4月11日致玻尔的亲笔信，NBA。

所从事研究[1]。玻尔对他十分爱护。

1962年年底，由于尼耳斯·玻尔的要求，他的四子奥格·玻尔（Aage Bohr，1922～2009，1975年获诺贝尔物理学奖）和夫人玛丽塔来中国访问。据他告诉作者，他为了会见张宗燧，经多次要求，才得见面。

4. 玻尔的逝世和中国发去的唁电

1962年11月18日，尼耳斯·玻尔突然逝世。当时，奥格·玻尔不在国内。奥格赶回后，11月24日为玻尔举行了葬礼。根据玻尔文献馆的档案，中国方面打去的唁电如下：

中国驻丹麦大使馆临时代办王惠民11月23日致玻尔夫人的唁电[2]。

1962年11月19日冼鼎昌致玻尔夫人的唁电[3]。

1962年11月24日张宗燧致电A. 玻尔，电文如下：

亲爱的A. 玻尔教授：我们这里大家都为听到N. 玻尔教授的逝世而十分震惊。无疑这是对您的家庭和物理学界的巨大损失。请相信我们最深切的同情。

您最忠诚的

张宗燧

以后，奥格回电致谢：

亲爱的张教授：

十分感谢您在我们面临巨大的损失时打来的友好的唁电。我的父亲总是愉快地回忆起您在此地的逗留并且非常希望再见到您。

---

① 曾长期在哥本哈根大学理论物理研究所工作的来自外国的访问者名录（1918～1961），NBA。

② 王惠民1962年11月23日致玻尔夫人悼念玻尔的唁电，NBA。

③ 冼鼎昌1962年11月19日致玻尔夫人的唁电，NBA。

玛丽塔和我还想再次感谢您在我们访问中国期间的友好的情谊。这次访问对我们是如此丰富和难忘的经历。

您的真诚的

A. 玻尔[①]

周培源 1962 年 11 月 24 日致奥格的唁电:

亲爱的奥格·玻尔先生:悲痛地听到著名的物理学家尼耳斯·玻尔先生逝世。请接受我最深切的悼念并对您和您全家表示同情。

您的真诚的周培源

1962 年 11 月 24 日[②]

1962 年 12 月 12 日，奥格回电周培源致谢，电文如下:

亲爱的周培源教授:

我和我全家对您在我们蒙受巨大损失之时打来的友好唁电表示最真挚的感谢。

我和我的妻子也希望借此机会感谢您在我们新近访华期间对我们的友好款待，这次访问对我们是如此难忘的经历。致友好的问候。

您的真诚的

A. 玻尔[③]

---

① 张宗燧 1962 年 11 月 24 日致 A. 玻尔的唁电和 A. 玻尔的答谢电，NBA。

② 周培源 1962 年 11 月 24 日致 A. 玻尔的唁电以及 A. 玻尔 12 月 12 日的答谢电，NBA。

③ 周培源 1962 年 11 月 24 日致 A. 玻尔的唁电以及 A. 玻尔 12 月 12 日的答谢电，NBA。

1962 年 11 月 24 日，北京大学校长陆平致奥格的唁电以及奥格 12 月 12 日的答谢电，电文从略[①]。

还有 1962 年 12 月 4 日中国科学院武汉物理研究所所长王天眷(T. C. Wang，1912～1989) 给奥格的悼念 N. 玻尔逝世的慰问信，以及奥格 1963 年 1 月 28 日的复信。王天眷在信中写道："听到尼耳斯·玻尔教授去世的消息甚为震惊。原子物理学和量子论的先驱(forefather) 的逝世不仅对物理学家而且对全世界都是巨大的损失。我为在您访华时未能见到您深感遗憾，也为迟迟才向您和您的家人表示慰问致歉。"[②] 奥格在回电中也表示因访华时未见到王天眷而感到遗憾。王天眷是 1960 年回国的留美科学家，因被怀疑是特务，不能在北京工作，不能会见外宾。[③]

按理，中国科学院院长郭沫若、副院长吴有训也会打去唁电，可是玻尔文献馆没有存档。

五、1963～2012 年

1. 关于对玻尔的哲学观点的批判和评价

1962 年下半年，中国科学院哲学研究所自然辩证法组在中宣部科学处指导下，为了反对修正主义和批判资产阶级，决定编译出版当代著名自然科学家的哲学著作选集。[④] N. 玻尔的三部哲学论文集也被列入规划。

1963 年，中国科学院哲学研究所《自然辩证法研究通讯》1963

---

① 陆平 1962 年 11 月 24 日致 A. 玻尔的唁电以及 A. 玻尔 12 月 12 日答谢电，NBA。

② 王天春 1962 年 12 月 4 日致 A. 玻尔的信以及 A. 玻尔 1963 年 1 月 28 日的回信，NBA。

③ 王德禄等访谈整理：《1950 年代归国留美科学家访谈录》，湖南教育出版社，2012 年。

④ 龚育之：《对自然辩证法研究的一点意见》，《人民日报》，1962 年 9 月 9 日。

年第 1 期刊载了坂田昌一的《基本粒子的新概念》一文（段生林译自苏联《哲学问题》杂志），文中提出了“哥本哈根之雾”，批评了互补原理。此文得到了毛泽东的赞赏。该刊第 2 期刊载了玻尔的两篇哲学论文和戈革（1921～2007）的《试评 N. 玻尔的哲学观点》一文以及 N. 玻尔的著作要目。1965 年《红旗》第 6 期和《人民日报》5 月 31 日发表了坂田昌一的《新基本粒子观对话》一文（张质贤译自《日本物理学会志》1961 年 4 月号，《红旗》杂志加了编者按），文中强调“物质是无限可分的”，庆承瑞、柳树滋作注释，在注释中批评了玻尔的互补观点。此文作为单行本于 1965 年在三联书店出版。

玻尔的三部哲学论文集，由郁韬（北京石油学院戈革教授的笔名）翻译，分别于 1964 年、1964 年和 1978 年在商务印书馆出版[①]。第一部《原子论和自然的描述》，由郁韬写了译序；第二部《原子物理学和人类知识》，由李宝恒写中译本序；第三部《原子物理学和人类知识论文续编》，由郁韬写了译序。1999 年，这三部文集合成一部，以“尼耳斯·玻尔哲学文选”为书名，作为汉译世界学术名著在商务印书馆出版[②]。译者戈革在书中写了新的译序，否定了过去的三篇译序。

1964 年，《自然辩证法研究通讯》第 2 期发表了坂田昌一的《关于量子力学理论的解释问题》，批评了量子力学的哥本哈根解释，还发表了布洛欣采夫的《关于量子系综》一文。该刊第 4 期发表了钱时惕的《互补原理是‘合二而一’论的一个典型》。该刊 1965 年第 3 期发表了朱洪元的《哥本哈根学派的实证主义和日本基本粒子论学

---

① 玻尔：《原子论和自然的描述》，郁韬译，商务印书馆，1964 年；玻尔：《原子物理学和人类知识》，郁韬译，商务印书馆，1964 年；玻尔：《原子物理学和人类知识续编》，郁韬译，商务印书馆，1978 年。

② 玻尔：《尼耳斯·玻尔哲学文选》，戈革译，商务印书馆，1999 年。

派的三阶段论》一文。该刊1966年第1期发表了钱时惕的《对量子力学发展过程中若干历史事件的理解》，文中认为哥本哈根学派阻碍了量子力学的进一步发展。

1969年下半年，上海市革委会给复旦大学卢鹤绂教授（1914～1997）安排了工作，参加对量子论的大批判，要卢主要负责提供资料。据说这是“无产阶级司令部”布置的任务，是毛主席给的任务。因为毛泽东想在理论上超过列宁。卢鹤绂奉命写了《哥本哈根学派量子论考释》，比较系统客观地介绍了量子力学的哥本哈根诠释和玻尔的互补哲学（参见王德禄1990年5月17日对卢鹤绂教授的访谈记录，待发表）。卢鹤绂写的这份资料于1984年12月在复旦大学出版社作为正式著作出版①。

1975年12月，姚文元指挥的上海外国自然科学哲学著作编译组编的《外国自然科学哲学摘译》（1975年第4期，上海人民出版社1975年12月版）发表了玻尔的《量子物理学和哲学（因果性和互补性）》一文，该刊在编者按中写道：玻尔的哲学思想是有一点变化，但他“想用互补原理来统一人类知识这个基本思想，却一点也没有变。真正变了的，倒是苏修物理学界和哲学界头面人物对哥本哈根学派的态度。他们从伪装批判到热心捧场，硬是给玻尔的哲学思想挂上唯物主义的、辩证法的招牌。这种变化正好揭示这些披着马克思列宁主义外衣的新资产阶级分子的修正主义面目。”②

1976年，北京师范大学量子力学小组在《自然科学争鸣》杂志第2期上发表《评苏修御用学者奥米里扬诺夫斯基的表演》一文，对奥米里扬诺夫斯基由批判玻尔和哥本哈根学派的“唯心主义观点”转变为肯定他们是“接近辩证唯物主义”的状况进行了严厉的

---

① 卢鹤绂：《哥本哈根学派量子论考释》，复旦大学出版社，1984年

② 见原文第166页。

批判。[①]

1977年10月，中国科学院自然科学史研究所的研究人员许良英（1920～2013）去探望吴有训副院长。吴有训对许良英谈到了关于如何评价玻尔等物理学家和哥本哈根学派的问题。他认为应该充分肯定这些物理学巨匠们的科学成就，对他们的哲学思想也应当加以研究分析，不要只一味批判否定。吴有训认为N. 玻尔的确是一位品格高尚的科学家，并且对中国人民怀有真挚的友情，在评价这样的科学家时，切忌片面和简单化，而应慎重、全面和实事求是[②]。

1981年以后，中国学术界基本上停止了对玻尔的哲学观点和量子力学中的“唯心主义”的批判。

1981年，中国科学院《自然辩证法通讯》杂志刊载了岩群的《N. 玻尔和哥本哈根精神》和戈革教授的《N. 玻尔学术思想简介》两篇文章，以及阎康年的《N. 玻尔在中国》一文。戈革在文中对过去在评价N. 玻尔时曾经发过一些过激之言和违心之论，作了纠正。[③]

1985年，为了纪念玻尔100周年诞辰，中国物理学界对玻尔作了很高的评价。

但是，1990年，何祚庥仍坚持对量子力学中“唯心主义”的批判。他主持召开了以坚持唯物主义、反对唯心主义为主旨的第二届全国物理学哲学问题讨论会，何祚庥讲了“关于物理学哲学问题的三场论战”，批评了宇宙学、粒子物理和量子力学研究中的“唯心主义”。他还在《现代物理学能为‘认识的主体论’提供科学基础吗?》一文[④]中，把玻尔的两段话作为“国际物理学唯心主义思潮”的两个

---

① 见1976年《自然科学争鸣》第2期，此期因故没有发行。

② 根据自然科学史研究所许良英研究员的回忆。

③ 戈革：《N. 玻尔学术思想简介》，《自然辩证法通讯》，1981年第4期。

④ 何祚庥：《现代物理学能为“认识的主体论”提供科学基础吗?》，《中国社会科学》，1990年第2期，第69～83页。

“实例”。1992 年，范岱年在《尼耳斯·玻尔与实在论》一文[①]中批驳了何祚庥的观点。1993 年 2 月，何祚庥写文章进行辩解。[②] 1993 年 7 月，范岱年发表《再谈尼耳斯·玻尔与实在论》一文[③]，对何的辩解进行反驳。2000 年，北京师范大学出版社出版了何祚庥的《3 大论战：现代物理学研究中的哲学问题》一书，收录了他的有关论文。此后，对玻尔哲学观点的批判就停息了。

但是对玻尔的哲学思想和互补原理的讨论始终没有停止。例如，中山大学物理系教授关洪（1935～2007）写的《一代神话——哥本哈根学派》一书于 2002 年在武汉出版社出版。与许多人的见解不同，关洪在书中否定玻尔在发展量子力学中的重大作用，认为玻尔的互补原理、量子力学的哥本哈根解释对物理学的发展没有起到多少积极的作用。而武汉大学哲学系教授桂起权（1940～　）和嘉应学院副教授沈健（1974～　）合著的《物理哲学研究》（武汉大学出版社，2012 年版）一书，则对玻学哲学思想作了比较全面、客观的探讨。

2. 1985 年，玻尔诞辰 100 周年纪念在中国

1985 年 10 月 7 日，是玻尔 100 周年诞辰。中国科学界成立了“玻尔诞辰百年纪念组织委员会”，钱三强（1913～1992）任主任，周光召任副主任，严济慈（1900～1996）、周培源、王淦昌、王大珩（1915～2011）、彭桓武（1915～2007）、谢希德（1921～2000）、黄昆（1919～2005）、唐敖庆（1915～2008）、胡济民（1919～1998）、管惟炎（1928～2003）、李寿枬（1922～　）、曹昌祺（1932～　）、方均等人为委员。10 月 17 日，钱三强在《人民日报》第 5 版发表

---

① 范岱年：《尼耳斯·玻尔与实在论》，《自然辩证法研究》，1992 年第 11 期。

② 何祚庥：《〈读尼尔斯·玻尔与实在论〉一文后——答范岱年同志》，《自然辩证法研究》，1993 年第 2 期。

③ 范岱年：《再谈尼耳斯·玻尔与实在论》，《自然辩证法研究》，1993 年第 7 期。

《毕生保持科学研究的青春——纪念伟大的科学家玻尔诞辰一百周年》一文。11 月 1 日，北京举行尼耳斯·玻尔诞辰 100 周年纪念会，钱三强代表中国物理学会、化学会、核学会、光学会、生物物理学会、核物理学会、高能物理学会和北京物理学会等主办单位致开幕词，指出“尼耳斯·玻尔是 20 世纪最伟大的科学家之一”，“在他的组织与领导下，一代优秀物理学家集体地建立了描述微观世界规律的量子力学”，“以玻尔为首的哥本哈根学派对量子力学的贡献，永远载入科学史册”。1986 年 4 月出版的《物理》杂志第 15 卷第 4 期（纪念玻尔 100 周年诞辰专刊）上发表了钱三强的开幕词和《纪念尼耳斯·玻尔 100 周年诞辰》的长文。周光召作了《哥本哈根精神的启示——纪念伟大的丹麦物理学家尼耳斯·玻尔诞辰 100 周年》的报告并在报告中指出，玻尔“创办的玻尔理论物理研究所多年来一直是国际物理的中心，领导了量子力学的创建，培养了大批的青年。玻尔创导的以集体讨论和自由探索为特征的研究风格被人们赞为哥本哈根精神，已成为今天物理学界进行研究工作的传统”。

《物理》杂志的纪念专刊同时还发表了杨福家、李家明、胡济民、卓益忠、朱洪元、曹昌祺、方励之、张宗烨、唐敖庆、谢希德等人在纪念会上的报告。复旦大学的杨福家（1936～　）介绍了“丹麦纪念玻尔诞辰 100 周年的盛况，中国有 5 位代表参加，华裔科学家李政道也参加了丹麦的纪念会”。中科院物理研究所的李家明（1945～　）介绍了《当今原子物理学研究的前沿——探讨原子与分子激发态的结构》。北大技术物理系胡济民教授讲了《微观模型帮助我们了解原子核》。原子能科学研究院的卓益忠（1931～　）讲了《玻尔的原子裂变理论及其发展近况》。高能物理所朱洪元（1917～1992）讲了《高能物理的发展》。北大物理系曹昌祺讲了《弱作用与电磁作用的统一理论》。中国科技大学的方励之（1936～2012）讲了

《玻尔和天体物理学的发展》。高能所的张宗烨（张宗燧的妹妹）(1935～ ）讲了《中、高能核物理的一些进展》。吉林大学唐敖庆和杨忠志讲了《分子轨道理论》。复旦大学的谢希德讲了《80 年代的凝聚态物理学》。只有刘若庄（1925～ ）报告的《量子生物学的历史发展及现状》未在《物理》杂志上发表。这些文章都认为玻尔“有理论思维的深刻洞察力”、“是量子力学的奠基人之一”，他领导的科学家集体创建的量子理论“是现代物理各学科发展的重要基础”。

中国科学院《自然辩证法通讯》杂志社翻译出版了《科学对社会的影响》杂志（Impact of Science on Society）纪念尼耳斯·玻尔 100 周年诞辰的专辑，中文版编辑部还约请王淦昌撰写了《深厚的友谊，难忘的会见》一文，发表于该刊上①。王淦昌在文中指出："玻尔以他崇高的威望和他为人的美德吸引了一批卓越的年轻人到自己的周围。正是他们夜以继日地工作，终于完成了量子力学的基本原理，数学形式和‘哥本哈根解释’。然而玻尔那种高度创造性的深刻思想、敏锐和善于批判的精神始终为研究工作开辟着广阔的前景，指出正确的道路，直到取得最后的胜利。我们可以这样说，一代英豪创造了量子力学，而玻尔是他们最杰出的领袖。”

科学出版社于 1985 年出版了 P. 罗伯森著的《玻尔研究所的早年岁月（1921～1930)》中译本。该书三位译者都曾访问过玻尔研究所，其中杨福家在 1991 年当选为中国科学院院士，他曾任复旦大学校长，还曾兼任过中国科学院上海原子核研究所所长。卓益忠为中国科学院原子能研究所的研究人员。中国科学院院士周培源、胡宁为该中译本写了序言。

杨福家还在 1985 年《物理》杂志 14 卷 11 期上发表了《尼耳

① 王淦昌：《深厚的友谊，难忘的会见》，《科学对社会的影响》，1985 年第 137 期，第 51～57 页。

斯·玻尔的功绩与他的爱国主义——纪念尼耳斯·玻尔诞生一百周年》，认为玻尔是“有史以来最伟大的物理学家之一，与伽利略、牛顿、麦克斯韦、爱因斯坦并列”，他的互补原理（和海森伯的不确定原理一样）是“量子力学哥本哈根学派的两根支柱之一”。这一期《物理》杂志还发表了戈革的《有关尼耳斯·玻尔的文献概况》一文。

中国科学院院士冼鼎昌（1935～　）是新中国第一个也是最后一个到玻尔研究所在玻尔亲自指导下工作过的物理学家。他在1985年出版的《高能物理》杂志第3期发表了《纪念尼耳斯·玻尔一百周年诞辰》一文，回顾了玻尔对他的指导和亲切关怀。

复旦大学教授倪光炯在上海《自然》杂志第8卷第10期上发表《量子物理对20世纪自然科学的贡献——纪念尼耳斯·玻尔诞生100周年》一文。文章指出，玻尔是哥本哈根学派的“精神上的领袖”，曾被誉为“近代物理的象征”，“玻尔对量子物理的认识论和方法论，即理论的哲学含义作了最丰富的阐述和发挥，这对近代物理以至20世纪自然科学的发展有着直接和间接的深刻影响”。

3. 玻尔研究所和中国学者的交往

“文化大革命”期间，1973年，A. 玻尔再次访华。他在几个大城市讲学，并利用机会请求有关当局继续派遣中国学者到玻尔研究所进修和工作。这对中国物理学家是巨大的支持。①

1985年9月27日至29日，中国社会科学院美国研究所和国际关系研究院的两位学者参加了哥本哈根大学召开的纪念玻尔、呼吁建立开放世界的国际会议，主题是“核军备的挑战”②。

1989年5月18日至23日，中国科学院何祚庥（1927～　）参

---

① 王淦昌：《深厚的友谊，难忘的会见》，《科学对社会的影响》．1985年第137期，第51～57页。

② 参见 The Challenge of Nuclear Armaments，Rhodos，Copenhagen，1986.

加了哥本哈根大学和美国文理学院联合召开的第二届关于开放世界的玻尔讨论会[1]。

1962～1995年，到哥本哈根的玻尔理论物理研究所（NBI）、玻尔文献馆（NBA）和北欧理论原子物理研究所（Nordita）访问的中国学者共有冼鼎昌（1962）、张礼（1963～1964）、杨福家（1963～1965）、卓益忠（1964～1965）、陈永寿（1979～1980）、徐湛（1979～1980）、曾谨言（1982～1983）、于敏（1984，1994）、戈革（1988～1989，1991～1992，1994）、范岱年（1995）等38人[2]。

4. 戈革与尼耳斯·玻尔（1985～2012）

1985年，戈革撰写的《尼耳斯·玻尔——他的生平、学术和思想》一书，作为“物理学思想史丛书”之一，由上海人民出版社出版。

1986年，戈革翻译的《尼耳斯·玻尔集》第一卷由商务印书馆出版。该卷内容是玻尔的早期著作（1905～1911），其中有总序、第一卷前言、尼耳斯·玻尔传略，第一编为水的表面张力，第二编为金属电子论，第三编为家书选（1909～1916）。1987年，《中国大百科全书》（物理学卷）出版，戈革写了N. 玻尔这一条目。

1989年，戈革翻译的《尼耳斯·玻尔集》第二卷由商务印书馆出版。该卷内容是玻尔关于原子物理学的著作（1912～1917），第一编为带电粒子的吸收，第二编为原子和分子的构造，第三编为原子量子论的巩固，第四编是1912～1917年通信选。

1990年，戈革翻译的《尼耳斯·玻尔集》第三卷和第四卷由科学出版社出版。第三卷的内容主要是对应原理（1918～1923），其中第一编为对应原理，第二编为1917～1923年的通讯选。第四卷的内

① 参见 The Challenge of an Open World，Munksgoard，Copenhagen，1989.

② 从1950年1月1日到1995年访问玻尔研究所的中国学者名单，NBA。

容主要是周期系（1920～1923），其中第一编为原子结构，第二编为通讯选（1920～1924）。1990年，钱临照（1906～1999）、许良英主编的《世界著名科学家传记》（物理学家Ⅰ）由科学出版社出版，戈革写了尼耳斯·玻尔的传记。

1991年，戈革翻译的《尼耳斯·玻尔集》第五卷、第六卷由科学出版社出版。第五卷的内容主要是量子力学的出现（以1924～1926年的作品为主），其中第一编为玻尔、克拉摩斯和斯累特尔的理论，第二编为矩阵力学和旋转的电子，第三编为通信选（以1924～1926年的通信为主）。第六卷的主要内容是量子物理学的基础（1926～1932），其中第一编为互补性论点的浮现，第二编为互补性论点的进一步阐述，第三编为物理描述的一般方面，第四编为通信选（以1926～1930年的通信为主）。

同年，戈革翻译的罗森菲耳德著《量子革命》一书由商务印书馆出版，其中绝大部分是有关玻尔与量子理论的文章。

1992年，戈革翻译的《尼耳斯·玻尔集》第八卷由科学出版社出版。第八卷的主要内容是带电粒子在物质中的穿透（1912～1954），其中第一编为经典理论，第二编为穿透的普遍理论，第三编为通信选（1913～1950）。

1992年，戈革撰写的《玻尔》由台湾东大图书公司出版。这是傅伟勋、韦政通主编的《世界哲学家丛书》之一。

1993年，戈革翻译的《尼耳斯·玻尔集》第九卷由科学出版社出版。这一卷的主要内容是原子核物理学（1929～1952），其中第一编为和核物理学有关的论文及稿件，第二编为通信选（1929～1949）。

1993年，丹麦D. 否尔霍耳特著《尼耳斯·玻尔的哲学背景》一书的中译本（戈革译）由科学出版社出版。

1994年，丹麦S. 罗森塔耳著《关于尼耳斯·玻尔的一些回忆》

中译本（成幼殊、林桦译，戈革校）由江苏教育出版社出版。

1998年，戈革翻译的《尼耳斯·玻尔集》第七卷由科学出版社出版。这一卷的主要内容是量子物理学的基础Ⅱ（1933～1958），其中第一编是相对论式量子理论，第二编是互补性——量子描述的基岩，第三编是通信选。

1998年，戈革翻译的丹麦尼·布莱依耳著《和谐与统一——尼耳斯·玻尔的一生》由东方出版中心出版。这是《科学大师传记丛书》之一。

1999年，戈革撰写的《玻尔和原子》一书由江苏教育出版社出版。

2001年，戈革翻译的《尼耳斯·玻尔集》第十卷由中国香港天马图书有限公司出版。这一卷的主要内容是物理学以外的互补性（1928～1962），其中第一编为生物学及有关领域中的互补性，第二编为其他领域中的互补性，第三编为关于哈若德·赫弗丁的论文，第四编为历史论文，第五编为通信选。

丹麦女王马格丽特二世，为表彰戈革翻译《尼耳斯·玻尔集》，决定授予他丹麦国旗骑士勋章（图8）。2001年6月5日，授勋仪式在北京丹麦大使馆举行。

2006年，《尼耳斯·玻尔集》第十一、第十二卷在丹麦出版。第十一卷共两编，第一编是一个开放的世界，第二编是另些政治和社会的参与。第十二卷共三编，第一编是概念和通俗作品，第二编是人物，第三编是通信选。戈革在该年7月才拿到样书。当时他的视力已大大衰退，他手持放大镜，阅读经过放大复印的原书，写出译文，再由他自己出资聘请的助手成燕录入计算机，到2007年6月中旬译出初稿。

2007年10月，《科学文化评论》第4卷第5期发表戈革写的《〈尼耳斯·玻尔集〉译后记》。他在文中指出："尼耳斯·玻尔在科

图 8　授予戈革的丹麦国旗骑士勋章

由戈疆女士提供，特在此致谢

学史上的地位，可以和牛顿的地位相比。”“《尼耳斯·玻尔集》是20世纪中全世界出版过的所有书籍中最重要的（即意义最重大的）一种。”①

戈革没有等到《尼耳斯·玻尔集》第十一、第十二卷中译本出版，在 2007 年 12 月 19 日就逝世了。这两卷书的出版，也几经周折，最后终于由华东师范大学出版社负责出版，并同意将前十卷一起再版。预计这套巨著可以在 2012 年内出版。

5. 其他

1）玻尔的全身铜像和玻尔文献室

1995 年 5 月 12 日，由于戈革的努力（图 9），中国石油大学在北京昌平研究生院举行世界上第一个玻尔全身铜像落成仪式和玻尔文献室开幕仪式，丹麦驻华大使和玻尔的次子 H. 玻尔应邀参加了典

① 戈革：《尼耳斯·玻尔集》译后记，《科学文化评论》，2007 年第 5 期。

图 9　戈革教授像

礼（图 10）。铜像由雕塑家田跃民塑造（图 11）。2010 年，玻尔文献室由中国石油大学研究生院转移到清华大学图书馆，该年 4 月 26 日，在清华大学图书馆举行了玻尔文献室的开馆仪式。

2）范岁久（1912～2003）的贡献

丹麦华裔企业家、大龙食品公司董事长、春卷大王范岁久通过他创立的大龙基金会资助许多中国学者（包括戈革）访问玻尔理论物理研究所和玻尔文献馆，资助《尼耳斯・玻尔集》中译本的出版，资助玻尔全身铜像的塑造，他和戈革也建立了深厚的友谊。范岁久曾经是汉斯・玻尔的同学，据说他的第一位夫人是玻尔家族的人，他一手创建的大龙食品公司几乎全自动化地生产春卷，产品行销大半个欧洲，一度成为美国驻军的军需食品。该公司是丹麦最重要的企业之一。

图 10　玻尔塑像落成仪式

图 11　玻尔的全身铜像

六、后记和感想

1995年，由于畏友戈革教授的推荐，由于范岁久先生的大龙基金会的资助，我到丹麦玻尔理论物理研究所和玻尔文献馆作了5个月的访问。为此，我开始做“玻尔和中国”的研究，在玻尔理论物理研究所作了“玻尔和中国”的报告，并收集了玻尔文献馆保存的有关玻尔与中国的资料，得到了文献馆的主任Finn Aaserud博士和F. Pors夫人的巨大帮助。回国后，我写了《尼耳斯·玻尔与中国科学院——有关历史资料》一文，在中国科学院《院史资料与研究》(内部资料）1996年第1期发表。我本希望在戈革教授的指导下，共同作这项研究。但戈革教授似乎并不愿意，我就把这项工作搁了下来，也没有同意《中国科技史料》杂志发表这个资料。现在，戈革教授已经逝世了。我觉得我当年收集的这些资料仍有发表的价值，决定在内容上扩展为《玻尔与中国》，在时间上延伸到2012年。现在我年过85岁，没有精力把资料收集得更完整。把这份不够完整的资料发表出来，目的是为后来的研究者提供参考，为他们铺几块垫脚石。

2013年就是玻尔发表“论原子构造和分子构造”的伟大三部曲的100周年了。中国从最早介绍玻尔的工作到现在也有90年了。从玻尔访问中国的1937年到现在也有75年了。1937～1949年，中国经历了8年艰苦的抗日战争和3年的解放战争。

1949年中华人民共和国成立后，玻尔夫妇一直对新中国表示友好。中国物理学界也始终尊敬和仰慕玻尔。1957年，中国科学院院长郭沫若还代表中国科学界，邀请玻尔访华、讲学。可是，早在1952年，在学习苏联的号召下，中国学者就开展了对玻尔的互补原理和哥本哈根学派的量子力学诠释的批判，认为其是物理学中的

“唯心主义”。此后，在中国的高等学校中，量子力学就不再采用西方的教科书，而采用苏联布洛欣采夫写的教科书，布洛欣采夫对量子力学的系综解释取代了哥本哈根解释。我国对玻尔和哥本哈根学派的批判，一直没有止息，1962 年后，开始翻译出版玻尔的哲学著作，目的也是批判。直到 1976 年，苏联的物理学家，已经改变了对哥本哈根学派的态度，北师大的量子力学小组却批判他们是为苏修叛徒集团效劳。改革开放以后，中国物理学界、科学哲学和科学史界，也开始改变对玻尔和哥本哈根学派的态度和评价，只有以何祚庥为代表的少数学者，直到 20 世纪 90 年代初，仍坚持对物理学研究中的“唯心主义”的批判，但是追随者已寥寥无几。

在 1949 年后，与玻尔有过交往的中国物理学家大都在科研和教育部门工作，对新中国的科学和教育事业作出了各自的贡献。例如，吴有训、周培源还处于重要的领导岗位，王淦昌参加了核武器的研制。但有的在历次政治运动中受到了不同程度的冲击。例如张宗燧在思想改造运动中，多次受到检查，过不了关，并导致他的夫人（哲学家傅侗之女）和他离婚，他在“文化大革命”中被迫自杀。束星北、杨肇濂（1898～1974，中国物理学界的前辈，对物理学名词的审定有贡献）在“反右”运动中被打成“右派”。束星北长期劳动，丧失了进行教学和科研的权利，直到 1979 年改正后，才在海洋物理方面作出了贡献。饶毓泰也在“文化大革命”中被迫自杀。人文学者罗忠恕在新中国成立初被送到中国人民大学，学习马列主义，以后长期从事英语教学，“文化大革命”中也受到冲击，在 1979 年以后，处境才有所改善。王天眷是留美的杰出物理学家，是激光发明者汤斯的博士生和合作者，对激光的发明和量子电子学、波谱学等都有贡献。他还是 20 世纪 30 年代加入中共的老党员。他于 1960 年回国，因为被怀疑为美国特务，不能在北京工作，不能会见外国学者，包括奥格·玻尔和王天眷的老师、美籍华裔物理学家任之恭

(1906～1995)，直到1979年才承认他的党龄，1981年才调到北京工作[①]。

1979年以后到今天，中国内地的情况有了很大的改变，意识形态对物理学的干预大大减少了，对玻尔的哲学观点的批判，基本上停止了，中国物理学界承认玻尔是20世纪最伟大的物理学家之一。在这期间，政治运动、阶级斗争对知识分子的冲击也基本没有了。知识分子的待遇有所提高，研究条件大大改善，国际学术交流的机会也大大增加。这是我国物理学家（特别是青年物理学家）开展物理学研究、向物理学前沿冲击的最好时机。1995年，我曾在玻尔理论物理研究所同奥格·玻尔谈话，他十分羡慕中国，认为中国这样的大国可以做丹麦这样的小国办不到的事情，如建造高能加速器和对撞机，发展航天事业等。所以，我们中国人可不要妄自菲薄啊。我衷心希望，我国的青年物理学家，能够利用当今良好时机，学习玻尔，大大提高我国的物理学水平。

1）关于玻尔-爱因斯坦论战

1937年玻尔访华时，在杭州，束星北向玻尔提出了他和爱因斯坦论战的问题，玻尔直率地回答，在这个问题上，他是对的，爱因斯坦的想法不对。这件事表明了束星北在理论上的敏锐，也表明了玻尔的自信。可是，爱因斯坦和波多尔斯基与罗森所反对的EPR关联，也即所谓“纠缠态”，长期没有得到实验的确认。直到20世纪70年代初到80年代初所做的12个实验，有10个确认了这种关联和“纠缠”，这不能不使人钦佩玻尔的洞察力。

2）谁是20世纪最伟大的物理学家

我的畏友许良英教授是研究爱因斯坦的专家，他认为爱因斯坦是20世纪最伟大的物理学家。我的畏友、研究玻尔的专家戈革不同

---

① 王德禄等访谈整理：《1950年代归国留美科学家访谈录》，湖南教育出版社，2012年

意这个论断，他认为，在科学史上的地位，只有玻尔可以和牛顿相比。戈革和许良英本是很好的朋友，由于这一观点分歧以及其他一些因素，最后变得互不交往。其实，我认为爱因斯坦和玻尔都是20世纪最伟大的物理学家，很难判断谁高谁低。因为他们的研究进路不同。爱因斯坦的进路是从狭义相对论到广义相对论（引力理论）到宇宙学，再到统一场论（虽然他早年对量子论的发展也作出了贡献）。玻尔的进路是从量子论、原子物理到量子力学、原子核物理、量子电动力学；他的后继者又进展到量子场论、量子色动力学、量子规范场论，这是20世纪物理学发展的主流。可以说，如果没有量子论和量子力学作为理论基础，就不可能发展出核能利用、激光、半导体器件（由此发展出新型计算机和手机等）等新技术，不可能有20世纪的技术革命。爱因斯坦喜欢独自研究，只带了少数助手；玻尔通过他的理论物理研究所，团结、带领了20世纪物理学的一代英豪，提出了量子力学的基本原理，建立了它的数学形式体系，研讨了它的物理诠释，他的贡献确实是不下于爱因斯坦的。戈革的见解是有他的理由的。

3）关于玻尔与哥本哈根学派的不同评价

关洪在2002年的《一代神话——哥本哈根学派》一书，对玻尔和哥本哈根学派作了历史的考察和评价。对这本书，据我所知，戈革教授是十分不满的，甚至有些愤慨。可是他从没有发表正面批评的文章。2007年下半年，关洪和戈革先后去世了。最近，我翻阅关洪的著作觉得关洪是低估了玻尔在量子力学发展过程中的思想指导和组织领导的作用，低估了哥本哈根学派的作用。关洪看重量子力学的数学形式体系的建立和发展，而低估了物理诠释和哲学思考的作用，而玻尔正是在这两方面起了主导作用，这突出地表现在他和爱因斯坦的20多年的论战中。关洪低估了玻尔的互补原理和量子力学的哥本哈根诠释，而倾向于系综诠释。这些问题都是值得深入讨论的，对 20 世纪的物理学史，对物理学哲学都是极有意义的。令人遗憾的是，戈革没有写出批驳的文章，他和关洪也从未开展深入的争论。我衷心希望，我国的青年学者，今后能够在戈革翻译的玻尔文集的基础上、戈革撰写的有关玻尔的著作的基础上、在关洪的著作的基础上，开展深入的、全面的、平心静气的讨论，以促进我国物理学、物理学史、物理学哲学的发展。2012 年出版的桂起权、沈健合著的《物理学哲学研究》对哥本哈根学派与量子革命、玻尔的互补原理、玻尔的因果观、量子远程关联等都作了较多和比较客观的探讨和介绍，是一个可喜的开端。

4）关于开放世界的理念和互补哲学

玻尔在 1950 年，发表致联合国的“公开信”，呼吁建立一个“开放的世界”。M. 玻恩（Born）在《原子科学家公报》（Bulletin of the Atomic Scientists）1960 年 6 月号中，发表了《物理学和政治》一文，拓展了玻尔互补原理的思想，认为社会主义和资本主义也是互补的。今天的中国，是开放与改革中的中国，是建设中国特色的社会主义的中国，是参加了世界贸易组织（WTO）的中国，因此，玻尔的开放世界的理念、玻尔的互补哲学是值得我们深入研究和思考的。

谨以此文献给戈革教授和范岁久先生，并对丹麦玻尔文献馆主任 Finn Aaserud 博士和 F. Pors 夫人表示深切的谢意。

《20 世纪中国的生物学与革命》评介*

《20 世纪中国的生物学与革命》① 的作者施奈德是美国圣路易斯华盛顿大学的中国史教授，现已退休。他在 20 世纪 80 年代初访问中国时就与我相识。2005 年年底，他寄赠我新出的该书的纸面版。最近我看了这本书，觉得值得向国内同行作一简介。

该书共分三个部分。第一部分是：民国时期（1911～1949）。共三章。

第一章介绍了国立中央大学（中央大学，一度称为东南大学）的生物系。1921 年中央大学创办了中国大学中的第一个生物系，系主任是昆虫学家秉志（1886～1965）。他 1909 年留学美国，1918 年在康奈尔大学获得博士学位。他也是中国科学社和《科学》杂志的创始人之一（1920 年回国担任系主任）（第 33 页）秉志的得力同事是植物学家胡先骕（1894～1968），他于 1916 年在美国加利福尼亚

---

* 本文原载《科学文化评论》，2006 年第 3 卷第 5 期。

① L. Schneider, Biology and Revolution in Twentieth Century China. Rowman, 2003.

大学伯克利分校毕业，也是中国科学社的创始人。他于 1922 年到中央大学任生物系主任，兼植物分类学室的负责人。秉志因忙于筹建中国科学社的生物研究所而不任系主任，只任动物学室的负责人。胡先骕又于 1923～1925 年到哈佛大学做研究生，获植物学的哲学博士学位。他在哈佛大学赞同白璧德（Babbitt）的新人文主义，与白璧德在哈佛大学的中国信徒交往，成了“学衡”派的成员（第 36 页）。“学衡”派反对“五四”新文化运动中的激进派全盘否定传统文化，但并不反对引进西方近代科学。胡先骕和秉志是在中国创建生物学教学与研究机构的先驱。1925 年胡先骕又担任北京新建立的静生生物调查所的所长，该所主要从事动植物分类的研究，收集动植物标本。这是建立中国生物学的奠基性工作。几年后，秉、胡二人都成为新创立的中央研究院的成员，他们都从美国利用庚子赔款建立的中国教育文化基金会中获得资助。胡关于中国植物区系的分类学研究很快居于世界领先地位（第 37～38 页）。

秉、胡二人本人虽都从事分类学研究，但这并不妨碍他们聘请动物遗传学家陈桢（1894～1957）到中央大学创设遗传学和实验生物学课程（第 38 页）。陈桢 1918 年毕业于金陵大学，后得庚子基金会资助经清华大学留美，1920～1921 年在哥伦比亚大学动物系主任遗传学家 E. B. 威耳孙教授指导下获硕士学位。陈桢熟悉摩尔根的遗传学。他在中央大学开遗传学课时，摩尔根的《遗传的物理基础》（1919）是两本指定的教科书之一（第 39 页）。他在 1924 年编写的《普通生物学》在 1949 年以前一直是最著名的中文生物学教科书，被中学甚至大学所采用，出版印刷多次（第 40 页）。陈桢在书中关于遗传问题的讨论大量引用了摩尔根的著作，指出：遗传的物质基础是在细胞的分立的有机体结构（种质）中，而不是弥漫在整个机体（体质）中，获得性不能遗传，并全面地介绍了摩尔根的基因概念（第 42 页）。

关于进化问题，作者指出，在20世纪初，进化概念在中国已很流行，但带有浓厚的社会达尔文主义色彩，目的在促进中国的社会、文化改革。以后，克鲁泡德金的无政府主义哲学在中国十分流行。在达尔文的《物种起源》的完整译本在中国出版前几十年，克鲁泡德金的所有著作几乎都已译成中文。克鲁泡德金坚持没有竞争的进化过程，认为世界通过“互助”而进步，环境引起生命机体的变异、适应和选择，环境引起的变异可以遗传。克鲁泡德金的影响大大支持了拉马克主义的主张，即环境对生命机体变异的重大作用，这种(获得性)变异可以遗传。(第43、44页）周建人（1890～1984）是一个拉马克主义者。他在日本东京帝国大学农学院获学士学位。1921年，他开始在上海商务印书馆和《东方杂志》任编辑。从20世纪20年代初到20年代末，他在《东方杂志》上发表了大量宣扬拉马克主义的文章，还出版过一些有关的通俗读物，有巨大社会影响。而陈桢的教科书明确宣扬新达尔文主义观点，拒绝新拉马克主义观点。虽然他的书并不是论战性的，但他的书影响了中国生物学界的几代人，成为1949年以前中国生物学界的主流观点。(第44、45页)

陈桢在1928年前，在中央大学从事遗传学研究。他用金鱼做实验材料，证明金鱼的孟德尔式遗传（第46～48页)。1928年到20世纪40年代，陈桢到国立清华大学任教授兼生物系主任。他除负责行政工作外，还担任细胞生物学、实验遗传学、遗传学和进化论等课程的教学，继续进行金鱼遗传的研究。在他的主持下，国立清华大学生物系成了中国最强的生物系之一（第49页)。在这一章的末尾，作者介绍了国立中央大学在1925～1929年，受到政治动乱的干扰。在国民党北伐胜利建都南京后，国立中央大学得到国民党政府的大力支持而又有所发展。(第50～55页)

第二章“燕京和金陵大学的遗传学”主要介绍教会大学在发展中国生物学方面的贡献。作者指出，教会大学比非教会学校有三个有利条件：①经费充裕，经常得到国外慈善机构的资助；②受国际条约的保护，少受国内政治动乱的干扰；③更多地得到国外专家的帮助。（第 65 页）燕京大学创建于 1908 年。1923 年，燕京大学同意为北京协和医学院（协和）医科学生进行基础科学的教育，并开始筹备设立理科系。1925～1937 年，燕京大学的理科系特别是生物系，有很大进展，培养出李汝祺、陈子英、谈家桢三位杰出的遗传学家。（第 67 页）燕京大学因为与协和的合作关系，所以得到洛克菲勒中国医学基金会的大力支持。燕京大学的生物系与另一所教会大学苏州大学（东吴大学）也有密切的合作关系。（第 67～68 页）燕京大学和东吴大学的生物系的实验生物学和遗传学得以发展，得益于 A. M. 博林（Boring，1883～1955）的长期任教。她在 1910 年得生物学博士学位，曾在摩尔根指导下工作。她在生物分类学和实验生物学方面都有丰富经验。她于 1918 年就来协和对医科学生进行科学教育。1923 年她开始任燕京大学生物系的教授兼主任，并一直积极从事教学和研究，直到 1941 年日本侵略军关闭燕京大学为止。（第 69 页）

陈子英（1897～1966），1921 年毕业于东吴大学。后到燕京大学攻读硕士学位。经洛克菲勒基金会资助，到哥伦比亚大学作研究。1926 年，在摩尔根和 A. H. Sturtevant 指导下获博士学位。1928 年陈子英回到燕京大学任副教授。当时的系主任是昆虫学家胡经甫（1896～1972，康奈尔大学的博士，曾任教东吴大学）。陈子英后来到厦门大学任生物系主任。（第 69～70 页）李汝祺（1895～1991）1919 年到美国普渡大学农学院学习。1923 年夏，他到密歇根大学随 Frank Shaw 从事果蝇遗传学研究。由于 Shaw 的推荐，他到哥伦比亚大学随摩尔根做博士生。摩尔根委托 C. B. Bridges 具体指导李的博士论文。1926 年李汝祺获得博士学位后在哥伦比亚大学生物系任教。他研究的基因对胚胎形成与发育过程的影响问题成为 20 世纪 30 年代后期发育遗传学中的中心课题。由于博林的争取，李汝祺也回到燕京大学任教，使燕京大学生物系进入最成熟和多产的时期。1935～1936年，李汝祺和陈子英都获得洛克菲勒研究补助金，到美国加州理工学院随摩尔根小组工作。他们与杜布赞斯基和 Bridges 合作，对基因的基础胚胎学和遗传学作出了贡献。令人遗憾的是，1938 年，由于战争的爆发和 Bridges 的去世，陈、李失去了进一步合作的机会。(第 71～73 页)

谈家桢（1909～2008）毕业于东吴大学生物系，1930 年任普通生物实验室助教时，申请洛克菲勒助学金，到燕京大学做研究生。胡经甫建议谈家桢随李汝祺作研究。他们用瓢虫作为研究材料，研究遗传变异问题。他们合作的论文，于 1932～1934 年在中、美的学术刊物上发表。1933 年，谈家桢从燕京大学毕业后在洛克菲勒基金会的资助下，又到东吴大学从事研究和教学。由于杜布赞斯基对谈家桢的工作颇为赞赏，摩尔根邀请谈家桢到加州理工学院做他的博士生。1934 年，谈家桢来到加州理工学院，在杜布赞斯基的具体指导下做博士论文。1936 年春完成后，他又在洛克菲勒基金会的资助下从事博士后研究直到 1937 年夏。他主要研究的是变异的遗传基础和物种分化问题。他在这一时期，发表了十余篇论文，有的他单独署名，有的与杜布赞斯基、Sturtevant 或其他博士后研究生联合署名。1937 年 5 月，在谈家桢回国前，Sturtevant 和洛克菲勒基金会的代表同意给谈家桢资助，使他回国后能有充裕的时间和良好的设备继续他的研究。最后，他接受了浙江大学的聘请，到该校任副教授，教学任务很轻，没有行政工作负担，有充裕的研究时间。(第 73～77 页)

接着作者介绍了金陵大学以及金陵大学和康奈尔大学的合作计划。金陵大学创办于 1914 年，原为农林学院，是在淮河流域的水灾和饥荒之后，美国教会为帮助中国改进农业林业而建立的。1923 年，金陵大学农学院院长芮思娄（J. H. Reisner）利用他与美国教会的关系，从华洋义赈会获得巨额救灾金，建立了与康奈尔大学的作物育种合作计划。在这以后，金陵大学又从洛克菲勒基金会、中国教育文化基金会、英国庚子赔款基金会获得大量经费，使金陵大学、康奈尔大学的合作计划得以顺利进行。1925～1930 年，康奈尔大学每年派三位高级专家到金陵大学教学、研究、提供咨询并组织实施；并挑选金陵大学的优秀学生到康奈尔大学进修、研究。到 1946 年，共有 62 名学生到康奈尔大学作物育种系进修。1926 年，康奈尔大学的顾问们挑选该校的一位博士沈宗翰（1895～1980）来主持这一合作计划。沈宗翰是中国在作物育种领域的第一个博士，他主张合作计划要适合中国的实际，教学材料要结合实践经验。他的主张得到康奈尔大学顾问们的赞同。（第 78～82 页）

抗日战争前最好的作物育种教科书是王绶（1987～1972）写的《中国作物育种学》（1936）。王绶于 1923 年在金陵大学农学院获硕士学位，以后到康奈尔大学进修，是大麦育种专家。他的书通俗易懂，是在他为校外的农民、政府官员讲课时的教材的基础上写成的。这表明金陵大学不仅教育本校学生，而且也向社会推广农业技术知识。（第 83 页）

金陵大学和康奈尔大学五年合作计划完成的那年（1930），沈宗翰感到，金陵大学的作物改良、良种推广等工作，要更有效地进行，必须有中央政府的全国性计划。他建议国民党政府建立国家农业研究局，创建农业科学研究所。他还请他康奈尔大学的导师洛夫（H. H. Love，1880～1966）来中国担任国民党政府的农业政策顾问，在 1933 年制订“中国农业发展的国家计划”。1934 年，沈宗翰离开金陵大学，任国家农业研究局总技师，并创建国家稻麦改良研究所。可是，到 1937 年夏，他组织的广泛的田间实验和实验室研究计划由于日本的入侵而中断了。但金陵大学的作物遗传学家、国家农业研究局和其他大学的科学家在流亡四川以后，合作推行作物改良计划，对遗传学和农业都作出了显著的贡献（第 84～85 页）。

第三章“战争、革命与科学”介绍了中国抗日战争和国内战争时期（1937～1949）的生物学。在这一章的开始，作者回顾了20世纪30年代国民党发起的“中国科学化运动”，介绍了抗战时期国民党的科学政策（第94～96页），接着介绍了战时的实验生物学。在当时非沦陷区，不但坚持科学教学与研究，在实验生物学方面还有三项重要的进展。第一项是成都国家稻麦改良研究所李先闻（1902～1976）有关作物遗传学的研究。李先闻于1930年在康奈尔大学获博士学位。他的第一助手是李竞雄（1913～1997），20世纪40年代末在康奈尔大学获博士学位；另一个助手是鲍文奎（1916～1995），1950年在加州理工学院获博士学位。他们共同进行小米、小麦的多倍体研究。（第97～99页）第二项是西南联大清华农业研究所生理实验室汤佩松（1903～2001）关于植物生理的研究。汤在1930年在美国约翰斯·霍布金斯大学获博士学位。他发现李森科的作物春化法是有用的，但李森科对作物春化过程的理论解释是完全没有根据的。（第99～100页）第三项是贵州嵋潭浙江大学生物系谈家桢关于进化与群体遗传学的研究（第100～104页）。最后作者还介绍了共产党解放区的科学和延安自然科学院生物系主任乐天宇（1900～1984），以及1942～1944年的“整风运动”（第104～108页）。

该书第一部分是全书中比较精彩的部分。特别是关于中国留美生物学家、美国慈善基金会对中国科学教育事业的资助、教会学校在中国发展科学事业中的作用，有许多国内过去很少涉及的资料，很有参考价值。但作者关于这一时期中国生物学的介绍，显然还是不全面的。在生物学家方面，对留学欧洲和日本的介绍很少。在学科方面，偏重于遗传学、植物生理、作物育种等学科，而对动物生理、细胞学、微生物学、实验生理学等许多学科很少涉及。所以，要了解这一时期中国生物学的全貌，该书显然是不够的。

该书第二部分是“毛的中国，1949～1976”，共四章（第四至七章)。在第四章“学习苏联：李森科主义和压制遗传学，1949～1951”中，作者介绍了新中国成立初在北京成立北京农业大学，由清华大学、北京大学和来自解放区的华北大学的农学院合并而成[①]，由乐天宇任校委会主任。乐天宇大力提倡李森科主义，粗暴对待信奉摩尔根遗传学的科学家。李景均（1912～2003，1940 年在康奈尔大学获博士学位的群体遗传学家）被迫于 1950 年 3 月出走，经中国香港赴美国。留英博士、群体遗传和动物学家吴仲贤（1911～2007）的生物统计课被迫停授，改教家畜饲养学。校委会副主任汤佩松被停止授课、被大会批判。最后被调离北京农业大学。作者也介绍了中国科学院的实验生物学家朱洗（1899～1962）与苏联李森科主义者的争论。接着作者介绍了推广米丘林生物学的人物，如米景九（1925～　）等，宣扬米丘林生物学的媒体和科学普及运动。(第 117～140 页)

在第五章“李森科主义作为党的学说，1952～1956”中，作者介绍了 1952 年对乐天宇的批评，介绍了《人民日报》1952 年 6 月 29 日发表的《为坚持生物科学的米丘林方向而斗争》一文。该文批评了乐天宇的经验主义和教条主义错误，但仍给摩尔根遗传学扣上了“唯心”、“反动”、“为资产阶级服务”、“伪科学”等帽子。后来又谈到谈家桢的“自我批评”。1952～1955 年，李森科主义和米丘林生物学普及中国的每一个角落。以苏联专家讲演为基础的《达尔文主义基本原理》成为 1952 年的大学教科书，尽管其中有许多问题。虽然几次修改，到第三版仍无多大改进，但仍被教育部列入达尔文主义课程的教学指南。1953 年，张宗炳对该书第一版作了批评，遭到了周建人的反批评。1954 年张宗炳的《达尔文学说基础》(中学读本）遭到更严厉的批评和谴责，不准再用做中学读本。接着作者介绍了 1952 年出版的方宗熙（1912～1985）的《达尔文主义基础》

① 作者少写了辅仁大学农学院——评者注。

(高中读本)。方的生平和学术背景，他 1953～1963 年写的五本生物学教科书，对遗传学和进化论的态度和评价，都随着党的方针的改变而改变。而他的研究论文，则与米丘林生物学毫无关系。

作者接着指出，1952 年，苏联开展了有关物种形成问题的争论，李森科的观点开始受到批评。1955 年，植物学家胡先骕在他的著作《植物分类学简编》中介绍了这一情况，却因为在华苏联专家的抗议而遭到批判，他的书被销毁。该年 10 月，中国隆重庆祝米丘林百年诞辰，仍然肯定米丘林生物学和李森科主义。1956 年 1 月，米景九发表了长篇论文，为李森科的物种形成理论辩护。可是，1949～1952 年，民主德国农业科学院院长施图贝（Hans Stubbe）对李森科理论作了严格的实验检验，1954 年做出了完全否定李森科论断的结论。1955 年在苏联《植物学杂志》上发表了他的研究成果的摘要，该年 12 月，施图贝访华，在北京农业大学详细介绍了他的研究结果。1956 年，苏联发生了一些促进重新评价遗传学问题的事件，如苏共二十大上批判斯大林，恢复杂交玉米的生产，李森科被免去农科院院长职务。与此同时，中国共产党召开了知识分子问题会议，开始制订“12 年科学发展远景规划”，提出了双百方针，促使了李森科主义的退却。(第 153～163 页)

在第六章“双百方针和遗传学的恢复，1956—1961”中，作者首先谈到了 1956 年双百方针的提出，科学家在双百方针的保护伞下表达了他们的不同意见。鲍文奎是 1950 年秋在美国加州理工学院获博士学位后回国服务的。他在四川省农业研究所从事多倍体育种研究，取得巨大成效。1954 年冬，该所领导知道李森科谴责多倍体研究，鲍文奎的试验田中多年培育的麦苗被全部铲除，并被命令停止工作。鲍文奎上书后，1956 年 9 月 8 日的《人民日报》发表了他的长篇文章，倾诉了他的遭遇，成为贯彻执行双百方针时的一个典型案例。(第 168～169 页) 接着作者介绍了青岛遗传学座谈会的筹备、陆定一（1906～1996）、于光远（1915～　）为会议拟定的指导方针。1956 年 8 月会议的召开，童第周（1902～1979）的开幕词中提出的会议的三个目标，谈家桢、祖德明（1905～1984）、于光远、李竞雄、李汝祺、吴仲贤、施履吉（1917～2010）等人的发言。会议虽然没有达到预定目标，没有对今后的遗传学研究和教学提出明确的建议，但至少摘除了过去贴在摩尔根遗传学上的政治、哲学标签，肯定了摩尔根遗传学的科学地位，介绍了摩尔根遗传学和分子遗传学的巨大进展，而对李森科主义的科学性，也提出了批评。（第 170～176 页）在这之后，中国开展了“反右”斗争，接着是知识分子下放劳动，加强党对知识分子的控制，虽然这大大挫伤了广大知识分子和科学家的积极性，但作者注意到，这不是仅以遗传学家和生物学家为目标的（第 179 页）。关于“大跃进”，作者关注当时提倡人民大众办科学，认为发明不是来自专家和学者，而是来自劳动人民，轻视正规的体制化的科学教育与研究。作者认为，这种论调，使人想起无政府主义者，特别是克鲁泡德金的观点，即强调生产第一线的劳动者的创造性。可是“大跃进”的后果是对国民经济和科学文化事业的极大破坏。（第 179～181 页）

第七章“进一步，退两步，从双百方针到文化大革命的遗传学”介绍了“大跃进”后中国生物学的发展。1959 年中国科学院遗传研究所建立；1961 年复旦大学遗传研究所建立；1958 年中国科学院上海生理生化研究所分为独立的生物化学研究所和生理研究所，同时建立生物物理研究所；农业科学研究院的作物育种栽培研究所改由王绶任所长，遗传学家戴松恩（1907～1987）任副所长（他于 1936 年在康奈尔大学获博士学位）。原来倾向米丘林主义的农业部又把所属的最重要的研究机构交给摩尔根主义的作物遗传学家来领导。王绶实际上恢复了沈宗翰 1949 年前农业研究局和稻麦改良研究所的工作。20 世纪 60 年代初，中国又召开了全国生物化学、细胞学、动物学等会议，遗传学讨论会开了5次（第187～190页）；有关摩尔根主义的遗传学、进化论、分子生物学的著作和文章大量出版；有关的图书、期刊大量进口（第191～196页）。在研究工作方面，作者介绍了复旦遗传研究所谈家桢等在辐射遗传学方面的工作；鲍文奎、李竞雄等有关作物育种和遗传方面的成果（这项工作实际上推动了中国的绿色革命）。这时期生物化学方面的工作为以后生物技术的发展打下了基础。（第196～199页）而米丘林主义者没有做出明显的成绩。（第199～201页）最后一节简要地谈了“文化大革命”对科学和教育事业的严重破坏，对知识分子和科学家的打击和歧视（第202～206页）。

纵观第二部分，有一大部分是讲1956年前李森科主义对中国遗传学的压制，青岛遗传学会议前后中国遗传学的状况，这与李佩珊（1924～2004）所著《科学战胜反科学——苏联的李森科事件及李森科主义在中国》（当代世界出版社，2004年版）一书内容有不少重复之处。但二人的视角、取材不同，可以互相参照。可是这四章作为对1949～1976年中国生物学的概述，也是不够全面的，过分偏重于遗传学。

第三部分“邓的中国，1976～2000”，共两章（第八、九章）。在第八章“科学改革和遗传学的恢复，1973～1986”中，作者指出，自1972年尼克松访华后，科学开始有恢复的迹象。接着作者介绍了在1974～1978年美国科学家访华后写的报告中对中国生物学（主要是作物遗传学和生物化学）状况的评介：在作物遗传学方面，主要是单倍体育种；在生物化学方面，提到了转移核糖核酸的首次合成，而总的评价则是水平不高，落后于西方很多年（第217～220页）。作者也介绍了1972年在海南岛召开的遗传学和作物育种会议和遗传学刊物的恢复，生物学的各个学会也逐渐恢复，并在1982年、1984年分别召开了达尔文、孟德尔逝世百年纪念大会，同时还出版了谈家桢、李汝祺主编的反映了最新进展的遗传学论文集（第220～224页）。

这一章的其余部分在谈邓小平和科学体制改革。其中，该章首先提到了 1978 年的科学大会，谈家桢、昆虫学家陈世骧（1905～1988）在 1979 年、李竞雄在 1981 年先后加入中国共产党，重申贯彻执行双百方针。该章接着谈到 20 世纪 80 年代科学体制改革所面对的问题：科学人才的待遇和合理使用问题，科研经费的分配和使用问题，研究单位与生产单位脱节的问题、工作单位制问题、人才培养等问题。改革的对策是科技成果的商品化，个人合同制，科技研究基金制（建立国家自然科学基金会），派遣大批学生出国留学，派遣科学家、教师出国进修等。1986 年，国家科委发表了《科技白皮书》，对 1978～1986 年的八年科学计划作了评估。生物技术自 1978 年以来，一直是发展的重点项目，可是由于“研究人员不足，力量不集中，专业不配套”，基础研究薄弱，“研究开发工作不协调，技术不配套，很难将研究成果转化为生产力”。由于高水平的研究人才严重不足，中国科技领导部门不再说在 20 世纪末赶上国际科学最先进水平，而是要满足经济和生产发展的需要，在 20 世纪末科技达到工业发达国家 20 世纪七八十年代的水平（第 227～234 页）。

在第九章“生物技术成为发展重点，1978～2002”中，作者主要依据的资料是 20 世纪末美国科学家有关中国生物技术的一些调查报告。首先他依据 D. H. Hamer 和 S. Kung 编的《生物技术在中国》(BIC)（美国国家科学院，1989），介绍了“863 计划”在研究经费方面、火炬计划在协助科学技术成果商品化方面所起的作用。他谈到了“973 计划”对参加国际人类基因组计划的支持，也依据 2002 年 1 月美国《科学》杂志发表的《作物生物技术在中国》一文，介绍了中国作物生物技术 1986～1999 年的发展以及其中存在的问题（第 241～246 页）。他还着重介绍了几个研究机构的变化与发展。①中国科学院发育生物学研究所。由童第周和美籍华裔科学家牛满江（1914～2007）发起筹备，于 1980 年创立。牛满江从联合国和洛克菲勒基金会募到了建所的经费，使该所有一流的研究设备。《生物技术在中国》（BIC）引用了一位美国著名科学家 E. H. Davidson 的评论说，牛满江小组的工作有问题，“在某些情况下，实验没有很好控制，研究结果如此不可信，必然使人会提出是否是有意弄虚作假的问题”（第 249 页），而所内别的研究小组的工作没有问题。然而，该所仍有所发展。20 世纪 90 年代中期，牛满江辞职。2001 年该所与中国科学院遗传所合并，成为中国科学院遗传与发育生物学研究所。现任所长李家洋（1956～）是作物基因组的领导人之一，预期会整合该所的力量，进入作物生物技术的主流①（第 249～250 页）。②复旦大学遗传学研究所。该所于 1984 年成为遗传工程国家重点实验室之一。③上海生物技术中心。作者指出，如果中国盲目发展生物技术，有可能出现两种困境。一种是中国生物学家实际上成为廉价技术劳动力，而远离基础科学的创新阶段和最终最有利可图的有潜力的应用阶段；另一种是中国生物技术专家在实验室做出创造性研究，而在应用-生产和商业营销阶段依附于外国工业和商业公司。为了避免出现这类困境，国家计委在 1984 年拨款建立上海生物技术中心，这个中心要成为包括生物技术和遗传工程从实验室研究到生产和市场销售的所有方面的大企业。如果这个中心运转得好，反过来可以提供大量研究经费。这个中心不仅向国内各研究机构开放，而且也与国外机构、企业合作。20 世纪 90 年代，武汉、杭州、深圳也建立了生物技术中心，杭州“生物技术园”的规模和启动投资数倍于上海生物技术中心（第 250～255 页）。

接着，在“陈章良和北京大学”一节中，作者介绍了陈章良（1961～　）的履历。他于 1986 年获圣路易斯华盛顿大学作物生物学博士学位。他谢绝国外给予的待遇优厚的聘请，回国到北京大学

① 李家洋现任中国科学院副院长，遗传发育所所长由薛勇彪担任——评者注。

生物系工作。他利用“863 计划”和洛克菲勒基金会提供的经费，建立了国家蛋白质工程和作物遗传工程实验室。头六年，实验室培育了中国不同地区的一些抗病毒、抗虫害的转基因作物。1991 年陈章良获得联合国教科文组织的青年科学家奖。同年，他被任命为北京大学生命科学系主任。他和几个研究生创办了北大未名生物技术公司，从事生物医药研究、制造、营销，后与美国风险投资公司合作，建立科新生物医药公司。到 20 世纪 90 年代末，公司控制了原被美国公司控制的中国干扰素市场的 60%。1994 年，《时代》杂志把他列为世界上 100 位最有潜力的科学家之一。1995 年，他被任命为北京大学副校长。2000 年 3 月，陈章良参加经济合作发展组织会议，为中国发展转基因农业和转基因作物的安全性作了有力辩护（第 253～261 页）。2002 年，陈章良被任命为中国农业大学校长（第 264 页）。最后一节作者介绍了中国特色的基因组研究。2001 年，以杨焕明（1952～　）为主任的北京基因组研究所为基础的梯队完成了人类基因组中中国负责的部分（约占整个基因组的 1%）的测序任务。该所的测序能力，已超过法、德两国之和，几乎与日本相当。2002 年该所与华盛顿的一所大学的基因组研究中心合作，完成稻的一个亚种的基因组测序，并把研究结果放入基因银行（公共的数据库），因为杨反对任何基因专利。与此同时，以瑞士为基地的一个公司 Syngena 测定了稻的另一个变种的基因组，但对研究结果保密，以保护它的商业权利。而谈家桢在 20 世纪 90 年代末，曾强烈呼吁，防止基因资源外流，保护基因的专利权。陈章良也不主张放弃生物技术研究成果的专利权（第 261～264 页）。

与前两部分相比，第三部分显得更为单薄。即使仅谈生物技术，作者也没有谈到克隆技术、干细胞研究等方面。但作者引用了不少美国专家在不同时期对中国生物技术发展状况与水平的调查报告和评估，这些材料对国内学者还是很有参考价值的。

该书除正文三大部分外，还有“导言：控制自然，控制科学，控制科学家”和“结束语：带有中国特色的生物学”。作者在这里主要讨论了三个问题。

(1) 控制（或改造）自然的问题

作者指出，在20世纪80年代前的中国现代科学家很少注意中国古代的生态传统（如道家学说和风水），即主张自然界的平衡和人与自然和谐共处。不论是1949年以前还是以后，中国政府在美国专家或苏联专家的鼓励下，制订执行了控制河流、开采矿物资源、修建铁路、增加工业产量的宏伟计划，并像美国、苏联和日本等国一样，很少注意对环境的影响。而毛泽东的“大跃进”更是走向极端，提出“向自然开战”的口号（第3~4页）[1]。20世纪80年代以后，中国政府又启动了三峡大坝、南水北调等巨大工程，把毛泽东的“向自然开战”，推向前所未有的规模[2]。作者也指出，虽然李森科主义者、毛泽东的大众科学和陈章良这一代生物学家的方法不同，他们要控制（改造）自然，增加作物产量的目标却是一致的。只是李森科主义者和毛泽东的大众科学用的是笨拙的试错法，而现代遗传学用的是更有效的实验科学、统计学，以及群体控制的、还原分析的方法。李森科主义者和毛泽东错误地把现代遗传学说成是“消极被动、脱离自然、脱离生产实际”（第273页）。实际上以现代遗传学为基础的生物技术，已显示了空前巨大的控制（改造）生物世界的力量。从20世纪80年代以来，中国已开始发展生态学的研究。可惜该书没有涉及。到20世纪末、21世纪初，中国科学界、知识界乃至党政领导干部，对如何对待自然的问题，思想认识已有所转变，已从强调改造自然、开发利用自然资源转变到强调可持续发展，注意生态环境

---

① 在“大跃进”中还采取了许多唯意志的、反科学的做法，如土法炼钢、高产卫星田、围湖造田等，对国民经济、科学事业、生态环境造成巨大的破坏——评者注。

② 但这是采用了现代科学技术——评者注。

的保护，提出人要和自然和谐共处。近年来有关怒江建坝、敬畏自然的争论，也反映了这一趋势。当然，要较好地解决人与自然和谐共处的问题，还需要长期、艰巨的努力。在生物科学技术领域，如何处理好发展生物技术、基因工程与保护生物世界的生态平衡也是21世纪中国生物学家面临的重大历史性课题。

(2) 控制（或改造）科学的问题

作者指出，在民国时期，中国第一代现代科学家，在西方国家的帮助下，在国民党政府的支持下，引进了西方现代科学，实现了现代科学的体制化，建立了中国的科学共同体（第6～8页）。可是，中国共产党对现代科学有一种矛盾的心理：一方面要利用现代科学，来实现中国的现代化；另一方面又认为现代科学是从欧美资本主义国家引进的，与中国的社会主义革命和建设是不相容的，需要控制或改造。20世纪50年代初提出要学习苏联，结果却引进了李森科主义这样的“坏科学”。“大跃进”和“文化大革命”期间，毛泽东又想用劳动人民的大众科学来取代已经体制化的现代科学（他认为是“资本主义的上层建筑”），结果却是对科学教育事业的大破坏（第9页）。邓小平认为科学技术是第一生产力，是世界各国人民的共同财富，因而不再对自然科学进行控制（或改造），不再用政治手段和意识形态来干扰自然科学，不再说要摆脱对西方科学技术的依赖，而更关心如何缩短与科学发达国家的差距。如果说，毛泽东去世以后的中国对自然科学还有所控制的话，那是市场经济的控制。应用科学能够创造出经济价值，就得到经费的支持；而没有直接使用价值的基础科学就容易被忽视（第276～277页）。不过，中国的科学家也知道，没有基础科学作为基础，应用科学、技术创新也是难以有重大突破的。此外，现代生物技术，如克隆技术、人类干细胞研究，有的涉及伦理问题，有的有重大社会影响。对这类科学技术，政府和科学家共同体共同研究出一套控制和管理的办法，也是有必要的。

现在，中国对这些方面的控制，比起美国来，还更为宽松。

(3) 控制（或改造）科学家问题。作者指出，国民党和科学家共同体之间有时也有控制与反控制的矛盾，他们之间没有根本性的矛盾（第 10 页）。但毛泽东认为科学家是资产阶级知识分子，同社会主义革命在根本上是对立的，他们需要进行改造。在“反右”斗争和“文化大革命”中，有的甚至成了革命和专政的对象。邓小平纠正了“文化大革命”的错误，肯定科学家是工人阶级的知识分子。作者认为，在邓小平时代，中国共产党和科学家达成了默契：“科学家不干预政治，党不干预科学。”这一时期，党对科学的控制实际上是经济的控制，市场的控制（第 16 页）。在毛泽东以后的中国，科学家得到了前所未有的地位和重视，不仅得到奖金和专利，有的还入了党（第 282 页）。

确实，科学家作为先进生产力和先进文化的代表，现在已成为党的依靠力量。有的已先富起来了。中国的问题又转向如何解决失业工人、贫苦农民等弱势群众的生活保障的问题。在市场经济发展的形势下，在科学界也出现了学术腐败和弄虚作假等现象。因此，有些科学家提出了“科学家要自律”，要加强科研道德的修养。这些是该书没有涉及的新情况。

作为一位美国的历史学家，作者对中国的复杂历史和有些事实的细节，不可能描述得很细致、精确。例如，作者说，竺可桢(1890～1974) 在 20 世纪 50 年代初就是共产党员（第 142 页）。其实，竺可桢要到 1962 年才入党。又如，他把 1952 年的高教部长钱俊瑞错写成钱钟书（第 143 页）。尽管有这些缺点，该书对我国从事生物学、科学史、科学和教育政策研究的学者，还是很有参考价值的。

《不该遗忘的胡先骕》读后*

最近读了胡宗刚著《不该遗忘的胡先骕》（武汉长江文艺出版社，2005 年版）一书，深有感触，感到这是一本好书。

我在 1952 年到中国科学院工作后，就听说胡先骕先生是中国植物学的先驱和奠基人。但是对他具体贡献的了解还是很少的。读了这本书，就有了比较全面的了解。他领导和参与创办了我国第一个大学的生物系、第一个生物研究所，推动静生生物调查所、庐山植物园、云南农林植物研究所等科研机构的创建和发展，以及植物学教材、图谱、专著的编撰与出版。他是中国植物分类学之父和中国植物学会第一任会长。1948 年，他与郑万钧联合发现“活化石”水杉新种，轰动世界。毛泽东曾说：“他是中国生物学界的老祖宗。”

胡先生是原中央研究院院士，长期担任静生生物调查所的所长。在新中国成立后，静生生物调查所为中国科学院的植物研究所和动物研究室提供了很好的基础，包括研究人才、标本仪器、房屋设备。可是胡先生却只被评为三级研究员，没有担任植物研究所的领导职

* 本文原载《科学时报》，2005 年 11 月 3 日。

务，也没有当选为中国科学院学部委员，他受到的歧视和冷遇是十分明显的。他不仅在思想改造运动中受到严厉批判；1955 年他又因为在所著的《植物分类学简编》中批评了李森科的伪科学，再一次遭到严厉批判，该书被禁毁。可是他在高压之下，坚决不作检讨，表现了中国传统知识分子威武不屈和科学家坚持真理的精神。幸运的是，他在 1957 年没有被打成“右派”分子，这可能与当时中国科学院和植物所的领导较好地执行了保护科学家的政策有关。可是在“文化大革命”中，他多次遭到批斗、抄家之辱，停发工资，住房门前还被钉上“无产阶级专政对象”的牌子，最终因突发心肌梗死去世。

胡先骕对中国学术的贡献，不仅限于植物学领域。在“五四”新文化运动期间，他是《学衡》派的中坚。他批评了胡适的“用白话推翻文言，把中国古代的文学成就全盘否定”的“弃旧图新”的偏激态度，提倡白璧德的“超越中西古今之争”的新人文主义，具有积极意义。他对旧体诗词很有修养。他的诗集《忏庵诗稿》是由钱钟书编订的，得到国学大师钱仲联很高的评价。他的科学诗《水杉歌》深得陈毅赞赏。在北京植物园樱桃沟边，刻着《水杉歌》的石碑，是对胡先骕先生的最好纪念。

在新中国成立初期的中国科学院，人们对胡先骕似乎有这么一个印象，就是“政治思想反动”。但从胡宗刚的这部传记中，我们可以看到，胡先骕虽然在 1937 年见过蒋介石，向蒋提过“向左走”的建议；但他在任中正大学校长期间，不许国民党、三青团分子到大学内活动，倡导学术自由，不作政治附庸，因而在 1944 年被迫辞去校长职务。1948 年，他曾鼓励胡适出来竞选总统，组织社会党；同年 9 月，他与其他 11 位教授联合署名，发表了题为“中国的出路”的社会党政纲。在经济上，胡先骕坚持费边社会主义，主张国家控制资本的扩张，在政治上主张自由主义、改良主义。他企图组织一个类似英国工党的左翼政党，以民主政治的方式，再进一步争取经济的平等。

从抽象的政治原则看，胡先骕的政治纲领接近英国的工党和欧洲国家的社会民主党，是那里的左派，是进步分子。但在中国共产党领导的武装革命即将取得胜利的前夕，胡先骕等提出这样的纲领，实际上是站到共产党和革命的对立面去了，是要走毛泽东所批判的民主个人主义者的道路。

但是，胡先骕有深厚的爱国主义思想，他热爱植物学研究事业，他最终决定留在中国内地。他还奉劝傅作义接受用和平方式解决北平问题的建议，促成了北平的和平解放。他认真负责地帮助中国科学院接管了静生生物调查所。他在思想改造运动中作了多次检讨，以后仍积极地为人民的科学事业服务。这样一位爱国的、忠诚于人民的科学事业的资深科学家，本应该得到人们的尊重与爱护。可是，他却在“文化大革命”中受到严重的迫害和侮辱，最终因病去世。这绝不仅仅是胡先骕个人的不幸，实际上也是国家和民族的不幸。今天，我们要走中国特色的社会主义道路，建立一个富强、民主、文明、和谐的社会，胡先骕留下的宝贵的科学、文化、思想遗产和惨痛的历史教训却是不该遗忘的，是应该珍惜的。

第三部
科学与社会

深切悼念杰出的社会学家罗伯特·默顿先生*

2003 年 2 月 24 日，哥伦比亚大学社会学博士曹聪自新加坡来电告知默顿教授已于 23 日逝世。那天《纽约时报》发表了考夫曼写的长篇讣文。虽然我知道近两年来，默顿一直重病缠身，但一听到噩耗，想到从此再也见不到慈祥、热情、健谈的大师了，内心还是感到深切的悲痛。

默顿（Robert King Merton）于 1910 年 7 月 4 日生于美国费城南部的一个贫民区，父母是东欧移民。他认为他进过的图书馆、学校、参加过的乐队，甚至少年团伙都对他的成长有益，为他提供了种种社会、文化、人文资本（只是没有金融资本）。1933 年，他在哈佛大学科学史家萨顿的指导下，撰写博士论文《十七世纪英格兰的科学、技术与社会》，1935 年完成，1938 年发表在萨顿主编的刊物上。这是科学社会史（外史）的先驱性著作，也是科学社会学的先驱性著

* 本文原载《中华读书报》，2003 年 3 月 12 日。默顿主要作品有《17 世纪英格兰的科学、技术与社会》(1938/1970)、《社会理论和社会结构》(1949/1968)、《在巨人的肩膀上》(1965)、《理论社会学》(1967)、《科学社会学》(1973) 等 。

作。以后他继续研究科学社会学，写了一系列有关科学家精神气质、动机、行为、奖励等方面的论文，1973 年汇编成《科学社会学：理论和经验研究》一书，成为科学社会学的一本经典著作。他因这方面的贡献，荣获 1994 年美国国家科学奖。

我最早知道并接触默顿的著作是在 20 世纪 80 年代初。在改革开放的新形势下，我具体负责的中国科学院《自然辩证法通讯》杂志社为了提倡推动国内的科学社会学研究，召开了第一次全国科学社会学会议，翻译出版了《十七世纪英格兰的科学、技术和社会》一书，在四川一家出版社出版。《科学与哲学》杂志出了科学社会学专辑，选译了默顿《科学社会学》一书中的若干篇文章，其中也包括《科学的精神气质》一文。这样，默顿概括的“公有性，普遍性，无私利性，有组织的怀疑态度”等科学精神的提法就开始为国内学者所熟悉。但是当时我国尚未参加版权公约，我们也未同默顿有所联系。20 世纪 90 年代末，商务印书馆把《十七世纪英格兰的科学、技术和社会》列入“汉译世界学术名著丛书”，要我重新校译，补足过去删去的注释、附录、索引。在校译过程中，我和默顿通过电子邮件，保持联系。他帮我把一些拉丁文、法文的引文译成英文，还为中文版写了万余字的前言。我发现了原书中有个别的排印小错误，告诉他后，他很高兴，说很多年来，都没人注意到。

2000 年夏，我去纽约参加女儿哥伦比亚大学金融学博士学位的毕业典礼。趁此机会，我和老伴去哥伦比亚大学附近河滨路默顿教授的住宅拜访了他。这是初次见面。他身躯修长，非常热情、健谈。送我好几本著作，题了词，称我为“远方的朋友”。他给我们看他儿子 R. C. 默顿的诺贝尔经济学奖状的复制件。当他知道我女儿也是哥伦比亚大学的学生，也学金融学，感到十分欣喜。一定要我们下次带女儿去看他。他还让我们品尝了他的爱尔兰名酒。临别时他告诉我书架上的一个雕塑是他一位好友的头像。这位好友是诺贝尔生理学或医学奖获得者。他去世前把全部作品捐赠给博物馆，只把这个头像送给默顿作为纪念。

第二次我们带女儿去看他。他像对自己孙女似的，与她进行了亲切交谈，并表示以后如有机会，要介绍给他的儿子认识。2001 年 9 月，我又去纽约，几次约见他，他都因病不能见我。直到 2002 年年初，在我回国前不久，才同意我去看望他。他告诉我，他动了四次癌症手术（据说，他在这以后又动了两次癌症手术）。当时他术后不久，又在伏案工作了。他对布什的内政外交政策都很不满，认为是代表了富人的利益。那次，他还送了我一本新版的著作。那天还见到了他的夫人朱克曼，她曾是哥伦比亚大学的社会学系主任和教授，现在是梅隆基金会主要负责人之一。默顿说，该基金会近来做了一件重要的工作——编制光盘，把全世界几千种著名社会科学和人文学期刊的论文收录在内。

2002 年年底，我又到纽约。2003 年新年我发去了拜年的电子邮件，没有得到回应（过去他都是有信必回，而且很快就回）。我听说他身体不佳，也就不敢再去打扰他，想不到此后再也没有机会见到他了。

默顿是 20 世纪最有影响的社会学家。他的贡献决不仅限于科学社会学方面。他研究过大众媒介的作用、社会结构与动乱、不轨行为与犯罪、种族主义、历史的社会视角……他以前的学生，现任哥伦比亚大学教务长的 J. R. 科尔说，假如社会学也有诺贝尔奖，默顿必定得奖。默顿曾长期担任哥伦比亚大学社会学系主任和教授，曾任美国社会学会主席。他的一生，伴随着美国社会学成长、成熟和壮大。只是我对社会学所知太少，希望国内有社会学家对他的社会学成就做出比较全面的评价。

默顿还研究文学和词源学。他写过一本《在巨人的肩膀上》。他在 1942 年就指出，牛顿的名言“我之所以看得更远，是因为站在巨人的肩膀上”这样的话，自 12 世纪以来有一些人已多次说过。此后默顿花了 23 年时间，旁征博引，写成了这本奇书，得到了学术界的好评。

近三年半来，他应一位意大利的出版商之约，整理他 1955 年写的一部未发表的手稿，准备用意大利文出版。题目是“Serendipity 的旅行和冒险”。这是有关历史语义学和科学社会学的研究。他在和我的通信和面谈中，多次问过“Serendipity”的中文译法。我根据英汉词典告诉他是“易于偶然发现珍贵事物的运气”。他要我用汉字写出来，又把它译成英文。我当时很奇怪，他为什么这么重视这个词。原来他三年多来，一直在改写这本书。他以带病之身，每天早晨 4 点 30 分就开始工作，查资料、作索引、写卡片，身边有 15 只猫陪伴着。据他夫人朱克曼说，在他去世前 4 天，普林斯顿大学出版社已答应出版该书的英文版。这对他老人家也是一个安慰吧。

默顿除了儿子，还有两个女儿，9 个孙儿（外孙），9 个曾孙（曾外孙）。

哲人已逝，但他留下了许多精神财富，我们中国学者还有许多没有了解、没有介绍。默顿生前那种孜孜不倦、博大精深的治学精神，值得我们学习。

一部用社会学方法研究中国科学院院士群体的力作*

——曹聪的《中国的科学精英》一书评介

2004年出版的曹聪著《中国的科学精英》（China's Scientific Elite）一书是Routledge Curzon出版社的“变迁中的中国研究丛书”中的一卷。

我国从20世纪80年代初开始引进并建立科学社会学。但迄今为止，国内似乎还没有出版一部用社会学方法分析研究中国科学家群体的专著。在西方国家，研究中国科学史、科学政策的书不少，研究中国科学家群体的社会学著作却不多见。在这点上，曹聪的这部著作，具有开创性的价值。

曹聪于1991年到美国哥伦比亚大学社会学系做研究生，1997年获博士学位。他的这部著作就是在他的博士学位论文的基础上扩展

---

* 本文原载《科学时报》，2004年11月21日，当时的题目为“另眼看中国的科学精英”。

而成的。曹聪师从著名科学社会学家乔纳森·R. 科尔。他也曾向科学社会学的哥伦比亚学派创始人默顿教授请教，正是默顿鼓励他研究这一课题的。哈里特·朱克曼教授也曾给予他一些指导，她还是他的博士学位论文答辩委员会的委员。将曹聪的著作与朱克曼的《科学界的精英——美国的诺贝尔奖金获得者》（商务印书馆 1979 年出了中译本）做一对比，可以看出，曹聪的书在书名、结构与方法上，都深受朱克曼著作的影响，体现了哥伦比亚学派的传统。

曹聪在第一章“导言”中，肯定了默顿的科学评价的普遍论规范，但他也不否认在不同社会环境中也有特殊的因素。他也介绍了工作中所用的科尔的社会分层方法。作为哥伦比亚学派的弟子，他继承了学派的主要理论观点与方法，但并不完全拒绝科学知识社会学派的观点，在微观上不否定社会变革对科学发展与知识生产过程的影响，在宏观上也考虑到影响科学工作评价的社会因素。他试图促进哥伦比亚学派与科学知识社会学派之间的“和解”（第 6 页）。

在第二章中，作者概述了从明清开始引进西方科学，到民国时期科学的体制化，到中华人民共和国时期中国科学院的建立及随后科学在中国内地曲折发展的历史。

在第三章中，作者首先介绍了民国时期中央研究院院士制度的建立。然后介绍了 1955 年建立中国科学院学部，召开第一次学部大会。当时选聘了 233 名学部委员（其中自然科学家 172 人）。1957 年增补了 21 名学部委员（其中自然科学家 18 人），召开了第二次学部大会。在 1957 年开展的“反右”斗争中，中国的许多知识分子（包括学部委员）都受到不同程度的冲击。此后学部“有名无实”（第 62 页）。1960 年，政治形势稍有缓和，召开了第三次学部大会（哲学社会科学部的学部委员没有参加，他们独立举行）。但在“文化大革命”期间，“中国科学院的学部活动完全停顿”。“许多学部委员被扣上资产阶级反动学术权威的帽子，受到迫害，失去了从事研究与教学的权利”（第 62 页），有的甚至被迫自杀（第 63 页）。然后作者介绍了“文化大革命”后中国科学院学部的恢复，1980 年，117 名仍在世的自然科学学部委员选出了 283 名新的学部委员（都是自然科学家）。经国务院批准后，1981 年召开了中国科学院第四次学部大会（哲学社会科学部已于 1977 年独立成立中国社会科学院）。接着作者介绍了 1991 年第三次补选学部委员 210 名的情况（第 68 页）。1994 年，中国科学院学部委员改名为“院士”，学部大会改名为“院士大会”，“院士”成为中国自然科学家最高的荣誉称号。最后作者介绍了 1995 年后的院士选举以及外籍院士选举。作者的结论是，发展趋势表明，中国自然科学家在选举院士、同行评议、研究工作方面已有较大的自主性，接近于国际上通行的规范（第 70～72 页）。

在第四章、第五章、第六章三章中，作者对中国科学院院士群体作了社会分层的分析。为此，他查阅了有关院士们的大量传记资料。1995～1997 年，他从 565 名当时在世的院士中选了不同年龄、不同地区、不同单位、不同学科、不同时期当选的 79 位院士（占当时在世院士的 14%）进行了访谈。作者作为一个留学海外的学生，要采访这么多院士，是十分不容易的，可能也是前所未有的。这些访谈记录，为本书提供了许多可贵的第一手资料，是该书的独特之处。

在第四章中，作者分析了院士们的社会出身。在出生地区分布方面，1955～2001 年当选的 970 名院士中，江苏、浙江、上海、福建、广东、北京六省市各有 50 名以上，湖南、山东、河北、四川（含重庆）等省市各有 40 名以上，而浙江东阳县一县就出了 42 名（浙江共出了 134 名）（第 74～75 页）。在家庭出身方面，根据作者掌握得不够完全的资料，在 396 名院士中，父亲为教师或教授的有 102 名，占 25.8%；父亲为医生、律师、科学家、工程师等专业人士的有 66 名，占 16.9%；而父亲为农民的只有 35 人，占 8.8%；

父亲为工人的只有 2 人，占 0.5%（第 77～78 页）。在 205 名院士中，父亲有大学学历、留学外国大学或在清朝中过举的共占 69.3%（第 79 页）。与院士的谈话也表明，家庭的教育对他们有相当大的影响。接着作者统计分析了院士们毕业的大学、获得的学位。其中，1955～1957 年、1980 年选出的院士绝大部分毕业于国外研究生院，分别占 77.4%和 66.4%。而 1991 年、1993 年、1995 年、1997 年选出的院士绝大部分只毕业于中国的大学本科（分别占 48.6%、64.4%、54.2%、56.9%）。1999 年、2001 年选出的院士毕业于国外和国内研究生院的比例开始大于国内大学本科毕业生。这也反映了中国一度闭关锁国、取消研究生学位制度的状况。

第五章分析了精英导师对学生的影响。导师通过教课、主持讨论班，特别是指导研究，对学生的成长有极大的影响。在作者访谈的 79 名院士中，有 4/5 曾随精英导师学习和（或）工作，其余 17 名中，10 名留学国外，其他 7 名则从事一些对于中国来说是新兴的学科或特殊学科的研究（如传统中医、断指再植）或军事研究（第 103 页）。导师帮助学生树立正确的学习和研究的态度，指导他们如何选择研究课题，如何按照国际的学术标准与规范从事研究，培养他们独立研究的能力。不仅如此，在中国，导师还把自己的价值观（如爱国主义）传授给学生，以自己的模范行动来影响学生的道德品质（第 114 页）。此外，作者也指出，在中国的科研与教育机构中，“近亲繁殖”的比率较高；中国的尊师传统在另一方面也束缚了学生的创造精神（第 116 页）。

在第六章中，作者分析了中国科学院院士所从事的研究的特性。虽然党和政府一贯强调应用研究和军用研究，但科学家却更重视基础研究与学术水平，所以在 1955～2001 年选出的 970 名院士中，中国科学院所属研究所的研究人员和大学的教师占绝大多数，分别为 374 名（占 38.6%）和 335 名（占 34.5%）；来自军事研究机构的院士只有106名（占10.9%）（第122页）；参加军事研究项目的院士却有225名，其中参加核武器研制的有78名（占34.7%），参加导弹与人造卫星研制的有46名（占20.4%）（第129页）。在研究课题方面，重点课题往往吸收了较优秀的人才，得到更大的支持，但有的院士从学科发展与个人兴趣出发，宁可参加非重点课题，或者在重点课题的旗号下，作自己感兴趣的研究。在1986年建立国家自然科学基金会后，科学家在选择科研课题方面有了更大的自主权（第134页）。

第七章讨论了“红”与“专”的问题。这是中国特有的、长期困扰中国知识分子与科学家的复杂问题。作者在这一章开始时简要叙述了这一问题演变的曲折历史。接着作者统计分析了1955～2001年9次院士选举中当选的院士当选全国人大代表、全国人大常委会委员、全国全国政协委员、全国政协常委的人数与所占的比例，然后又统计分析了这些院士中共产党员的人数与他们入党的年份。在1955～1957选出的190名自然科学院士中，有共产党员18名，不到总数的10%，在1980～1995年选出的611名院士中，有党员195名，占总数的31.7%，在1997～2001年选出的169名院士中，有党员6名，不到4%（由于作者掌握的资料不完全，可能高于此数）（第150页）。但由此可以看出，在评选院士时，主要的依据是科学家的专业水平，与他们是否是共产党员无关。

第八章评介了自1991年以来一直坚持的每两年一次补选中国科学院院士的制度。首先作者介绍了近年来选举院士的程序；接着讨论了影响选举的几个因素——学术标准、学科特点（考虑到不同学科院士人数的适当平衡）、年龄（为了使院士的平均年龄降低，1991～2001年每次补选的院士至少有1/4在60岁或60岁以下）、正确的研究态度；然后讨论了“关系”对院士选举的影响。关于选举的公平程度问题，作者所访谈的院士大都认为基本上是公平的。有的认为选举误差为 1%～2%。有的对当选院士中的 5% 不满意，并认为够格的科学家有 5% 未被选上（第 179 页）。这几次选举都未受到政治干预的影响（第 179～181 页）。作者最后的结论是：在中国科学院院士选举中，不够格的科学家很难被提名、很少可能被选上，但当选的院士不一定个个是中国科学家中最佳的。

在总结性的第九章中，作者指出，尽管有政治的动荡、历史的曲折，中国科学精英阶层的形成、院士制度的建立、院士的评选，主要是根据对基础性科学研究的贡献，这符合科学具有普遍性的假说（第 186 页）。与其他国家的科学院相类似，中国的院士们在有关科学技术的问题对政府提供了重要的咨询和帮助，如 1956 年制订《1956—1967 年科学技术发展远景规则》，1976 年帮助恢复受“文化大革命”破坏的科学教育事业，1982 年建议建立国家科学基金会，1986 年建议制订“863 计划”，1997 年帮助制订“973 计划”，讨论三峡工程计划，帮助建立中国工程科学院，等等（第 187～188 页）。作为人大代表与政协委员的院士也参与了国家重要事务的讨论与决策（第 194 页）。

作者还指出，近年来，中国科学院院士在社会上受到极大的尊敬，他们的物质待遇和权利，不仅远高于一般科学家，而且比起英国皇家学会会员、美国国家科学院也有过之而无不及。而这也带来了一些副作用，有的当选院士后变得骄傲自大、有的利用自己的地位为自己和自己的学生、单位争利益。个别的甚至提倡伪科学，或参与科学上的不端行为（他已被取消院士资格）（第 198～199 页）。因此，1993 年有 14 位中国科学院院士呼吁建立科技人员的道德规范。在 1997 年，在中国科学院几个学部中建立了科学道德委员会。2001 年中国科学院主席团通过了院士自我约束的道德规范（第 119 页）。

中国科学事业在“文化大革命”中受到极大的摧残，但正如科学社会学家巴伯所说，“科学是很难杀死的”，也就是说，科学这种社会建制一旦建立，是不容易被摧毁的。“文化大革命”后，中国的科学事业很快得到恢复与发展，也证明了这一点。但是，作者通过访谈，得到的印象是，20 世纪 90 年代以来当选的中国科学院院士的学术水平一般低于外国科学先进国家的院士，以及一些现在仍在国外工作的富有成果的优秀华裔科学家。自 2001 年开始，中国科学院已在大力争取优秀的、在海外的华裔科学家回国服务，这是提高中国的科学水平的举措之一（第 19～201 页）。

在这一章的最后，作者引用了美国加利福尼亚大学洛杉矶分校中国研究中心主任理查德·鲍姆（Richard Baum）的文章，指出在文化上造成中国科学滞后的五个因素：中国传统哲学中认识论上的形式主义、方法论上的狭隘经验论、现代中国流行的独断的唯科学主义、政治文化中的封建官僚主义、行为风格中的强制性的礼教主义（第 203 页）。有意思的是，今天国内有一些知名人士（其中也有个别院士），仍在大力提倡唯科学主义，为唯科学主义辩护，而没有认识到独断的唯科学主义对科学的危害。

在最后所附的参考文献中，作者列出了近 500 种有关中国科学的中、英文著作与论文资料，很有参考价值。

这部著作很值得我国科学社会学与科学政策研究者重视。当然，由于作者身在国外，对中国科学院院士群体的研究不可能很深入、全面，这是可以理解的。

一个美国人看中国的技术-军事政策*

——发根鲍姆的《中国的技术战士——从核时代到信息时代的国家安全与战略竞争》一书简介

伊凡·A. 发根鲍姆（Feigenbaum）的《中国的技术战士——从核时代到信息时代的国家安全与竞争战略》（China's Techno-Warriors: National Security and Strategic Competition from the Nuclear to the Information Age）一书是在2003年由斯坦福大学出版社出版的。

发根鲍姆于20世纪90年代中期在斯坦福大学攻读博士学位，该书就是在他的博士学位论文基础上写成的。他的两位导师刘易斯（John Wilson Lewis）和奥克森伯格（Michel Oksenberg）都是研究中国政治的专家。当今美国国务卿赖斯（Condoleezza Rice）是他的博士论文评审委员会的委员，也是他的老师，曾给予他不少指导。毕业后他曾在哈佛大学肯尼迪政府学院任讲师，讲授中国政治。他现在是美国国务院政策计划部门的官员。虽然他在该书的“前言”的

* 本文原载《科学对社会的影响》，2005年第4期。

附注中声明该书的观点不是美国政府的观点，但按他现在的身份，他的观点也有可能对美国的对华政策产生影响。

该书所用的原始资料来源有两个。一是中国重要武器系统——战略武器，常规武器，地面、海上与空中的武器——以及开发与部署这些武器所需的电子、空间与计算机基础设施的设计者与工程计划的组织领导人的回忆录；二是作者 1993～2001 年近 8 年的大量访谈记录，访谈对象有军官、工业家、科学家、工程师、政治家和创业人员，这些人住在内蒙古、陕西、江西、四川、湖北、甘肃、上海和北京等地，作者或是到中国实地采访他们，或是在美国或其他地方采访他们。

该书的第一章为“导言：中国的国家安全与战略技术”。作者一开始，就引用了钱学森在 1987 年春的一段谈话，“在 21 世纪，一个国家的国力、经济繁荣、军事安全，甚至社会福利都要求该国在科学技术上领先，中国必须坚决地打一个世纪的、持久的‘智力战’，否则就难以保持自己的国际地位。”（第 1 页）作者接着说，用战争这个词，并不是随意的比喻，它反映了军事在中国崛起为一个现代国家的过程中的中心地位，特别是在 1949 年中华人民共和国成立以来。“军事的需要，在军方庇护下在专业上日益成熟的技术专家干部是中国从 1949 年到进入改革的时代（1978～）高技术发展的骨干。中国最卓越的技术专家是在中国人民解放军庇护下为军事项目工作。几乎国家所有的现代工业部门——从电子工业，到航天工业，到空间时代的塑料与化学合成工业——都依靠军方的投资，高级将领的倡议，中国最高政治领导人对培育为国防事业服务的工业基地的承诺。”作者接着指出，“军方时常在工业化与国家建设中起这种作用。即使硅谷崛起为发展技术的动力……也靠的是‘大量政府的钱’，来自军方的电子工业合同。”（第 2 页）

但是，中国从 20 世纪 50 年代起，是在经济穷困、技术落后的条件下发展原子弹、氢弹、洲际导弹、核潜艇等战略武器的。在 20 世纪 70 年代末转向以经济建设为中心以后，仍重视发展高技术。该书主要讨论中国从 20 世纪 50 年代以来发展战略武器和高技术的情况和其中的问题。作者在“导言”中指出，他主要关注 4 个问题。①中国人的技术观。中国领导人认为技术是有战略意义的，是国力和国际地位的象征，关系国家的生死存亡。他说，毛泽东曾说过，如果我们不愿受欺侮，我们就不能没有原子弹。中国的技术政策强调“自力更生”，力图摆脱对外国技术的依赖，而在实践上则尽量吸收外国的技术。②军队在中国人的政治、经济和社会生活中的作用。作者认为，军队在中国的传统观念中并不占主要地位。但从清朝后期到袁世凯建立北洋军，到民国时期的军阀混战，到蒋介石统治时期的两次国内战争和抗日战争，军队都起着重要的作用。中国引进西方现代技术与组织制度也是从军工、军队开始的。自 1949 年以来，中国人民解放军在每一重大政治事件中都起着关键作用。所以作者关注军队作为一个政治力量和特殊利益集团在中国的工业和技术现代化中所起的作用。③中国研制战略武器和实施“863 计划”的管理体制与措施。④中国国力上升的技术方面。作者指出，在 1989 年后的 7 年间，美国关注中国的人权问题。自 1996 年台湾海峡的导弹演习后，美国开始关注中国的高技术问题，高技术成为美国对华政策争论的焦点。接着，作者在“导言”中介绍了该书的结构和各章的主要内容。

该书共分两部分。第一部分，题为“遗产”，其中的第一章，即全书第二章，题为“军事化及其遗产，1950～1975”。作者指出，几乎在每个国家，军事计划者对国家的投资战略与经济发展都有所影响。但中国军方的影响不限于武器，而涉及国家全面经济发展的各个重点的确定。在朝鲜战争后，刘伯承、彭德怀元帅就主张实行军事现代化。中共中央政治局在 1955 年决定研制原子弹，1956 年决定研制战略火箭，1958 年决定研制核潜艇和潜艇发射的弹道导弹（第 25 页）。1956～1962 年，这一发展战略武器的计划遭到民用经济部门的反对，认为这会妨碍整个工业基础的发展（第 26 页）；也遭到贺龙元帅和罗瑞卿总参谋长的反对，他们主张优先发展常规武器（第 27 页）。负责领导发展战略武器的聂荣臻元帅则认为，中国不仅要发展战略武器，而且要发展战略性技术，这些技术会提高工业竞争力、国际地位和经济实力，而不仅是军事力量。毛泽东在 1961 年 7～8 月的北戴河会议上做出了支持聂荣臻发展战略武器的决定（第 29～31 页）。

20 世纪 60 年代初，中苏关系破裂。中国只能自力更生地来研制战略武器。这时，指导研制工作的思想是技术民族主义，力求用技术本土化来取代进口技术，大力培育本国的技术创新能力（第 37～39 页）。在组织管理结构上减少等级层次；在部门之间采用广泛的水平协调；网络化，公开交流信息；同行评议；按国际技术标准评价工作业绩；鼓励敢冒风险，允许失败。作为中央军委副主席、国务院副总理的聂荣臻，担任国家科技委、国防科技委主任，全权负责领导战略武器的研制工作。他从军队干部中挑选他的老部下，如张爱萍、刘杰、王诤、李觉、吴际霖等负责研制战略武器的各级管理领导工作。他们重用、信任科学家，钱三强、王淦昌、彭桓武、郭永怀、朱光亚、陈能宽、程开甲、邓稼先、周光召、于敏、吕敏、钱学森、王大珩、任新民、屠守锷、杨嘉墀、陈芳允、师昌绪、罗沛霖、慈云桂等专家也都担任了研制战略武器技术与管理的各级领导职务或负责具体研制工作，同时确立了设计师、总设计师制度。特别重大的问题，则由党、政、军的高级领导人与有关专家共同讨论决定（第 39～62 页）。他们组织管理研制战略武器的经验成了今后发展高技术的重要资产。战略武器的研制，对中国的技术基础产生了巨大影响。这些任务几乎吸收了中国科学院、各著名大学以及产业部门的研究院的最优秀的物理科学与技术科学方面的专家，使他们在有关战略武器研制的科学技术的方方面面作出了贡献，同时也促进了科学技术队伍的成长。战略武器的研制，也使有关学科的实验设备、图书资料等基础设施与条件有所改进。战略武器的研制不仅促进了军队研究机构的发展，也带动了中国科学院、高等院校、产业部门的研究机构、地方研究机构的发展，科技工作的这五个方面军都为此作出了贡献。例如，中国科学院成立了新技术局，组织科学院所属研究所从事与战略武器研制有关的研究，参加的人员达3万人，其中1万人为研究人员与技术人员。清华大学在反应堆设计、核弹所用钚的分离技术方面，浙江大学在导弹、人造地球卫星所需光学物理方面均有所贡献。冶金、化工、电子、电信等精密工业部门的研究机构也对战略武器的研制作出了贡献（第62～66页）。战略武器的研制任务也带动了科学技术人员的培养。中国科学院根据战略武器研制的需要，培养了一大批青年研究人员。许多大学建立了电机工程、无线电电子学等专业，为这方面的需要培养人才（第66～68页）。

第二部分题为“变革”，共五章（第三至七章）。

第三章题为“变革过程，1975～1986”。作者在这一章开头就指出，在整个毛泽东时代，军事化促进中国高速发展高技术，投资重点严重向高技术与精密工业倾斜，但一些最基本的工业领域仍十分落后。在邓小平掌权后，开始实行三项基本变革：①投资战略从重视资本密集工业转向轻工业；②促进工业大规模非军事化；③扩大技术在经济政策中的作用（第71～75页）。作者把1975～1986年的变革过程分为6个阶段。①“1975年：邓小平预示了未来的变革”。当时邓小平兼任总参谋长，他就批评了军队优先的观念，指出军队臃肿、不精干、“要整顿”、“总人数要减少”，同时邓小平强调了扩大科学技术的作用（第76～78页）。②1977年12月，在邓小平的主导下，中央军委与国务院联合决定，人民解放军装备以常规武器为主。但仍要求继续“三抓”，即研制洲际弹道导弹、潜艇发射弹道导弹和通信卫星。张爱萍强调了微电子学对常规武器的重要性，而过去电子学家主要为研制战略武器服务。邓小平决定，为核弹试验、发射弹道导弹服务的“银河”超级计算机的研制仍由国防科技委所属研究机构主导（第79～88页）。③1978年12月邓小平在中共十一届三中全会上提出民用经济优先，社会非军事化，科学技术是第一生产力。在1980年，他又重申要实现农业、工业、科技与国防现代化。国防现代化已不居优先地位（第88～94页）。④20世纪80年代，中国国防预算实际价值下降，在政府开支中所占比例也下降。军工企业生产过剩，入不敷出。军工企业开始了“军转民”，大力发展民品生产。军转民大致经历三个阶段：自发生产（民品）阶段（1979～1982），主动开发阶段（1982～1986），与国民经济发展融合、深入发展阶段（1986以后）（第94～104页）。⑤“中央军委使转型制度化”。1985年裁军复员。1981年，重大军事研制计划恢复由总设计师负责关键的技术决策。1982年将国防科技委与国防工办合并，建立国防科学技术工业委员会，统一领导武器研制工作。1986～1987年，由丁衡高（光学仪器专家，聂荣臻的女婿）任该委员会主任（第104～110页）。⑥战略武器专家寻求超越纯军事工作的手段。邓小平在1978年科学大会上就强调科技现代化是“四化”中的关键。在20世纪80年代，中国开始应用预测技术、定量社会科学方法、控制论的决策论、系统动力学模型来做经济计划，来预测发展远景，开展“中国2000年”研究。这项研究由马洪、张劲夫、宋键领导。作者指出，张、宋二人，都曾为战略武器研制工作服务（第110～115页）。

第四章的题目是“战略武器精英面对变革，1975～1986”。作者首先指出，中国的战略武器计划的支柱有二：一是最高政治领导人的承诺，二是计划领导人聂荣臻的地位。邓小平实行改革后，强调以经济建设为中心，强调常规武器的现代化，战略武器计划失去了第一个支柱；聂荣臻退休，张爱萍、刘华清也相继退休。丁衡高在党、军、政府内的地位不能与聂、张、刘相比，所以战略武器计划失去了第二个支柱。国防科学技术工业委员会一方面受到了来自强调常规武器的总参谋部的压力。而自 20 世纪 60 年代以来，在发达国家，技术创新不再是由军用向民用转移，而是由民用向军用转移，即所谓硅谷模式。在这种形势下，1977 年重新建立的国家科技委有了比过去更大的权力，它在 1986 年的白皮书中，强调科技工作必须面向经济建设，又从另一方面给予国防科学技术工业委员会以压力（第 116～128 页）。

这时期，中国科学家（如核物理学家钱三强、王淦昌，自动控制专家杨嘉墀）加强了与国际同行的交往与互访，国防部门领导人张爱萍、刘华清、耿彪等也与美国国防部领导人［如国防部次长佩利（Perry，后曾任部长）、部长布朗（Brown）］进行了互访。通过深入交谈与参观，这些科学家和领导人认识到中国的研究与开发体系僵化，不能适应当代技术急剧发展的步伐。中国虽然在战略武器、空间技术、材料科学等方面有一定成就，但过去忽视了工业技术的其他方面，特别是能源技术与运输技术，这是一个重大的弱点。他们认识到，中国要实现军事现代化，不能只注意战略武器或常规武器，必须打好整个科学和技术的基础。在如何引进技术方面，佩利建议，应该从引进整个“系统”改为引进子系统层次的元部件（微电子和信息技术），从引进硬件改为引进以软件为基础的“工艺程序”。中国专家虽然也注意到美国电子工业日益倾向于由企业家主动创业，而不强调由国家制订计划与设定目标，但看到里根政府还在提倡战略防御创议（SDI，即“星球大战”计划），觉得国家指导的科技计划还是必要的。虽然“科技要面向经济建设”的口号似乎强调市场需求对科学研究开发的“拉动”（pull），但从科学研究到开发到变成商业上可行的产品需较长的时间，需要大量风险投资，而刚开始转向市场经济的中国的地方企业和非国营企业大多无力或不愿承担，所以仍需要从科研机构的研究、开发到技术创新，再向企业推广，所以仍需要“大推动”(big push)。中央政府仍需要承担推广高技术的大量风险投资。为了实现这些转变，军事科技专家需要分散到科学院、大学、产业部门研究机构、地方研究机构和企业中去（第 128～140 页）。

第五章介绍“863 计划”的提出与执行，题目是“‘老办法’对付新问题，1986～1992”。作者认为，“863 计划”的出现，与战略武器专家从军事科学工业部门扩散到其他重要机构有关。例如，前导弹工程师宋健担任国家科技委主任、前潜射导弹副总设计师李绪鄂任副主任，另一杰出战略武器专家周光召任中国科学院院长，邹家华（他虽然曾是常规武器工业部门的领导人，但他通过与叶剑英元帅的关系，与聂荣臻和战略武器计划也有联系）担任国家计划委员会主任、曾任聂荣臻秘书的电机工程师甘子玉担任副主任。而光学与精密仪器专家丁衡高（对建造潜射弹道导弹的惯性导航平台有贡献）仍担任国防科学技术工业委员会主任。战略武器专家朱光亚担任该委员会的科技委主任。这些领导人都与战略武器研制有种种关系，这就十分有利于“863 计划”的制订与执行（第 141～153 页）。接着作者又介绍了提出“863 计划”创议的四位专家：与两弹有关的权威测量仪表专家王大珩，中国研制核武器的最高级的三四位物理学家之一王淦昌，研制控制导弹与人造卫星的测距、追踪、控制网络的主要专家陈芳允，研制导弹与卫星的自动控制系统的主要专家杨嘉墀。这四位重要的科学家于 1986 年 3 月直接向邓小平办公室送了一封信，提出了“关于跟踪世界战略性高技术发展”的建议。邓小平收信后两天就批示：“此事宜速作决断；不可拖延！”在信中，科学家们仔细选定了对中国国家安全与经济竞争力有长远影响的最重要的七个领域中的不足之处作为攻关的目标。这七个领域是自动化、生物技术、能源、信息技术、激光、新材料和空间技术。建议分三个部分。第一部分说明了工业化国家的技术创新发生了结构性变化，发展迅速，中国难以赶上。仅靠发展战略武器已不能适应这一“革命”的挑战，中国有较强基础的航天技术与材料科学也已开始显得十分落后。第二部分强调了科学技术人才对发展国民经济的重要性，认为不能只注意发展军用技术，应当发展民用、军民两用技术，特别是工艺与元件技术，这些必须成为今后工作的重点。第三部分强调了对上述七个领域进行集中攻关，需要政府投资、政治动员。像搞两弹一星那样，“集中力量”、“统一指挥”，采用“大推动”模式，在技术创新之后，向生产部门推广。总之，这四位战略武器精英敦促，虽然国家资源有限，国际环境比较和缓，国家仍需要集中注意这些有战略意义的技术领域（第 142、153～158 页）。

这时候中国正开展有关科技体制改革的讨论。许多人，包括赵紫阳、胡耀邦都认为过去的科技体制是中央集权，造成商品化技术基础的落后，主张分散权力。但邓小平从聂荣臻的战略武器计划得到了三点启示。①贫穷落后的中国有能力取得高水平的科学技术成就。②这些成就有提高中国国际地位的战略意义。③在国家制定目标的“需求拉动”下，中国可以用本国的力量，取得技术突破和创新，然后进行“创新推动”。在看到美国的战略防御创议和欧洲的尤里卡计划后，他更强调科学技术是第一生产力，具有战略意义。正是由于邓小平的支持，“863 计划”才能在 1986 年 10 月的中央政治局会议上顺利通过。邓小平把“863 计划”看成是中国首要的工业研究发展计划。这个计划是以中国政治精英与技术精英的合作为前提的。这个计划设计者的意图是：①在 20 世纪末到 21 世纪初缩短中国与国际技术水平的差距。②投资于对国家工业竞争力与军事力量有长远影响的技术项目。③促进应用研究与基础研究的结合，要支持“对与实现战略性技术目标有密切联系的基础研究任务”。④要促使科学、工程与工业化相结合，如促进由计算机辅助设计与辅助制造组成的计算机集成制造系统（第158～164页）。

接着，作者介绍了1986年4月、5月、7月、8月在国务院和科技领导小组的支持下，国防科技工委、国家科技委、国家计委和中国科学院联合召开了一系列会议，制订框架计划、选题计划，确定行政组织，10月在总书记胡耀邦主持的政治局扩大会议上原则上批准了这个计划。在同一月内，党中央和国务院联合正式批准这一计划，并在1987年开始进入准备阶段、申请评审阶段、正式开始与拨款阶段、执行与发展阶段。在国家科技委所属领域，得“863计划”拨款最多的是生物技术，新材料次之，第三是信息技术，第四是能源，第五是自动化；受款单位最多的是中国科学院，教委系统次之，农业部系统第三，卫生部系统第四。例如，1996年，中科院微生物研究所的经费，有16%是“863计划”拨款（第164～171页）。“863计划”在决策方式、协调方法、组织设计模式等方面，都继承了战略武器计划。技术专家有决策权，项目设置、课题划分、指定执行机构、确定拨款等方面都由专家同行评议决定。权力结构打破部门分割、部门垄断。在“863计划”执行初期，就建立了多个国家研究中心：光电子学、人工智能与高性能计算机、疫苗遗传工程、计算机集成制造系统和实验工程、智能机器人、药物遗传工程、生物制品遗传工程、人工晶体、光电技术（激光）。各中心直接向有关专家组报告。这些中心进行研究，整合项目合同研究成果，培训人才，组织会议，供应设备（特别是从国外购置），制定标准，通过建立高技术研究开发基地推广知识。在字面上，“863计划”有四个等级：高层领导小组、7个重点领域的管理组、一级专家组、二级课题组。但在实践上，各等级间信息交流比较方便，领导课题组的专家要与接受“863计划”资助的专家交流。课题设置通过跨级协调做出调整，等级不同的专家集中在国家研究中心交换信息，各级专家和管理人员对计划、执行、监管有“同等的”职权，高级政府领导人在作最高决策时也没有独断的权力（第171～175页）。接着作者又介绍了“863计划”的执行过程；“863计划”七个领域所属的25个子领域。每一子领域由一级和二级课题小组管理。然后又例示了“863计划”资助的几个较重要的研究项目：星载合成孔径雷达、高温气冷堆、金刚石薄膜、大规模平行计算技术、智能机器人、载人航天飞行、两系杂交稻技术、恶性肿瘤等疾病的基因治疗技术、空间育种。到1998年，“863计划”通过合同资助的研究项目总计达10 000个（第176～186页）。

第六章的题目是“中国技术民族主义的复杂遗产，1992～2000”。作者首先指出，1992年春，中国科学院技术科学部主任、“军事”冶金学家师昌绪等科学家又一次向领导人建议：扩大“863计划”，增加海洋技术这一新领域，加强对电信的注意，强调粒子加速器和空间技术领域中的大工程，特别强调电子学、芯片技术、计算机软件、高级宽带电讯网络。师昌绪认为高技术关系到国力和国际地位，在国际综合国力的竞争中，高技术是最重要的因素。此时，“863计划”已执行5年，战略技术计划是实现中国21世纪技术目标的五大支柱之一。其他四个支柱是：①系统引进外国技术；②科学实验室中通过市场驱动、利润导向的技术投入促进商业性创新（即所谓第二次开发），实验室通过出售研究成果获得经济收入；③创建新型风险投资企业来发展创新技术，取代国家投资；④促进工业企业在研究开发工作中发挥更大作用，鼓励建立研究实验室和工业企业的联合体。但战略技术计划仍是五个支柱中最关键性的一个，这是因为“863计划”具有如下特点：①与国家安全和经济发展联系最密切；②占用中央政府研究开发经费最多；③计划集中于“应用”研究，制定了21世纪初国家要达到的主要军用、民用和军民两用的技术目标；④计划占用了最杰出的科学家、工程师与主要工业干部。但是，虽然中国科学家和政治家起初对“863计划”和类似计划期望很高，到20世纪90年代，这些计划也显示出一些问题：①国家领导的技术发展虽取得了一些成就，但未能持续做出中国领导人期望的更广泛的创新；②中国的技术民族主义与力求技术本土化的理想与中国必须整合加入全球经济与国际贸易系统的现实相冲突；③计划者虽力图在高技术工业中建立竞争的市场机制，但仍常有用行政命令决定竞争结果的情况，有政治干预的情况（第189～192页）。

作者接着指出，到1992年，由于国家计划、技术转移、工厂一级的研究开发、风险金融开始活跃等因素，中国的技术体制已发生变化，国家技术计划的作用也开始演变。国家制订了一系列计划，来指导技术发展，希望给投资者、制造业、研究人员提供市场的刺激与鼓励，以促进技术的推广、扩散。宋健在1991年的文章“发展科技，振兴中华：中国科技事业的回顾和展望”（《科技日报》12月16日）中指出，技术不仅要满足国家的战略需要，也要满足工农业的需要。他把中国科技计划分为三个层次。第一层次是地方发展计划和建设基础设施计划，如星火计划、丰收计划、科技推广计划。其内容有农业机械化，特种肥料，建筑材料，农村管理，向农村和乡镇中小企业推广技术、培训人才等。其资金主要来自农工发展银行和世界银行的贷款以及农村发展研究会、扶贫基金会的资助等，不是由中央政府直接拨款。第二层次是国家支持的研究发展计划，如“863计划”、火炬计划、技术攻关计划等。火炬计划主要致力于研究开发成果的工业化和商品化，以及技术出口。火炬计划的目标不是增进国家的战略地位，而是促进科技成果的商品化、追求企业利润，而且主要不依靠中央政府的投资，力求地方化和商业化。技术攻关计划关注对经济建设特别有利的技术，如石油天然气技术的现代化与减少能耗。第三个层次是基础研究。例如，基础研究重点计划，支持数学、物理、化学、机械工程、天文、地学和生物学，也支持对能源发展、材料科学、信息和计算机科学、农业科学、医学、资源和环境科学、空间科学、工程学有潜在应用价值的基础研究。国家自然科学基金委员会通过国家级的同行评议资助基础研究项目。到 1999 年，基金会每年资助 20 000 个申请项目中的 16%（第 189～196 页）。接着作者又介绍了中国的大学、研究所创办高技术公司的情况（第 196～198 页）。作者还指出，在 1996 年，“863 计划”10 周年之际，宋健要求几个专家组制订“超 863 计划”，跟踪 2001～2010 年全球的技术发展。这其中包括一些黄金项目：①金桥项目（联系国务院各部，省、自治区，500 个城市，12 000 大中企业，100 个最大的商业集团，国家重点建设项目的电信网络，即信息超高速公路）；②金卡项目（电子金融网络）；③金关项目（国家外贸、外汇管制、海关检查、统计局等机构的电子数据与电信联络）；④金税项目（中国人民银行账目汇划结算的卫星网络，联系北京和 50 个大城市的决算中心，包括 40 个很小孔径终端的卫星站、软件系统、800 个地区和县级的加值税站）；⑤金海项目（为宏观经济决策提供参数数据的信息系统）。1996 年，中国科学家宣称，“863 计划”已获得 1200 项成果，其中一半达到国际水平。2000 年 2 月，政府宣告建立 16 个“企业基地”（工业集团）负责与“863 计划”合同单位一道将“863 计划”成果商品化（第 198～200 页）。

作者接着指出，中国虽然在许多方面自上而下地“计划了”技术创新，但中国在许多方面仍依赖于引进外国技术，表现在从俄国进口武器和在参加世界贸易组织谈判中抱怨美国的出口限制。中国虽曾强调自力更生、独立自主，但中国并不主张“自给自足”。可是中国政府始终希望，有朝一日能摆脱对外国的依赖。1978 年以来，中国与外国公司签订了大量技术进口合同，采用了多种多样的技术转移方式，并欢迎外国直接投资。有人担心，如果先进技术体系都从国外引进，中国的研究开发工作就会衰退。所以中国人仍坚持技术民族主义。他们与外国伙伴进行经济整合的最终目的仍然是技术本土化，摆脱对外国的依赖。为此，中国人可能自己建造外国已有的高技术工程，以获得系统的基础知识，虽然在短期内没有多少经济价值。在技术进口方面，中国仍相信硬件，但日益强调软件。技术进口的决策权虽有所分散，地方也有了一定的决策权，但中央仍起着主导作用（第200～207页）。

作者又指出，企业的政治化，也是不利于中国技术发展的一个因素。他举的一个例子是20世纪90年代的邮电部，它是电信系统的垄断者，很少与电子工业部进行合作研究。1986～1995年，中国的电信事业有了巨大的发展。在发展光纤通信和移动电话等方面，邮电部都想垄断，不愿与电子工业部和军方合作。“863计划”的协作精神得不到邮电部的支持。以后建立的信息产业部，把邮电部与电子工业部合而为一，但重要的中层管理层仍主要由原邮电部的精英所掌握。例如，一个有关光纤通信的合同，军方七院所属武汉722研究所有很好的基础，但未能得到合同，而被邮电部武汉邮电科学研究院获得。作者最后指出，中国基于发展战略武器的经验的指导思想、政策选择和组织方式至今仍有力量并发挥着作用，但其基本思想和组织方式仍有局限性。（第207～215页）

最后一章的题目是“中国面临的挑战：突破过去的经验”。作者指出，在21世纪之初，技术是检验中国能否崛起为全球大国的试金石。由于武器和信息技术进展迅速，大约18个月就更新一代，所以中国的将军认识到，要缩短20年来困扰军队现代化的与技术先进国家的巨大差距，必须提升军队吸收技术的基本能力。中国的经济计划人员也强调技术现代化是加强国家竞争力的手段。新一代企业家认为，技术投资、金融体制改革、国家竞争政策的改革是促进整个工业更大创新的重要条件。那些认为全球化会促进中国变革的人以为，技术是20多年来受到外国影响的最重要领域。中国参加世界贸易组织有利于私营经济的发展。在国内，私营经济是取代50年来国营工业的最重要的另一种经济成分；对外国而言，私营经济是外国企业进入增长最快、最能赢利的中国市场的关键之一。那些怀疑中国能在东亚崛起的人则认为，中国要具有挑战美国及其盟国在公海的作战能力还需要几十年。但中国可以装备一些“不对称”的反击能力。中国现在已空前深入地进入全球经济体系，但仍需要排除阻碍本国技术创新的许多结构性障碍。这样才能确定它在全球经济中的地位，同时逐步减少对外国技术转移的依赖，并为国防现代化提供强得多的基础。可是，实际上，中国仍依恋毛泽东时代的技术民族主义观点，虽然在高技术领域做出了一些令人触目的技术突破，但国内的一般技术仍缺乏竞争力，仍需要从外国引进技术。不过，“863计划”已开始了一个重大的转变。中国不再把军事技术创新放在推动者的地位，而开始倾向于商业驱动创新的模式（有时也依靠政府的直接投资，并同时强调企业精神和风险投资），把国防要求看成是商业发展的衍生物。这样，美国对中国技术出口的控制实际上不能减缓中国的发展。从技术上看，美国对中国的出口控制是控制无法控制的事情。中国的技术基础在大多数领域仍落后于国际水准10～20年，中国又必须面对近10年内亚洲政治的不确定因素，所以才制订像“863计划”这样军民两用的计划。作者认为美国对中国的对策，不应试图通过出口控制（单纯军事意义的技术除外）来减缓中国的发展，而是应着重美国自身的发展（第216～220页）。

作者进一步讨论了运用“863模式”能否实现中国工业体系现代化的雄心问题。作者认为，中国的计划工作者已明确认识到有固定目标的工业政策的局限性。所以，20世纪八九十年代科技体制改革过程中产生的一些类似“863计划”的计划，都涉及一些体制上的改革，如引进市场机制、提倡企业精神、利用政府的手来促成有利于创新的环境。他们也认识到集中注意一些关键领域的内在局限性，但他们仍相信自上而下地解决技术问题的模式。但这种模式仍会阻碍中国上升为一个国际上的技术强国。近 20 年来，中国政策制订者已认识到从上面“管理”技术创新的困难。按照硅谷等地工业成功的四条经验，中国缺乏两条，即私人资金和政府不加管制；另外两条，即企业精神和大学高水平的基础研究还刚开始起步（第 220～221 页）。接着作者讨论了：①市场与金融方面，特别是资本市场与风险投资问题；②政府的作用方面，单靠“863 计划”这种自上而下的模式不能促进长期的技术竞争和大规模的技术推广；③工业企业研究开发经费支出仍太少；④大学在市场压力下，做一些廉价的低水平的技术成果而削弱了高质量的基础研究；⑤政治方面，现在的中国领导人已不是军人，而是经济技术专家，他们对“863 计划”的支持程度能否与过去的领导人支持战略武器计划相仿（第 221～224页）。

作者又谈到，一些小型企业的成长可能会使中国成为未来高技术的领先国家。但这要求中国彻底改变过去的发展战略技术、技术本土化和技术转移的进路。在一个网络化的世界，中国企业家已与国外建立了联系，从而改变了“创新”在中国具体环境中的意义。小型企业如雨后春笋大量出现，但大多数仍不善于从国外吸收技术或自己创新。但也有若干新的私人公司非常有潜力。他们进入了无边界的网络世界，使它们与硅谷一带的高技术工程师（许多是外籍华人）建立了战略性联盟。它们从美国和中国香港的投资家那里获得风险资本，在技术创新方面与在基层工作的人员合作。这是完全发生在国家领域之外的新型发展，超越了老式的技术计划者和“目标”设定者的工作范围。它处于中国新型私人经济的核心。作者认为这种新的经济体系是中国最有希望的新型工业。但他担心北京的工业官员的管制会把它扼杀，因为这与中国领导人的快速技术现代化之梦不同（第 224～225 页）。

这一章最后一节的标题是“战略武器专家和中国在 21 世纪的追求”。作者指出，在 19 世纪 60 年代，在自强运动中，李鸿章就建立江南兵工厂，并企图在此基础上发展中国的机械工业，以此来达到自强的目的。20 世纪 30 年代，国民党政府确定优先发展“国防经济”，建立了“国家资源委员会”，也是以军事工业带动一般工业的发展。中华人民共和国在 20 世纪 50 年代后发展战略武器，是这一传统的继续。在中国进行首次热核实验后 30 年，外来的军事威胁已成为历史。在 21 世纪，中国的战略武器专家和新一代的科学家所追求的就是克服中国的“落后”，消除中国与工业先进国家在技术水平上的差距。

该书共有三个“附录”。“附录一”是“关键人物小传”，在政治和军事领导人中，有毛泽东、周恩来、邓小平、刘伯承、聂荣臻等 14 人。在将军与官员中有刘华清、张爱萍、陈赓、刘杰、王诤、邹家华、甘子玉、丁衡高等 15 人。在科学家与工程师中有钱三强、钱学森、王淦昌、王大珩、陈芳允、杨嘉墀、朱光亚、周光召、宋健、师昌绪、慈云桂、罗沛霖等 23 人。在小传中，作者不知道钱三强已于 1992 年、王淦昌已于 1998 年逝世，表明作者掌握材料还不太及时。“附录二”是中国军事工业主要机构的名称，如从一机部到八机部，一、二、三、五、七、九、十院，585 所、21 所、基地 20、21 等。“附录三”是“863 计划”的要点。最后附有中英文参考文献约 300 篇。

在该书出版后不久，美国俄勒冈大学政治学教授苏迈德(R. P. Suttmeier) 在《中国季刊》(The China Quarterly) 上发表了一篇书评，题为“中国的技术战士，另一种观点”。苏迈德赞同作者突出技术在国家安全与经济竞争中的关键作用，肯定了作者占有了大量材料，如中国发展战略武器的领导人和专家的回忆录，以及有关专家的历史等。但苏迈德认为该书有一大缺点，那就是，虽然该书基本上是按时间顺序来编写的，但作者显然忽略了事件发展的具体历史背景。例如，作者突出战略武器计划，认为它是“863 计划”的先例和模式，而没有重视中国在 20 世纪 50 年代制订的“12 年科学技术发展远景规划”。在该规划中已有作者赋予战略武器规划的一些特点，如横向协调工作，按国际科技标准评价工作等，而且更注意到科学技术的全面发展。但是由于执行战略武器计划，由于激进的政治运动，中国虽然花了巨大资源，研制出战略武器，但仍是二流水平，而常规武器技术十分落后，更重要的是，民用工业技术普遍落后。在 1956 年，中国发展电子工业的潜力与日本相差不远。结果是日本的技术民族主义导致电子技术的本土化，建立了世界一流的电子工业；而中国的技术民族主义虽然发展了战略武器所需的微电子技术，但没有向民用经济推广，使民用电子工业处于落后水平。所以战略武器计划，并不是一个完美的模式。又如，战略武器计划与“863 计划”有巨大的差别。一个有明确的、高度优先的目标，有集中投入巨大的国家资源的条件；一个是要发展基础广泛的高技术，已没有集中投入巨大资源的条件。作者认为“863 计划”的四位武器专家面对战略武器、军用技术不再被强调的情况下提出的一种对策，是想用老办法解决新问题，显然也忽视了当时的具体的、复杂的历史背景。

我赞同苏迈德教授的观点，即中国“12 年科学技术发展远景规划”也具有战略武器计划的某些特点。中国科学家关于人工合成牛胰岛素的工作也具有战略武器研制的一些优点。“863 计划”的四位创议者虽然都从爱国主义出发，积极参加了战略武器的研制，作出了巨大贡献，但他们绝不仅仅是“武器专家”，他们都是科学家，在参加战略武器研制前，都是中国科学院的研究人员。他们都曾参加“12 年科学技术发展远景规划”的制订。他们的视野绝不限于战略武器和军事技术，他们也关注民用技术的发展，关注基础科学的发展，关心中国的农业、工业、科学技术和国防事业的现代化，在当时经济体制、科技体制改革的过程中，在科学研究事业在“文化大革命”的破坏后尚未完全恢复、在科研经费严重不足的情况下，在美国政府与欧盟都在大力支持高技术发展的形势下，他们才直接向邓小平提出这一重要创议的。

苏迈德在书评中还指出，作者在讨论中国的一系列战略技术计划后，在最后一章提出，要突破过去的经验。他认为中国高技术的未来在于市场的拉动力量，在于跨国公司在中国的活动，在于中国新兴的高技术公司，而完全否定了国家有目标的研究开发计划的重要性。苏迈德认为，这一结论尚需进一步研究论证。我也认为，在今天，美国在高技术方面仍对中国严加封锁，中国企业的研究开发工作还十分薄弱，中国是否要放弃国家的研究开发计划，需要在对过去的一系列国家研究开发计划的成果作认真的研究评估以后，才可以得出结论。特别是，像航天技术、受控核聚变技术、粒子加速器技术等项目，是很难由企业的市场需求来驱动的，需要由国家、甚至多个国家联合投资，才能开展。

该书作者认为，中国的战略武器计划和“863 计划”都是在技术民族主义思想指导下制订和执行的。在今天技术日益全球化的时代，在中国参加了世界贸易组织以后，作者似乎认为中国应该放弃技术民族主义。但是，今天的美国官方仍在鼓吹中国“威胁”论，力图阻碍中国的崛起，他们的民族主义情绪也十分高涨；日本的军国主义的气焰仍灼灼逼人。一个半世纪以来，中国饱受帝国主义列强的侵略和欺凌，中国人和中国科学技术专家不可能放弃争取自强、独立自主的民族主义，争取实现中国的和平崛起。

该书的材料十分丰富，虽然有的可能不太准确。例如，把理论物理学家彭桓武说成是“宇宙线专家”（第 61～62 页）；说参加研制战略武器的科学家和技术人员在“文化大革命”中受到保护，未受伤害（第 72 页），其实，他们中许多人在清理阶级队伍阶段也都受到不同程度的冲击。作者的有些观点我们也不都能赞同。但作者提出的一系列问题，他的许多观点，都是很值得我们注意的。

最后，我要感谢苏迈德教授送我这本书和他为该书写的书评。

关于留美华裔科学家*

我这一辈子见过的留美华裔科学家（含人文学家和社会科学家）很多。大致可以分为四代。祖父辈的如陈光甫，是我祖父的好友，浙江上虞同乡，早年留学美国哈佛大学，习医，曾任民国时期军医署署长，中将衔。老师和父伯辈的就很多了。同学和兄弟辈的大都是在 1949 年后从中国台湾去美国留学的。学生和子侄辈大都是在中国内地改革开放后去美国留学的，也有一些是随父母在美国长大求学的。

一

我在 1936 年到武汉大学（武大）附小学习。我一位同学的父亲查谦（1896～1975）（也是我们的邻居）是 20 世纪 20 年代初留美的物理学家，时任武大理学院院长、物理系主任。武大还有一些留美的教授，但当时我都不知道。

---

* 本文写于 2011 年，原载《自然辩证法通讯》，2012 年第 34 卷第 1 期。

1944年我在贵州考取浙江大学（浙大）物理系。到浙大后，知道许多老师都是留美科学家。校长竺可桢（1890～1974）是1910年留美的气象学家，1918年在哈佛大学获博士学位，1936年开始任浙大校长。教务长张绍忠（1896～1947）是在1920年留美的物理学家，1924年在哈佛大学获硕士学位。理学院院长胡刚复（1892～1966）是1909年留美的物理学家，1918年在哈佛大学获博士学位。当时的物理系主任王淦昌（1907～1998）是留德的博士，但在抗战胜利后曾到美国访问研究一年。1946年后的物理系主任是何增禄教授（1898～1979），1929年留美，1939年获加州理工学院硕士学位，擅长真空技术，是加州理工学院中国三杰之一，曾教我们光学。束星北教授（1907～1983）在20世纪20年代末30年代初留美、留英，获英国爱丁堡大学、美国麻省理工学院硕士学位，他讲授相对论，很受学生欢迎。教我们近代物理的朱正元教授（1900～1985）1934年留美，1939年在加州理工学院获硕士学位，1941年获博士学位后回国。卢鹤绂教授（1914～1997）1936年留美，1941年获博士学位。他教我们量子力学。丁绪宝教授（1984～1991）也是我国物理学界的前辈，20世纪20年代初留美，获硕士学位，他教我们普通物理。教我们电磁学的朱福炘教授（1903～2003）抗战胜利后也到美国访问、研究。数学家陈建功（1893～1971）是我父亲的好友，早年留学日本，曾任浙大数学系主任，我听过他讲授的复变函数论。他1947年到美国普林斯顿高级研究院访问研究，1948年当选中央研究院院士，1955年后当选中国科学院学部委员。教我们高等微积分的程民德老师（1917～1998）当时是数学系讲师，1947年留学美国普林斯顿大学，1949年获博士学位，1950年回国后在北大任教授，1955年当选中国科学院学部委员。

曾任浙大师范学院院长的郑晓沧教授（1892～1979），曾任工学院院长、电机系主任的王国松教授（1903～1983），曾任化工系主任、教务长的李寿恒教授（1898～1980），化学系主任、中国化学界元老王琎教授（1888～1996），文学院院长梅光迪教授（1890～1945），著名遗传学家、生物系教授谈家桢（1909～2008），体育老师舒鸿（1894～1964）（曾任1936年奥运会篮球裁判）也都是留学美国的科学家、专家和学者。浙大在抗战时曾被李约瑟称为中国的剑桥。而从我上面所列举的教授和老师的名单，足以说明留美科学家和学者在浙大居于多么重要的地位。

顺便提一下，新文化运动的旗手胡适（1891～1962）是留美哲学家，1948年10月20日曾到浙大作题为“自由主义”的演讲，但当时激进的浙大学生已没有耐心聆听他的讲话了。

二

1952年9月，我由先被调到中国科学院的浙大学长许良英提名调到中国科学院《科学通报》编辑室任编辑。当时中国科学院有两位副院长是留美的。一位是竺可桢，他曾兼任中国科学院生物地学部主任。另一位是物理学家吴有训（1897～1977），他于1921年留美，1936年获博士学位后回国，是诺贝尔物理学奖获得者康普顿的学生和合作者；曾任清华大学物理系主任、理学院院长，中央大学校长；在中国科学院曾兼任数学物理化学部主任。当时任中国科学院党组副书记的丁瓒（1910～1968），1947年曾赴美国研究心理学，1948年10月回国。他在中国科学院的创建过程中起过重要作用。

《科学通报》编辑室最早属中国科学院编译局。当时的局长是古生物学家杨钟健（1897～1979），他是留德的博士，但在1944～1946年，曾去美国、加拿大等国访问研究。编译局有一位编审杨肇燫（1898～1974），1918年留美，1922年获电机工程硕士学位后回国。1952年建立《科学通报》编委会。主任委员是留美科学家竺可桢。编委中留美的科学家有物理学家周培源（1902～1993）、力学家钱伟长（1912～2010）、物理学家葛庭燧（1913～2000）等；还有农学家沈其益(1909～2006)，他于1937年留英，1939年获博士学位后赴美作访问研究，1940年回国。

《科学通报》编辑室后来属学术秘书处领导。当时的学术秘书中，留美的科学家有冶金学家叶渚沛（1902～1971），他于1925～1928年留学美国，获物理化学博士学位，1928～1933年在美国任工程师，从事研究，曾任联合国教科文组织科学组副组长，回国后，1950～1953年任重工业部顾问，1953年到中国科学院任学术秘书；地质学家张文佑（1909～1985），1944～1947年曾到美国、英国进修；气象学家叶笃正（1916～　），1948年获美国芝加哥大学博士学位，1950年回国；农艺学家过兴先（1915～2011），1945～1946年到美国进修；物理学家邓稼先（1924～1986），1948年留学美国普渡大学，1950年获博士学位后回国，等等。

1953年秋，北京开始大拆明清城墙，并酝酿批判梁思成（1901～1972）的建筑思想，在一次建筑学界的聚会上，我作为《科学通报》负责技术科学的编辑，听到建筑学家林徽因（1904～1955）（1924～1928年同梁思成一起留美）痛心地大声呼喊："北京在毁灭中！"

1955年春，我曾作为张稼夫副院长的临时秘书，陪同苏联科学院访华代表团到各地参观访问。在陪同访问的科学家中，有留美科学家叶渚沛、刘静宜（1925～　），她是化学家，于1947年赴美留学，1951年获博士学位后回国。我们陪同苏联代表团在上海访问时见到了：生理研究所所长冯德培（1907～1995），他于1929～1930年留美，获硕士学位，1930～1933年留英，获博士学位，1933～1934年在美国从事研究工作；有机化学研究所所长庄长恭（1894～1962），他于1921～1924年留学美国芝加哥大学，获博士学位；冶金陶瓷研究所所长周仁（1892～1973），1910～1915年留学美国康奈尔大学，获硕士学位。这三位都是中央研究院院士、中科院学部委员。在这次访问中，苏联科学院代表团团长巴尔金院士是苏联冶金学权威，他在多次座谈中，赞同叶渚沛在中国发展转炉炼钢的建议，批驳了重工业部的领导和苏联专家只发展平炉炼钢的主张。

1957 年年初，我作为宣传处副处长，曾具体负责 1956 年度科学奖金的宣传报道。获得一等奖的三人，华罗庚（1910～1985）、钱学森（1911～2009）都是留美科学家，吴文俊（1919～　）是留法数学家，但在 1979 年曾到美国普林斯顿高等研究院作访问研究。二等奖 5 人中，钱伟长、葛庭燧、吴仲华都是留美科学家。吴仲华（1917～1992），1944～1947 年留美，在麻省理工获博士学位。19 项三等奖的获奖者中，戴传曾（1921～1990）、钱人元（1917～2003）、李敏华（1917～　）、曾呈奎（1900～2005）、叶笃正、傅承义（1909～2000）、周仁、王钰（1907～1984）（1944～1946 年曾在美国史密森学社自然博物馆访问研究）、吴自良（1917～2008）、彭少逸（1917～2008）等都是留美科学家。

1957 年春，郭沫若院长、张劲夫副院长到北京各所视察工作，我也随同前往，见到过留美物理学家赵忠尧（1902～1998）、化学家柳大纲（1903～1991）等。赵忠尧还带着大家参观了他从美国带回部件组装的静电加速器。

1957 年夏，科学院召开第二次学部大会。我是大会工作人员，简报组组长。在会上，除上述留美科学家外，也见到了童第周（1902～1979）、曾昭抡（1899～1967）、郭永怀（1909～1968）、吴学周（1902～1983）、杨石先（1896～1985）、茅以升（1896～1989）、马大猷（1915～2012）、熊毅（1910～1985）、黄家驷（1906～1983）、张钰哲（1902～1986）、汤佩松（1903～2001）、饶毓泰（1891～1968）、叶企孙（1898～1977）、施汝为（1901～1983）、洪朝生（1920～　）、袁翰青（1905～1991）、胡宁（1916～1998）、谢希德

（1921～2000）等留美的学部委员。

在大会期间，我们简报组，没有发现有哪一位学部委员有什么反党、反社会主义的右派言论，所以也没有这方面的简报。可是，大会后期，从民盟转来了曾昭抡、千家驹、华罗庚、童第周、钱伟长五位科学家对国务院科学规划委员会提出的一份有关我国科学体制问题的书面意见。这被认定为“反社会主义的科学纲领”，立即在学部大会上分别对这几位科学家进行极为猛烈的批判。曾昭抡、钱伟长被划为右派分子。由于科学院副院长张劲夫请求在反“右”运动中保护自然科学家，得到毛主席和中央的同意，华罗庚、童第周经过严厉批判后，没有被划为“右派”分子。但是科学院还是把留美的科学家杨肇燫、袁翰青等划为“右派”分子，此外还划了不少青年“右派”，以及顾准（1915～1979）、许良英（1920～ ）等党内“右派”，我主要因为与许良英的关系，也未能幸免。在反“右”运动中，浙江省表现特别“左”，像王国松、李寿恒这样的留美的名教授，都被打成了“右派”。此外，我还听说，北京师范大学的武兆发教授（1904～1957）是留美的杰出细胞学家，曾否证苏联科学家勒柏辛斯卡娅的细胞学说（后来证明是伪科学），在反“右”运动初期，因不堪大批判和大字报的羞辱，自杀身亡了。我的老师束星北教授在山东大学也被打成“右派”。

我被打成“右派”以后，就被下放劳动两年，后调中国科学技术大学图书馆做西文采购编目工作，很少有机会见到留美科学家了。摘帽后，1963 年调哲学研究所做《自然辩证法研究通讯》的编辑，也是控制使用，不与外界交往。在哲学研究所，见到了金岳霖（1895～1984）、冯友兰（1895～1990）、温锡增（1909～1999）这几位留美的哲学家。

在“文化大革命”中，留美科学家受到了比反“右”运动更为严重的摧残打击。据我所知，自杀的有饶毓泰、陈绍澧（1925～

1968）等；受迫害并因病致死的有叶企孙、胡先骕（1894～1968）、陈建功、王琎、曾昭抡、叶渚培、丁瓒等。

三

1971 年 7 月，留美华裔物理学家杨振宁（1922～　）首先访问了中国内地。1972 年 2 月美国总统尼克松访华后，中国内地和美国开始了友好交往。6 月，留美物理学家任之恭（1906～1995）和林家翘（1916～　）、王浩（1921～1995）、沈元壤（1932～　）等 10 位留美华裔科学家组团访问中国内地。20 世纪 50 年代以后，我有 4 个妹妹、3 个弟弟和 3 个妹夫先后从中国台湾到到美国留学，他们都是学理工科的，有 6 位获博士学位，4 位获硕士学位。除两位回中国台湾外，都在美国工作、定居。在 1972 年后，她们也先后陆续到中国内地访问。

1979 年年初，我到美国普林斯顿参加纪念爱因斯坦百年诞辰的学术会议，顺便探望我的弟妹。在普林斯顿，我见到了陈省身（1911～2004）、杨振宁，也见到了吴文俊、陈景润（1933～1996）（他们二位当时正在普林斯顿高等研究院访问研究），还有从复旦大学前去参加会议的谷超豪（1926～2012），他是我在浙大时同年级的同学。还见到了在普林斯顿大学任教的物理学家陈骝（1946～　）。

后来到华盛顿特区见到了任之恭、物理学家吴京生（1929～　）、气象学家张捷迁（1908～2004）、姚宜民（1919～1985，他是我妹夫，也是浙大校友）、空间物理学家黄云潮、在 IBM 工作的专家范炎、海洋科学家、美国工程院院士黄锷（1937～　），等等。任之恭多次向我表示，对 1949 年后回中国内地工作的科学家如洪朝生等十分钦佩，他自己当时是因为有孩子，无法回国。还在一次物理学会议上，见到了前来开会的浙大物理系校友冯平贯（1924～　），他是

1947 年留学美国的，获博士学位后留在美国任教。

在纽约，我和浙大访美代表团一起访问了哥伦比亚大学。代表团团长是浙大副校长王启东教授（1921～　），他是 1947 年赴美留学，1951 年获博士学位后回国的。浙大校友、著名物理学家吴健雄（1912～1997）热情地陪我们参观了物理系。我们也见到了数学系教授、统计数学家周元燊（1924～　），他也是我浙大同年级同学。1949 年后去了中国台湾，后来去美国，是中国台湾中央研究院院士。吴和周两位，过去在政治上都是倾向国民党的，但在 1979 年对我们中国内地去的校友都很热情，使我很是感动。杨振宁陪同我们，参观了纽约大学石溪分校物理系。在旧金山，我拜访了语言学家、音乐家赵元任（1892～1982）老先生，他还亲自驾车带我们上餐馆午餐。也看望了陈省身教授。还和杜维明教授（1940～　）和他的学生座谈。我五弟范乐年（1939～　）当时在旧金山工作，他在 1967 年获加州理工学院水利工程博士学位。他在美国参加了保卫钓鱼岛运动（简称保钓），他们一批从中国台湾留学美国的朋友，如物理学家杨思炽、语言学家廖秋忠（1946～1991）等保钓运动的积极分子在 1980 年左右先后回中国内地工作。我三弟范樟年（1932～　）（在美国获电机工程硕士学位，美籍）和他的夫人沈国瑛（曾任诺基亚中国公司执行总监）自 20 世纪 70 年代末以来，长期在中国内地工作，为诺基亚打开中国内地的广阔市场，推广移动通信作出了贡献。

四

我在 1979 年秋回国后，在 1980 年秋调中国科学院《自然辩证法通讯》杂志社任常务副主编，直至 1988 年离休。在这时期，科学院院长是留美的化学家卢嘉锡（1915～2001），副院长是留美的材料科学家严东生(1918～)和叶笃正等，代秘书长顾以健（1922～ ）是我在浙大的同学，他在化学系，比我高一年级，我们一起参加过进步的乌鸦歌咏队。他在1947年毕业后留学美国，1951年获硕士学位后回国。在此期间，我见过徐光宪（1920～ ）、施履吉（1917～2010)、罗沛霖（1913～2011）等留美的院士；也见过美籍华裔科学家李政道（1926～ ）、田长霖（1935～2002）等。1982年，我主编的《自然辩证法通讯》准备发表一篇批评美籍华裔生物学家牛满江(1912～2007）的文章，事先我们通知了牛教授，他为此还特地来到北京，我们也见了面。后来由于中国科学院党组的直接干预，这篇批评文章未能发表。

我在1988年离休后，于该年底到美国波士顿大学任访问教授，在波士顿见到了康桥学社的卞学璜（1919～2009)、赵如兰、陆惠风、杜维明教授，见到了早年毕业于浙大电机系的老学长丁成章、郭以莲，见到了化学家潘毓刚（1935～ ）——他曾是我二姐在中国台湾教中学时的学生。1990年我到宾夕法尼亚大学做访问学者，见到了该校教授数学家杨忠道（1923～2003)，他也是浙大校友，比我高两个年级，是“台湾中央研究院”院士。他曾应陈省身教授的邀请，在1992年后，兼任陈先生创办的南开数学研究所第一副所长。

改革开放以后，大批学者到美国访问、研究；大批学生到美国攻读硕士、博士学位。(其中不少是我们和亲友的子女和我们的学生，因人数很多，不一一列举。）本来，按照中美协议，公派的访问学者和留学生在学成之后，都要回国服务，至少两年。1989年“六四事件”后，美国给留美的中国内地学者以永久居留权，这就使得大批中国留美科学家滞留美国，许多后来入籍美国。

我于1991年回国。1996年再度访问美国。2001～2007年我每年在美国生活半年左右。在国内期间，我曾和兰征（1989年到美国做访问学者，后曾在美国主编《绿色中国》）一起去访问留美水利工程学家黄万里（1911～2001），听取他对三峡工程的意见。在美国期间，我又见到许多留美的科学家。其中有两位是解放初从美国回国服务，在科学院工作，在改革开放后又到美国定居的，如化学家陶渝生、俞惟乐（1926～ ）教授；也有原来在科学院工作的，改革开放后，到美国工作，现定居美国的，如张东韩（先在中科院自动化所任研究员，后为华东师大计算机系创始人）、化学家容瑶教授，我的浙大校友、数学家夏道行（1930～ ）——他是中国科学院院士，也到美国定居了。

改革开放以来，中国内地留美的科学家越来越多，年龄越来越小，由念研究生到念大学本科，到念中学。入美国籍的华裔科学家也越来越多。近年来，他们回中国内地工作、创业的人数逐渐增加。不过他们大多保留美国国籍，有的长期在中国居住，有的则频繁地来往于太平洋两岸，成为“空中飞人”。

五

“辛亥革命”、中华民国的建立，大大加快了中国的现代化进程。在这个进程中，留美科学家和学生起了十分重要的作用。在政治方面，像孙中山（1866～1925）、王宠惠（1881～1958）（法学家，1904年在美国曾和孙中山讨论过与三民主义、五权宪法有关的问题，1912年任孙中山的临时政府的外交部长，在民国时期也当过外交部部长、司法院院长等职，也是中央研究院院士）、孔祥熙（1880～1967）、宋子文（1894～1981）、宋庆龄（1893～1981）、宋美龄（1897～2003）、陈立夫（1898～2001）、胡适、张闻天（1900～1976）（他是中共长征期间的总书记）等重要人物，都有留学美国的背景，就可以说明问题了。

在工业现代化方面，国民政府时期的资源委员会和所属的各工业部门，为我国现代工业打下了初步的基础。它的第三任主任孙越崎（1893～1995）就是留美的矿冶工程学家。抗战胜利后，资源委员会曾派出数百名工程技术人员留美学习。新中国成立时，资源委员会的资产、人员大都完整地为人民政府所接管，资源委员会中的许多留美工程师也成了新中国实现工业现代化的主要骨干。民营企业久大和永利的留美工程师侯德榜（1890～1974）、姜圣阶（1915～1992）对发展我国的化学工业和核工业都作出了巨大贡献。

在农业现代化方面，金陵大学和美国康奈尔大学在 1925～1930 年的作物育种合作计划，为中国培养了数十名作物育种专家。康奈尔大学博士农学家沈宗翰（1895～1980）主持这一计划。在这之后，沈宗翰建议建立国家农业研究局和农业科学研究所，在 1933 年制订中国农业发展的国家计划，1934 年沈担任国家农业研究局总技师，并创建国家稻麦改良研究所。沈主持的田间试验和实验室研究计划因抗日战争而中止，但他们到四川后仍作出了很好的成绩。1949 年以后，沈宗翰和他的农业研究局迁到中国台湾，对中国台湾的农业现代化，作出了重大贡献。金陵-康奈尔计划为中国培养的农学家，在 1949 年后，虽然受到政治的干扰，仍为新中国的农业现代化作出了贡献。

在把现代科学引进中国并在中国实现科学研究的体制化方面，留美科学家的贡献尤为突出。留美的科学家任鸿隽（1886～1961）、杨杏佛（1893～1933）、秉志（1886～1965）、胡明复（1891～1927）、赵元任、周仁等在美国康奈尔大学建立中国科学社，创办《科学》杂志。杨、任二人还是中国最早的科学研究中心中央研究院的头两任的总干事。1948 年评选出的数理组和生物组的 53 位中央研究院院士，留美科学家占一半以上。我国现代物理学的先驱叶企孙、吴有训、饶毓泰，生物学的先驱秉志、胡先骕、陈桢（1894～1957）、林可胜（1897～1969）、吴宪（1893～1969）；地理气象学先驱竺可桢；化学化工的先驱庄长恭、侯德榜等都是留美的科学家。民国时期，留美学者胡适、蒋梦麟（1886～1964）曾任北京大学校长，梅贻琦（1889～1962）曾任清华大学校长，竺可桢曾任浙江大学校长，罗家伦（1897～1969）、吴有训曾任中央大学校长，张伯苓（1876～1951）曾任南开大学校长，而这几所大学是当时国内最著名的大学。

而在1949年以后，留美科学家在中国科学院学部委员（院士）中也占很大比重，在中国科学院、各科学研究院所、各大学担任重要职务，对新中国的科学和教育事业作出了重大贡献。对研制导弹和人造卫星、原子弹、氢弹，留美科学家钱学森、郭永怀、邓稼先、朱光亚、姜圣阶等更发挥了突出的作用。

“文化大革命”期间，中国的科学研究和高等教育事业受到巨大的破坏。“文化大革命”后期，任之恭、杨振宁等华裔科学家回国访问时提出了恢复科学研究和高等教育的建议，周培源在周总理的鼓励下，大力提倡重视基础科学研究，对中国内地开始恢复高等教育和科学研究起了重要作用。改革开放以来，中国科学和高等教育事业逐步复兴，后又大步发展，几代留美科学家也都发挥了重要作用。在美国的华裔科学家，通过回国讲学、合作研究、创办研究所或研究中心，介绍、资助中国学者到美国留学、研究，大大有助于中国科学家迅速接近或赶上世界先进水平。

六

据说，在1949年，在美国的中国留学生约有5000人。其中约1000人后来回到了中国内地，少数回到中国台湾，绝大部分都留在美国了。此后，从中国台湾、中国内地到美国留学的学者又大量增加。他们很多在美国的大学、政府或企业的研究机构工作，对美国的科学教育事业作出了巨大贡献。这方面需要作全面深入的研究。我在这里只提出一点：留美或在美国出生的华裔科学家，有杨振宁、李政道、丁肇中（1936～ ）、李远哲（1936～ ）、朱棣文（1948～）、崔琦（1939～ ）、钱永健（1952～ ）、高锟（1933～ ）等8位先后获得诺贝尔科学奖。有陈省身、丘成桐（1949～ ）获得数学沃尔夫奖和菲尔兹奖。美国国家科学院和美国工程院的华裔院士逐年增加。改革开放后，从中国内地到美国留学的也出现了一些杰出的科学家，例如纳米专家、美国工程院院士周郁，是我好友、逻辑学家周礼全（1921～2008）的儿子；哈佛大学物理系和化学系双系教授庄小威（1972～ ，毕业于中国科技大学少年班），都是其中的佼佼者。总体来看，20世纪以来，留美的华裔科学家，留在美国的人数，远大于回国服务的人数。在中国内忧外患、战乱频仍、贫困艰苦、复杂多变的环境下，归国的留美科学家还作出了那么巨大的贡献，那么，留在美国的华裔科学家对美国作出了何等巨大的贡献，就可以想见了。

留美的华裔科学家，不论是定居美国，还是中国，都是炎黄子孙，他们对美国和中国的发展、进步都作出了巨大的贡献，并还将继续作出巨大的贡献。我衷心希望这个群体能成为促进中美友好、世界和平、人类幸福的重要力量。

《1950 年代归国留美科学家访谈录》序 *

我与王德禄和杜开昔早在 20 世纪 80 年代就认识了。那时，王德禄在中国科学院科技政策与管理科学研究所和《自然辩证法通讯》杂志社任编辑。杜开昔是来自美国的一位女科学史家，在中国科学院研究生院当英语客座教师。他们二人都对留美回国科学家的历史感兴趣，共同的爱好使他们开启了“20 世纪 50 年代留美归国科学家”的研究课题。遗憾的是这个课题在完成基础工作后，因为杜开昔离开中国、王德禄下海而夭折了。这个课题能在 20 多年后的今天重新启动，与王作跃博士有很大关系。王作跃是许良英教授和我在中国科学院研究生院的学生，现在美国加州州立理工大学普莫娜分校历史系任教授。他在美国申请了一个有关留美华裔科学家的课题。我向他提到了王德禄和杜开昔当年的工作。王作跃为此特地找了王德禄。这就促使王德禄又重新拾起这个课题。最近几年，王作跃经常到中国，我和王德禄、王作跃也经常就这个主题交流意见。当这本书

* 本文写于 2011 年 11 月 6 日，该书由王德禄、杜开昔等的访问整理而成，原载《1950 年代归国留美科学家访谈录》，湖南教育出版社，2012 年。

经初步整理完成第一稿时，我通读了一遍。因为整理者不熟悉当时的人物，仅凭声音写出来的人名往往误差很大，我就作了很多订正，有的我也不熟悉，就再向别的朋友打听，为此还打了不少电话，也翻阅了不少资料。王作跃回国做调研时，我和他一起采访了留美回国科学家刘静宜、顾以健，在美国华盛顿，我和王作跃、王德禄一起采访了现在美国定居的当年留美回国科学家俞惟乐（她是在“文化大革命”中自杀的科学家陈绍澧的夫人），我也向王作跃介绍了我认识的许多留在美国的华裔科学家。

王德禄和王作跃关于留美华裔科学家的研究课题也是我关注的一个领域。2011 年 7 月 25～29 日在安徽合肥中国科技大学召开了“第十三届国际东亚科学史会议”，会上专门举行了“留学西方的中国科学家：冷战中的跨国科学与政治”分会。王德禄和王作跃向会议提交了有关留美华裔科学家的报告，分会由我主持并作评论。为了准备这个评论，我回顾了我一生所见过的许多留美科学家：第一代陈光甫；第二代是老师和父辈，如竺可桢、束星北、卢鹤绂；第三代是同学和兄弟辈，如杨忠道、周元燊、范乐年；第四代是学生、子侄辈，如周郁、庄小威、姚佩兰；第五代是学生、子侄的孩子辈。本课题采访的 20 世纪 50 年代回国留美科学家应该属于第二代和第三代。

我读了这本访谈录，深感这是一部很有价值的著作。首先，这部访谈录，开始于 20 世纪 80 年代，这种口述史在当时的中国内地具有开创性。虽然收录的访谈对象只有 28 位，但涉及的留美科学家不下数百人。访谈录叙述了受访者出国前后的情况，在美国争取回国的经过，回国后的工作情况和在历次政治运动中的遭遇，特别是“文化大革命”中的悲惨遭遇，具有极大的史料价值，特别是受访者大多已经逝世，少数在世者现在都已年迈体衰，也很难再接受访谈了，显得这些资料尤为珍贵。整理者也做了很好的工作，提供了许多重要的背景资料，为数百位留美科学家作了注释和简介，积累了整理口述史的宝贵经验。

读了访谈录，我深深地为这些科学家崇高的爱国热情所感动，也为他们在“文化大革命”中的悲惨遭遇而痛心。我们这个民族、这个国家，应该牢记这些惨痛的教训，加速政治体制改革，加强民主和法治，尊重每个人的尊严，不让“文化大革命”那样的悲剧和暴行重演。这样做，也有利于国家的稳定和发展，有利于改善和世界各国的关系。

王德禄的这本访谈录，访谈的对象限定为 20 世纪 50 年代归国的留美科学家。其实，在 20 世纪 50 年代以前归国的留美科学家中，有许多是中国现代科学、现代工业、现代农业、现代医学、现代教育、现代国防的创建者和奠基人，仍值得我们继续进行深入的研究。当然，这些科学家在世者已屈指可数，访谈本人已没有可能了，但我们还可以访谈他们的子女、学生，抢救史料。王德禄原来访谈过的孟昭英、傅承义、褚圣麟、袁翰青、卢鹤绂（他是我的老师）都是 20 世纪 50 年代前回国的留美科学家，彭桓武是留英的科学家，我看过这些访谈录，觉得极其珍贵，该书没有收录，我深感遗憾，希望能够在别处尽快发表。至于 20 世纪 50 年代以后没有回国的留美华裔科学家，人数比归国的要多得多。从 20 世纪 50 年代到 70 年代末，从中国台湾、中国香港，又有大批华人留学美国，他们也有很多人留在美国。中国内地改革开放后，又有大批学生和学者留学美国，在 1989 年后，有很多人也定居在美国。美国之所以能够长期保持它科学技术最先进、工农业最发达、军事力量最强大的超级大国地位，大量美籍华裔科学家的作用是不可或缺的。同时，留美华裔科学家，大都有强烈的热爱祖国的感情，在中美恢复交往和中国内地改革开放后，他们通过回国讲学、合作研究、建立研究所、介绍中国学生、学者到美国留学、研究、访问等，做了大量工作，对中国科学事业在“文化大革命”大破坏以后的恢复发展提供了巨大的、可贵的帮助。所以，对美国的华裔科学家，也值得我们进行全面深入的研究。在这方面，王作跃已经在开始紧张地工作了。王德禄近年来关于硅谷与中关村的研究，发现留美华裔科学家是联结这两个高科技开发区的主要人脉，所以也是对留美华裔科学家的研究的继续。我虽对留美华裔科学家这一课题很感兴趣，但已经年过八旬，垂垂老矣，只能力所能及地帮助和配合了。

从该书可以看出，当年不怕艰险，想尽办法争取回国的留美科学家，有的在“文化大革命”后又到美国定居了，有的把他们的子女甚至孙儿都送到美国留学，让他们在美国定居、工作，很少再鼓励他们回国服务了。现在，留在美国的华裔科学家已经远远多于回国服务的留美科学家了。我家的情况也是如此。我家共有兄弟姐妹11人，有6个入了美国籍，2个拿了美国绿卡。我们的下一代，即我的子侄辈，共有22人，有16个是美国籍，1个拿美国绿卡，加上他们的配偶，就更多了，他们大多是学理工农医的科学家。孙辈是美国籍的就更多。我估计，像我们这样的家庭还不在少数。因此，提倡研究华裔留美科学家，我有一个潜在的愿望：就是希望这些留美华裔科学家和他们的子子孙孙，都不要忘了共同的来自中国的“根”，要努力促进中美两国的友好合作，维护世界和平，“为万世开太平”。中美两国的炎黄子孙，我爱你们（我爱大洋彼岸的亲人，也爱祖国勤劳善良的同胞），但是，你们可要警惕啊！

第四部
怀念长辈

从革命的参与者看辛亥革命与科学*

2011 年是辛亥革命 100 周年。辛亥革命的参与者大都是我祖父辈的人物，对于在座的青年朋友来说，可能是祖父的祖父了。今天我要介绍四位辛亥革命的参与者的经历，来看辛亥革命与中国发展现代科学的关系。这样可能比较具体和生动，也更能显示出中国近百年史的曲折和艰辛。

第一位是杨杏佛（1893～1933）。他在 1910 年参加了孙中山领导的同盟会。在 1911 年辛亥革命时参加武昌的保卫战。1912 年任孙中山大总统府秘书处收发组组长。后赴美国到康奈尔大学攻读机械工程，后又到哈佛大学攻读工商管理。参与发起建立中国科学社和创办《科学》杂志。1918 年获商学博士学位后归国。1920 年任东南大学教授。后到广州任孙中山的秘书。1924 年随孙中山北上。孙中山逝世后，任孙中山治丧筹备处总干事。1926 年任国民党上海特别市党部执行委员会委员。1927 年参与上海工人起义。蒋介石发动“四一二”反革命政变后，杨杏佛以中国济难会名义极力接济和营救

* 本文写于 2011 年，原载《自然辩证法通讯》，2001 年第 5 期。

革命者，被蒋介石撤去国民党内的职务。1928 年任中央研究院总干事。“九一八”事变后，和宋庆龄、蔡元培发起组织中国民权保障同盟，任副会长兼总干事。1933 年被特务暗杀①。杨杏佛是在辛亥革命后，在中国为科学和民主奋斗的先驱，是为中国的民权事业献身的英烈。

第二位是任鸿隽（1886～1961）。1908 年留学日本，后参加了同盟会。1911 年，武昌起义时，他匆匆赶回国内，到武昌拜访黎元洪，准备组织蜀军，后因四川已告独立而作罢。1912 年在孙中山府秘书处总务组工作。袁世凯继任大总统后，与杨杏佛等一起赴美留学，在康奈尔大学文理学院学习。1914 年任鸿隽和赵元任、胡明复、杨杏佛等一起建立中国科学社和创办《科学》杂志，任中国科学社社长。他担任这个职务一直到 1960 年。1916 年任鸿隽在康奈尔大学毕业，后又在哥伦比亚大学获化学硕士学位。1918 年 10 月和杨杏佛同船回国，将中国科学社的中心转到国内，使中国科学社的事业有巨大发展。1920 年开始任北京大学化学系教授，1925 年辞职。7 月，任中华教育文化基金董事会（中基会）干事长范源濂的专门秘书，1927 年年底，改任副干事长，一年后任董事兼干事长。中基会是专门管理使用美国第二次退还的庚子赔款的。他在中基会的 10 年期间，通过各项资助，对中国的科学、教育事业的发展作出了重大贡献。1935 年，任鸿隽改任四川大学校长，因受到四川政界官僚的忌恨，于 1937 年辞职。同年 6 月，仍回中基会工作；10 月，出任中央研究院化学研究所所长，后又任中央研究院总干事，主持抗战时期研究院的日常事务。1941 年年底，太平洋战争爆发，中基会成立“紧急委员会”，在重庆设立办事处，任鸿隽任干事长。抗战胜利后，任鸿隽全家迁回上海，他继续为中国科学社和中基会操劳。1949 年 5 月，任鸿隽到香港把中基会事务交结完毕后，返回中国内地，继续

① 参见百度百科杨杏佛条目。

负责中国科学社事务。新中国成立后，中国科学社等科学团体合并成立全国科联，后改为中国科学技术协会。在中央研究院等研究机构的基础上，成立了中国科学院。从 1951 年开始，任鸿隽陆续将中国科学社的《科学》、《科学画报》杂志移交给政府；将该社生物研究所的标本、仪器和工作人员输送给中国科学院的有关研究所；将该社的明复图书馆的图书、馆舍和购书基金等捐献国家；将该社的中国科学图书仪器公司和印刷厂移交给中国科学院。在 1959 年，他主持召开中国科学社理事会，提议将该社所有房屋、图书、设备和 8 万余元款项全部捐献给国家；1960 年 5 月，中国科学社正式宣告结束；该年9 月，任鸿隽写出《中国科学社社史简述》。1961 年任鸿隽在上海逝世，走完了他致力于科学救国的一生①。

第三位是经亨颐（1877～1937)，字子渊，浙江上虞县人。他是我祖父的挚友，所以我们叫他子渊公公。1894 年，经亨颐的父亲去世，寄居上海伯父经元善家。1898 年戊戌变法后，慈禧有废光绪帝、立大阿哥之意，元善先生联合上海同志 50 余人发电报力争（亨颐先生也列名电末)。慈禧大怒，诏令严缉。亨颐先生随伯父避难中国澳门。1900 年后，才安然返乡。1902 年留学日本，与许寿裳、钱家治（钱学森之父）等同入东京高等师范学校，专攻教育和数理，8 年后毕业。留学期间，与孙中山、廖仲恺等相结识，并与同乡友蒋百里（钱学森的岳父)、高子白、范高平、叶墨君等称莫逆交。回国后任浙江两级师范学堂教务长。辛亥武昌起义，浙江省立即响应。亨颐先生代主校务，并参加革命运动。不久，杭州光复，成立浙江军政府，推先生主持教育行政，任浙江教育会会长。1912 年，亨颐先生被正式任命为浙江两级师范校长。(1913 年该校改名为浙江第一师范学校）亨颐先生在校推行“人格教育”，注重“知、德、体、美、

① 参见《科学救国之梦——任鸿隽文存》，上海科技教育出版社，2002 年，特别是其中樊洪业所写的《任鸿隽：中国现代科学事业的拓荒者》一文，第 749～767 页。

群”五育，聘刘大白、夏丏尊、陈望道、李次九、李叔同等名师任教。在五四运动（1919）前后，浙江第一师范，在先生主持下，成为浙江新文化运动之中心，10 多年来，培养出大批优秀人才。1919 年因学校的进步刊物《浙江新潮》内容激进，触犯了反动军阀和行政当局，亨颐先生被迫离职，而全校师生却都极力挽留。1920 年经亨颐在家乡浙江上虞白马湖创办了私立的春晖中学，担任校长。先后聘请了文学家夏丏尊、朱自清、朱光潜、王任叔、哲学家范寿康、教育家匡互生、画家、音乐家丰子恺、数学家刘薰宇、毛路真、生物学家张孟闻等到校任教，成为南方著名中学。1925 年曾到宁波任第四中学校长。1926 年参加国民革命，1927 年任中山大学副校长，代行校长职务。蒋介石发动四一二政变后，经江西、武汉，返回家乡。据说，八一南昌起义时，成立由 25 人组成的革命委员会，经亨颐列名第 25 位（此事有待考核）。他曾一度被国民党开除党籍，但后来仍长期任国民党中央委员，但一直没有担任重要职务。1934 年左右，要先生担任教育部长的呼声甚高，然终未实现。亨颐先生 50 岁后，始习画，画竹、梅、兰、水仙、松、石等不畏霜雪、能耐寒的清品，以表现他的风格，后在上海与何香凝、陈树人、于右任、黄宾虹、张大千、潘天寿、丰子恺等组成“寒之友社”。1937 年，拟在杭州西湖边建“寒之友社”社址，因抗战爆发而中止。1938 年，日军侵占浙江上虞，亨颐先生逃到上海租界寓所，忧愤成疾。秋天，逝世于上海广慈医院。亨颐先生一生，走教育救国路线，虽未直接从事科学工作，但通过办学，对传播普及科学，也有所贡献[①]。

第四位是范高平（1868～1944）（名运枢，字高平），我的祖父，浙江上虞人。幼时就到商店当学徒，以后经商。1902 年，同同乡经亨颐一起留学日本，入札幌农学校。与经亨颐、蒋伯器、蒋百里、

① 范寿康：《经亨颐先生传》，见《范寿康教育文集》，浙江教育出版社，1989 年，第 323～327 页。

高子白、张葆灵（生物学家张孟闻之父）等为莫逆交。1907 年毕业回国后，先后在奉天锦州办天一垦务公司，在张家口办察哈尔垦务局，在宣化办永丰农场，在北京南苑办园艺实验所。辛亥（1911）年，被聘为浙江农事试验场（浙江农业科学院的前身）场长，并被选为农会会长。是年，浙江光复，军政府推高平为财政部参议。1912 年，任浙江盐政局副局长，与局长莊崧甫、秘书长景本白，协力改革盐政，终因盐商阻碍，未能成功，后决心致力于实业救国。1914 年与范旭东（1883～1945）等发起创办久大精盐公司，设厂于塘沽，1915 年出盐。高平负责南京、芜湖两地行销精盐的责任，为时近 10 年。1922 年，从久大精盐公司分出了黄海化学工业研究所，培养出了侯德榜（1890～1974）这样杰出的化工专家和院士，姜圣阶（1915～1992）这样杰出的化工专家、核工业专家和院士。其间与田时霖等在上海合创中央信托公司，与张季直（物理学家束星北是张季直媳妇的弟弟）等在南通合创大有晋盐垦公司，又与友人合办大成汽车公司，行驶张家口-库伦之间。高平先生曾亲历沙漠勘察路线。1925 年，高平先生与胡子晋等在辽宁营口创办利源精盐公司，任总经理。利源事业发展顺利，它的分销处从上海、镇江直到汉口、沙市。此外，高平还与朱子桥、钱俊人等在东北办黑龙江垦务公司和吉林酿造公司。这些企业，都在“九一八”事变后，终止营业。在上海办有天一味母公司，“八一三”事变时，为炮火所毁。在浙江，办有杭北林牧公司、石浦柑橘园；在香港，办有油漆公司，均以战事，蒙受损失。在湖南，办有制革公司，毁于长沙大火；办有裕甡锰矿公司、宝庆锑矿公司，均因受官僚资本的控制，无法营利。1938 年后，高平拟到广西武宣，承领官荒，创办生生农场。1944 年因经营资金被人盗取，无法建设。高平因此得病，于 1944 年逝世于广西武宣。高平经商从政，薪俸不菲，承办利源精盐公司时，获利尤多。均以之赡养亲族，兴办公益事业，以致身无余资，至逝世时，已负债矣[①]。

从上面四位辛亥革命的参加者的生平事迹可以看出，他们都是归国的留学生，3 位曾留日，2 位曾留美。他们都为中国的民族革命、民主革命，创建第一个共和国作出了贡献。之后，他们有的为传播现代科学、建立现代科学研究机构和中国现代科学的建制化作出了奠基性的贡献，有的为保障民权、建立现代的民主政治牺牲了生命，有的为创建和发展中国的现代教育和现代实业（工农业）奋斗了终生。由于辛亥革命的不彻底性，由于中国现代化道路的艰难曲折，他们都壮志未成（任鸿隽创办中国科学社，虽取得了相当的成就，后来由于国家在政治上的一面倒，也未能留存下来），虽然如此，他们都是中国现代政治、科学、教育和实业的先驱和奠基者，作出了历史性的贡献，有深远的影响。

① 范洗人：《从兄高平行述》，见《上虞金罍范氏宗谱》第 12 次续修编纂本，2003 年，第 644～646 页。

怀念民主主义教育家经亨颐先生*

经亨颐先生（1877～1938）是我国民主革命的先驱，是杰出的现代教育家，也是精通篆刻书画的艺术家。上虞县政协、教委和春晖中学隆重纪念他老人家诞辰110周年，这是十分必要和有意义的活动。

经亨颐先生与先祖父范高平（1868～1944）于20世纪初一起留学日本，很可能是上虞县最早的一批留洋生。他们一个学教育与数理，立志教育救国，一个习农，立志实业救国，从此成了终生的莫逆之交。20世纪30年代初，每当先祖父或先父范寿康（1896～1983）回家乡时，经先生常来我家做客。我们姐妹兄弟都称他“子渊公公”。我们还记得他修长的身材，穿一身灰色长袍，戴一副黑边眼镜，双目炯炯有神。常常行书作画，饮酒联欢，谈笑风生，极富幽默感。例如他曾作画赠给还是幼童的岳年，落款“岳年先生雅正”。当时我家正厅挂的匾额是子渊公公写的爨宝子碑体“后乐堂”，曾祖父范达卿先生之墓、祖父范高平先生寿坟的碑文也都是他题的。家中悬挂着他与何香凝、陈树人合作的画和于右任的题词。他的苍劲有力的书法和孤傲挺拔的松竹至今仍给我们留下深刻的印象。可是当时我们年幼无知，对子渊公公的生平事迹所知甚少，只听说他

* 本文写于1987年，为纪念经亨颐先生诞辰110周年而作，曾由我哥哥范岳年在纪念会上宣读，后载《上虞文史资料》（第二辑）《一代师表——纪念经亨颐专辑》，浙江省上虞县委员会文史工作委员会编（1987年11月）。

和先祖父在日本留学时剪掉了辫子，消息传来，害得经先生的母亲杨太夫人和先曾祖母朱太夫人都曾大哭一场。

1982 年 4 月，先父范寿康从美国飞回祖国，5 月在我们陪同下返回他多年思念的家乡上虞。因为经普椿同志委托先父为经亨颐先生作传，当时就搜集了经先生的生平事迹与有关材料。该年秋，先父写出了《经亨颐先生传》。从这个传略和有关材料中，我们才多少了解到民主主义教育家、艺术家子渊公公的不平凡的一生。

据家父记载："经先生亨颐，字子渊，号石禅，晚号颐渊……生于光绪三年，岁次丁丑（1877 年）。时科举未废。稍长，入塾攻习制艺，兼及诗文。颖悟异常，才气逾人。暇好篆刻、治印，虽伤指从未中辍。先生年十八，适逢甲午（光绪二十年，1894 年）之役，我国为日本所战败，慨然兴舍家救国之志……此后旅游申江，寄寓伯父元善先生家。元善先生属当时所谓维新派，主变法图强，所交皆一时才俊。时任首任电报局总办，对于我国电报通讯之创建多有贡献。先生居伯父家，见闻大广。1898 年戊戌政变爆发，六君子殉难。慈禧并有废光绪帝，立大阿哥（端郡王载漪子溥儁）之意。元善先生感朝政日非，集沪上同志五十余人联名电争，先生亦列名电末。慈禧大怒，诏令严缉。先生随伯父获葡人庇护，避难澳门（事载《上海通志》及《清史纲要》等书）。后庚子（1900 年）乱起，联军入京，慈禧仓皇西走。事懈，始得安然归乡。"①② 原来，子渊公公早在 20 世纪末就声援了早期的民主改革运动。当时他还是年刚过二旬的青年。

20 世纪初，"先生鉴于国势日危，拟赴日留学，借图报效……当时负笈东渡者众。先生后与许寿裳（字季茀，鲁迅好友）、钱家治（字钧夫、钱学森氏之尊翁）、陈衡恪（字师曾）等同入东京高等师

---

① 经亨颐：《六十述怀》。

② 范寿康：《经亨颐先生传》，载《范寿康教育文集》，商务印书馆。

范学校，专攻教育与数理。计时八年，始告毕业。留东期间曾与孙中山、廖仲恺等诸革命前辈相结识，并与同乡友蒋百里、高子白、范高平、叶墨君等称莫逆交。"① 1903年，他与周树人、许寿裳、陶成章及先祖父范高平等20余绍兴府留日学生联名给家乡同胞写公开信，提倡学习西方的民主思想和科学技术，主张多派留学生出国，以振兴中华。

1908年，浙江创设浙江两级师范学堂。监督王孚川到日本拟聘许季茀、钱钧夫等任该校教务长，均不受聘。请经亨颐，当时他还是日本高等师范本科一年级学生，当然更不答应。可是后来同乡会公举经亨颐回国任两级师范教务长。他只好服从决议，休学一年，于4月13日归国就职，4月15日正式开学。在任期间，他果断地将抚台介绍的一个不称职的文学教员解聘，于是学生一致信仰他的率直。②一年后，经亨颐先生又回日本高等师范复学，由物理化学科改学数学物理科，并听吉田静致所授伦理学。两年后毕业，他又应聘到杭州任两级师范教务长，并在杭州教育厅办的暑期讲习科讲授伦理学，宣扬"道德不是千古不变的，道德判断没有客观的标准"的新思想。③

1911年，"辛亥武昌起义，各省响应。（两级师范）监督徐定超归温州，由先生代主校务，并参加革命运动。未几，杭州光复。成立浙江军政府，推先生主持教育行政。"③ 不久"浙江省教育会成立，先生被选为会长。"④ 当时，先祖父范高平也在杭州，当选为浙江省第一任农会会长，并曾任军政府财政部参议，盐政局副局长，推行盐政改革。因盐商阻力大而引退，从事精盐公司等实业。经亨颐先生也于1912年辞去政务，任两级师范学校校长，专心办学。经先生

① 范寿康：《经亨颐先生传》，载《范寿康教育文集》，商务印书馆。
② 经亨颐：《杭州回忆》。
③ 范寿康：《经亨颐先生传》，载《范寿康教育文集》，商务印书馆。
④ 姜丹书：《经亨颐先生传》。

和祖父当时相继退出政界，可能与辛亥革命成果为封建军阀所篡夺有关。

民国二年（1913年）改革学制，两级师范改名为浙江省第一师范学校（浙江一师），仍由经亨颐先生任校长。经亨颐办学，一本生平所谓“人格教育”之主张，以身作则，刚正不阿，精神大公，思想开明，注重感化与启发，反对保守与压制。对学生，他因材施教，辅导其自动、自由、自治与自律，不加硬性拘束。对课程，他主张全面发展，自文学、艺术、科学、数学以至体育运动无不注重。举凡陶冶个人身心方面之知、德、体、美、群五育，无所不包。而目标则在于培养正直、坚强、学识兼备之人才，为国家服务。又因先生知人善任，尊师敬贤，所聘教师皆国内知名学者，如所谓四大金刚：刘大白、夏丏尊、陈望道、李次九四先生，学问渊博，思想前进。陈望道是我国最早翻译《共产党宣言》的学者。又如李叔同，精通绘画与音乐，是当时中国艺术界的巨擘。其他师资也都颇为优秀。他们视校务如家务，视学生如子弟，专心教学，忠勤尽责。

1915年，浙江一师学生在浙江率先反对《二十一条》卖国条约，抵制日货；1916年反对袁世凯称帝；1919年在浙江带头声援“五四”运动。历次学生运动，浙江一师都与北京大学相呼应，成为浙江反帝反封建运动的先驱。这是经亨颐先生与其同事悉心办学、提倡民主爱国思想的硕果。经亨颐在浙江一师的影响，犹如蔡元培在北京大学。

与此同时，浙江一师又开展反封建的新文化运动。青年学子，慷慨激昂，抨击封建道德与封建文化。进步刊物《浙江新潮》内容更为激进。1919年秋，浙江一师一年级学生施存统（后改名复亮）发表了一篇题为“非孝”的文章。当时经先生不在杭州，他也未必完全同意这篇文章过激的观点，而且该校也有学生发表《非非孝》

的文章。可是这时杭州却出现一股流言，攻击经先生“非孝，废孔，公妻，共产”。反动省长齐耀珊要经先生开除施存统。经先生说：该生留在校内，尚可积极把他教好来，倘若把他开除出去，谁再教他呢？既认为不好，又无人教他好，岂非永为不好的分子，危害社会么？① 经先生的这种先进的热爱青年的教育思想至今仍值得我们认真学习。省长齐耀珊又想迫经先生辞职，或把他调空，均为他严词拒绝，最后只好把他无形免职。结果，又在 1919 年冬与 1920 年初，浙江一师掀起了挽留校长的“大风潮”。这是南方学生运动在“五四”以后的又一巨浪。我们常说“五四”运动是新民主主义革命的序幕，为中国共产党的成立作了思想上、组织上的准备。饮水思源，我们不能抹煞经亨颐先生等先辈在“五四”运动前从事启蒙工作的巨大功勋。

经先生主办两级师范及浙江一师，先后共十余年，不仅对浙江的学风起了领导示范作用，而且培养出了杨贤江、宣中华、汪寿华、叶天底等早期中国共产党党员，成为新民主主义革命的先驱。同时也培养出了潘天寿、丰子恺等绘画家，王隐秋等工艺家，刘质平、袁一洪等音乐家，他们都是闻名全国的一代艺术大师。

经亨颐先生离开杭州后，在上虞同乡先辈王佐先生、富商陈春澜先生赞助下，创办春晖中学。1922 年秋招生，12 月举行开校典礼。春晖根据先生之意见，不向军阀政府立案，并切实贯彻“反对旧势力，建立新学风”之主张。学校 1923 年起即招女生，开浙江省男女同校之先声。学校自订学则，在管理制度、教学内容、教学方法等方面俱有不少革新之处。学校组织协治会，实施民主管理。在教学上，既重文理各科之教学，亦注重学生在体育、美育等方面之发展。春晖之创办确曾在全国教育界引起轰动。四方学子多远道前

① 姜丹书：《浙江第一师范回忆录》。

来就读。而国内知名之士，如夏丏尊、朱自清、杨贤江、朱光潜、匡互生、丰子恺、刘薰宇、赵廷为、王任叔、毛路真、张孟闻等先后皆来任教。弘一法师也在校旁山脚建筑“晚晴山房”，从事静修与著作。白马湖上的新兴学府一时大放光辉。在经亨颐先生主持下，春晖不但有崭新的学风，并且一向具有旺盛的斗争精神，举凡如爱国抗日、支持革命等运动，师生几乎无役不与，不计牺牲。经先生主持春晖期间，曾于西齐岙山麓长松之下筑室自住，号“长松山房”。同时把驿亭故居与全部田产捐出，建立上虞第一所现代化医院“大同医院”，以嘉惠地方。

1923 年秋至 1925 年 11 月，经亨颐先生曾兼任宁波浙江第四中学（四中）校长。他不顾宁波封建势力的反对，坚决支持四中学生的爱国民主运动。1925 年“五卅”惨案后，四中学生和宁波其他学校的学生，也掀起了轰轰烈烈的反帝爱国运动。①

有意思的是，经亨颐先生先后担任浙江一师与四中的校长，都深受学生的爱戴，却遭到杭州与宁波的封建势力的忌恨与反对，终于被迫免职。而浙江一师、四中两校学生为了挽留他们拥护的经校长，也都掀起了轰轰烈烈的学生运动，推进了反帝反封建的浙江潮。

民国十六年（1927 年），广州国民政府任戴季陶为国立中山大学首任校长。当时正值国共第一次合作时期，中山大学学生思想进步。国民党“右派”戴季陶因参加西山会议，不敢前去就职。乃任经亨颐为副校长，代理校长职务。经先生当时邀先父范寿康为秘书长，随同前往广州。据先父回忆，中山大学开学典礼时，共产国际代表鲍罗廷还到校讲话。可是，经亨颐在中山大学的工作也受到“右派”的掣肘，所以不久即告辞去职。他与先父出韶关，越庾岭，循赣江，

① 周闪耀：《北伐前夕宁波学生‘拥经亨颐’的斗争》。

转武汉。与冒险押运精盐去武汉支援武汉革命政府的先祖父范高平相会，不久，风云突变。蒋介石等国民党“右派”发动反革命政变，屠杀共产党人。轰轰烈烈的大革命终于失败。当时正值先祖父 60 岁。经亨颐先生书赠一副对联：“十六年，年六十。”“人难做，做难人。”表达了他当时的悲愤心情。在蒋介石疯狂反共之后，浙江一师毕业生“以共产党招牌而惨死的历历有十余人之多”[①]，四中的共产党员、共青团员也有惨遭迫害的。这些血的事实，不能不给爱学生如子弟的民主主义教育家经亨颐的内心带来巨大的创伤。

此后，经先生又与先父一起返回故里上虞，他要先父同任春晖中学校长，协助他办教育事业。先父在春晖工作三年。1930 年夏，他和一位老师与一位同学，一起被土匪绑架，土匪绑架当然是为了钱。但这后面有无反动势力打击春晖进步势力的背景，仍是一个疑问。

1926～1927 年，经先生年近 50 岁。他开始学画。他先画竹，然后画梅、兰、水仙及松、石等，都是不畏霜雪耐岁寒的清品，体现了他的风格。经先生素擅书法，又善治印，故移笔作画，无师自通。这时，经先生与何香凝、陈树人等几位依旧支持孙中山的三大政策，与不愿为蒋介石效劳的老朋友相约，组成“寒之友社”，参加的还有国民党元老于右任、画家黄宾虹、张善孖、张大千、潘天寿、丰子恺、李祖韩等及诗人柳亚子，他们风雨泼墨，诗酒联欢。“寒之友社”设于上海租界光裕坊经宅，二楼就是何香凝的家。“寒之友社”实际上也掩护了国民党左派与共产党人的秘密活动。1933 年 3 月 28 日，廖承志在何香凝家中被捕，由宋庆龄、柳亚子、经亨颐担保获释。[②] 5 月宋庆龄曾受共产国际的委托，到何宅与廖承志秘密联络[③]。

---

① 经亨颐：《杭州回忆》。

② 经普椿：“承志和我”，载《廖公在人间》，香港三联书店，1983 年。

③ 廖承志：“我的回忆之二”，《人民日报》1982 年 5 月 29 日第四版。

以后，廖承志就与经亨颐先生的爱女普椿由相识到相爱。据我祖母说，当时经先生对他俩的恋爱是赞许和支持的。种种情况表明，经亨颐先生始终是中国共产党人的真诚朋友。

以后，经亨颐仍长期担任中国国民党中央委员、国民政府委员，但只挂空名，无所事事。他与何香凝等服膺中山先生的遗教，为国民党“左派”人士的中坚。他曾一度提议立即实施普及教育，然未被采纳。1934 年左右，经先生出任教育部部长的呼声甚高，然终因国民党中保守分子的反对，未能实现。所以，自 1926 年以后，经先生的主要建树实在艺术方面。1936 年，经先生年近花甲。影印篆刻及诗、书、画墨迹，汇成《经颐渊金石诗书画合集》，共三册。当时，赠给我家数套。我记得我们兄弟姐妹在当时也曾翻阅，至今仍有印象。可惜我家保存的这些集子以及他的大量亲笔书画经过“文化大革命”，至今已荡然无存了。

1937 年 7 月，抗日战争爆发。年底上海、南京、杭州相继沦陷。1945 年，堂叔范久康曾告我：1937 年年底，经亨颐先生为躲避日寇，曾到上虞城内（今丰惠镇）我家中暂住数日，当时他的心情十分抑郁。1938 年春，即转辗赴上海租界，移居颐和路寓所。终因忧愤成疾。1938 年秋病逝于上海广慈医院。

综观经亨颐先生一生，他由支持改良的民主主义走向支持革命的民主主义，由支持旧民主主义走向支持新民主主义，一生走在时代的前列。他的先进的教育思想和教育实践培育了几代优秀的中国知识分子。他的艺术成就表现了他的崇高的精神品格。他不愧为 20 世纪上虞县最杰出的人物之一。他的教育思想与言论和光辉的艺术成就是我国、我县的宝贵精神财富。

新中国成立以来，由于长期受“左”的思想干扰，我们多年来对经亨颐先生这样的民主革命先驱，中国共产党人的真诚朋友的生平事迹、思想贡献、崇高品格研究得太少了，介绍得太少了，以致在“文化大革命”期间竟然发生了捣毁他的坟墓的野蛮行径。“四人帮”之流可以横行一时，他们可以破坏、烧毁经先生的部分遗物，但他们无法阻止经亨颐先生的浩然正气、进步思想与民主主义精神。他的崇高精神必将在春晖中学，在上虞县，在浙江省，在全中国流传下去，发扬光大，成为精神文明建设的重要内容。

胡愈之和《东方杂志》*

胡愈之（1896～1986）（原名学愚）是 20 世纪中国的一位伟大的革命家，也是集政论家、作家、翻译家、编辑、记者、出版家于一身的杰出文化人。

1911 年，胡愈之考入绍兴府中学堂实科二年级，是鲁迅的学生，后因病休学。1912 年，入杭州英语预备学校学习。1913 年拜绍兴名宿薛朗轩为师，学习国文。1914 年，因家境贫寒，考入商务印书馆，在编译所理化博物部任练习生。1915 年开始参加《东方杂志》的编辑工作。胡愈之的成长和他在《东方杂志》的工作有密切的关系。本文主要对胡愈之在《东方杂志》工作的几个阶段作一概述。

1）通过《东方杂志》的工作，参加新文化运动，成长为百科全书式的学者（1915～1920）。

1915 年，胡愈之开始在《东方杂志》任助理编辑。当时《东方

---

* 此文写于 2006 年，为纪念胡愈之诞辰 110 周年而作，原载《胡愈之文化思想研讨会论文集》，上虞市政协文史资料委员会，2007 年；《出版史料》，2007 年第 1 期；《商务印书馆一百一十年》，商务印书馆，2009 年。

杂志》的主编是上虞人杜亚泉（1873～1933）。他是一位百科全书式的科学教育家和启蒙思想家，也是一位忠厚长者。他放手让胡愈之在实际工作中锻炼，一面又细心指导，使得他迅速成长[①]。

1915～1917 年年初，胡愈之用学愚这一名字在《东方杂志》第 12～14 卷第 1 期发表了近 40 篇文章（绝大部分是译作）。当时正是第一次世界大战时期，胡的译文主要是有关大战和当时世界各国的政治、经济状况。但也有一些介绍科学技术和世界语的文章。

从第 14 卷第 3 期开始，他改用愈之这一名字发表文章。到 1918 年，从第 15 卷第 5 期开始，又改用罗罗这一笔名。但有时也仍用愈之这个名字。从 1917 年 3 月到 1920 年年底（第 17 卷第 24 期），胡愈之在《东方杂志》上共发表约 230 篇文章。有时在一期中，有八九篇，约占该期刊物中文章的百分之三四十。这些文章涉及世界各国的政治、法律、军事、女权、经济、财政、工业、农业、交通、医药、科学、技术、文学艺术、哲学道德、历史、时事等各个方面，表明胡愈之已成长为一个百科全书式的学者。

这一时期发生了俄国十月革命、第一次世界大战、巴黎和会等重大事件，这在《东方杂志》和胡愈之的文章中都有所反映。例如，他发表了《世界之三大势力》、《太平洋之今昔观》、《巴尔干问题之正当解决办法》、《欧洲和会之结局》、《大战后之小战争》、《回教之世界》等文章[②]。他也翻译了罗素的《世界劳动运动之概况》、《俄国实地观察记》、《欧洲最新时局之解剖》、《劳农俄罗斯之改造状况》、《社会主义与自由主义》等重要文章[③]。他还用蠢材的笔名发表了介绍相

---

① 费孝通、夏衍等：《胡愈之印象记》（增补本），中国友谊出版公司，1956 年，第 403 页。

② 《东方杂志》第 16 卷，1919 年。

③ 《东方杂志》第 17 卷，1920 年。

对论的译文《相对性原理和四维空间》，用 W 的笔名发表了《应用镭锭之制造业》[①]。而这时他对文学更为关注。他写了《近代文学上的写实主义》这一长篇论文，翻译了托尔斯泰、普希金、高尔基、安徒生的作品，写了评介托尔斯泰、屠格涅夫等作家的文章[①]。

可是对 1919 年爆发的五四运动，《东方杂志》除了发表几张照片外，几乎没有什么反映。这可能和主编杜亚泉的政治倾向有关。1918～1919 年，陈独秀在《新青年》杂志上两次对《东方杂志》上杜亚泉和钱智修的有关东西方文明的文章提出了批评，并因此开展了东西方文化问题的大论战[①]。杜亚泉还反对写白话文。可是，胡愈之很喜欢看《新青年》，喜欢写白话文，他就偷偷地看，偷偷地写。他把用白话文写的文章用笔名投到《时事新报》副刊《学灯》和《民国日报》副刊《觉悟》上去登载[②]。在这期间，他没有公开参加东西方文化问题的大论战。

2）从《东方杂志》的主要编辑到实际的主编，使《东方杂志》成为既紧密结合当前政治，又具有一流学术水平、文理交融的综合性刊物（1921～1927）。

从 1920 年（第 17 卷）起，杜亚泉辞去《东方杂志》主编职务，由钱智修继任，而胡愈之已成为该刊的一个主要的编辑。1921～1923 年，胡愈之用愈之以及罗罗、化鲁、说难、蠢材等笔名又在《东方杂志》上发表了 160 多篇文章。有许多是时事评论，也有一些重要的文章。在文学艺术方面，有《文学批评——其意义及方法》、《近代英国文学概论》、《近代法国文学概论》、《近代德国文学概论》、《但底（丁），诗人及其诗》、《但底的政治理想》、《陀斯妥以夫斯基的一生》[③]《俄国新文学的一斑》、《俄国的革命诗歌》、《新德意志及

① 陈崧：《五四前后东西文化问题论战文献》，中国社会科学出版社，1985 年。
② 胡愈之：《我的回忆》，江苏人民出版社，1990 年，第 7 页。
③ 《东方杂志》第 18 卷，1921 年。

其文艺》、《新表现主义艺术》[①] 等。在政治方面，有《罗素新俄观之反响》、《战后新兴国之研究》（波兰、捷克、南斯拉夫、芬兰、波罗的海三新兴国、外高加索等6篇）[①]、《欧洲新局势与未来之祸机》、《最近国际关系与世界新形势》、《甘地与印度社会改造》、《非协同（不合作）运动》、《德国青年与社会主义》[②]、《德国棒喝团（法西斯）》[②] 等等。在哲学文化方面，翻译了《台莪尔（泰戈尔）与东西方文化之批判》（这篇文章是瑞士的一位哲学家批评泰戈尔的东西文化调和论的，显然和杜亚泉的观点也是对立的），罗素的《中国国民性的几个特点》、杜威的《中国人的人生哲学》[③] 等。

1924年后，主编钱智修兼任函授部主任等职，忙于其他工作，《东方杂志》的编辑工作实际上已由胡愈之负全责[④]。1924年《东方杂志》第21卷头两期，是创刊20周年纪念号，有许多一流学者写稿。第一号有张君劢、张东荪、杨铨讨论政治学和政制的文章，王世杰谈出版自由，周鲠生谈中俄关系，高一涵、于右任论中国政党，李权时、马寅初论中国经济，瞿秋白论现代文明与社会主义，刘叔琴论唯物史观，俞颂华谈德奥社会学派别，陈望道谈他的婚姻观，李石岑谈英德哲学之比较，胡朴安论20年来的学术与政治，甘蛰仙谈20年来的中国学术等共24篇文章。第2号有梁启超谈颜李学派与现代教育，章行严谈名家墨家，马衡谈考古的论文，有缪凤林、景昌极论唯识学，陈垣谈元基督教徒之华学，吴稚晖谈平民教育，何仲英谈中国方言学，杨树达论中国语言之分化，周作人谈中国戏剧，徐志摩谈哈代的诗，俞寄凡谈现代美学，丰子恺谈画家米勒等文章；周昌寿介绍了新宇宙观，李润章、郑贞文介绍了20年来的物

---

① 《东方杂志》第19卷，1922年。
② 《东方杂志》第20卷，1923年。
③ 《东方杂志》第19卷，1921年。
④ 胡愈之：《我的回忆》，江苏人民出版社，1990年，第9页。

理学和化学，还有朱自清、郁达夫、卢隐的文学作品，夏丏尊译的《爱的教育》，洪深译的王尔德的《少奶奶的扇子》等，内容十分丰富，学术水平居中国一流。第 3 号主要是纪念刚逝世的列宁。胡愈之写了《李（列）宁和威尔逊》、《李（列）宁及其后》、《诸名家的李宁观》、《著作家的李宁》、《李宁轶事》[①] 等文，对创建社会主义苏联的列宁，作了很高的评价。从 1924 年的第 21 卷到 1927 年的第 24 卷，胡愈之又发表了 150 多篇文章，主要是时事评论，并有 10 篇国际问题研究[②]和一篇《世界语 40 年》[③]。

这时期，胡愈之更重视向国内一流学者约稿，并发掘和帮助、培养青年作家和学者[④]。这 4 卷《东方杂志》的作者群中，有大师梁启超、哲学家胡适、张东荪、范寿康、金岳霖、贺麟，有文学家鲁迅、郭沫若、郁达夫、徐志摩、沈从文、梁实秋、洪深、袁昌英、陈学昭，教育家夏丏尊，社会学家陶孟和、潘光旦、俞颂华、陶希圣、李璜，历史学家陈垣、张梦麟，经济学家马寅初、周宪文，语言学家赵元任，法学家周鲠生，自然科学家竺可桢、杨铨、翁文灏、胡先骕，地理学家张其昀，新闻学家戈公振，画家刘海粟、黄宾虹、丰子恺，国民党元老吴稚晖、潘公展，共产党人瞿秋白、张闻天等，使《东方杂志》跃升为国内一流的学术刊物。

这时期的《东方杂志》还一改杜亚泉时期脱离现实政治斗争的状况，积极投入了反对帝国主义的五卅运动。1925 年 7 月，《东方杂志》第 22 卷出了《五卅事件临时增刊》。该增刊以主要篇幅刊登了胡愈之根据自己在运动中亲眼目睹的事实写成的长篇纪实文章《五卅事件纪实》，详细报道了运动的起因和发展过程，指出“五卅事件

---

① 《东方杂志》第 21 卷，1924 年。

② 《东方杂志》第 22 卷，1926 年。

③ 《东方杂志》第 23 卷，1927 年。

④ 胡愈之：《我的回忆》，江苏人民出版社，1990 年，第 9 页。

而引起的全国民众运动，是中华民族要求独立与生存的大抗争的开始”，是中国人民近百年来反对帝国主义斗争的新起点。文章对运动作了及时的舆论推动和思想引导。该增刊还刊载了《会审公堂纪录摘要》和《重要函电汇录》，是有关五卅运动的重要历史文献。可是这一期增刊却引起了租界工部局的不满，对商务印书馆提起刑事诉讼，最后法院判商务印书馆罚款 200 元。

1927 年 3 月 22 日，上海工人武装起义成功，胡愈之参加了对商务印书馆工人起义斗争的支援。4 月 12 日蒋介石发动了对起义工人的血腥镇压。4 月 13 日，胡愈之目睹了反动派对工人群众的大屠杀，十分愤慨。胡愈之起草了致国民党元老蔡元培、李石曾、吴稚晖的抗议信，由郑振铎、冯次行、章锡琛、周予同、胡愈之、吴觉农、李石岑等 7 人署名发出，并于 4 月 15 日在《商报》公开发表。周恩来曾表扬这封抗议信是“中国正直知识分子的大无畏的壮举”[①]。此后，白色恐怖笼罩了中国，胡愈之不得不于 1928 年 1 月中旬离开上海，去法国留学。

3）留学法国，并任《东方杂志》特约通讯员，成为国际问题和新闻学的专家和世界语运动的积极宣传者（1928～1930）。

1928 年 1 月，胡愈之离开上海后，《东方杂志》第 25 卷第 1、2 号还发表了他的两篇文章。胡愈之到法国后，担任《东方杂志》驻巴黎的特约通讯员。从第 25 卷 15 号起到 1930 年的第 27 卷 21 号，该刊共发表胡愈之有关国际问题的巴黎通信 13 篇，此外还发表了《托尔斯泰与东方》、《社会主义的一个新学派——亨利窦满》等译文。

胡愈之在巴黎和巴金相遇。通过胡愈之的介绍，巴金的译文《托尔斯泰论》、《为了单调的缘故》（高尔基著）和巴金的小说《父

---

① 费孝通、夏衍等：《胡愈之印象记》（增补本），中国友谊出版公司，1956 年，第 4 页。

女俩》先后在《东方杂志》发表①。

胡愈之到巴黎后，在巴黎大学学国际法，研究国际问题，在新闻专科学校研习新闻学，成为这两方面的专家。刚到法国时，胡愈之还不懂法语，完全靠世界语与人交往，他的亲身实践证明世界语是国际交往的有力工具，他成了世界语运动的积极宣传者②。

4）回国后继续代理主编《东方杂志》，"九一八"事变后积极主张抗日，1932 年"一·二八"事变后一度失业，8 月正式担任《东方杂志》主编，1933 年初出版《新年的梦想》专辑。3 月离职（1931～1933）。

1931 年 1 月下旬，胡愈之经苏联回国。他在莫斯科参观了 7 天。回国后，写了《莫斯科印象记》。虽然胡愈之在序言中说，他只是偶然在莫斯科停留了一个星期，"靠了这一点浅薄的经验，想明了苏联及其空前的革命事业的实迹，那简直是梦想了。"但他的这本书在国内发表后，却产生了巨大的影响。

1931 年 2 月底，胡愈之回到了商务印书馆，仍当《东方杂志》的编辑。这时主编钱智修年老，于右任又要拉他去南京监察院任职，这样，他把《东方杂志》主编的责任基本上都交给了胡愈之③。在这一年中，胡愈之发表了《印度革命论》、《西班牙的革命高潮》、《第二国际与政权问题》、《一年的国际》等重要论文④。特别是最后一文，针对"九一八"事变，胡愈之正确地预言："1931 年日本对我国东三省的强暴侵略行为亦将成为第二次世界大战的序幕。"④

1932 年元旦，《东方杂志》第 29 卷第 1 号出版，上面载有胡愈之的《现代的危机》一文。以后（1 月 16 日、2 月 1 日）又出版了

① 《东方杂志》第 25 卷（1928 年），第 27 卷（1930 年）。

② 胡愈之：《我的回忆》，江苏人民出版社，1990 年，第 12 页。

③ 胡愈之：《我的回忆》，江苏人民出版社，1990 年，第 15 页。

④ 《东方杂志》第 28 卷，1931 年。

第2、3号。可是在“一·二八”事变前几天，胡愈之得了重病，1月27日住院。“一·二八”事变爆发，商务印书馆的编译所和印刷厂以及胡愈之的家都被炸毁。医院也一片混乱。胡愈之只好出院回浙江上虞老家养病，哪知病情更加严重，转成了伤寒，经过治疗修养，到5月才回到上海。那时，商务印书馆已宣布停业，胡愈之也就失业了①。

1932年8月，商务印书馆复业，决定首先恢复《东方杂志》的出版。王云五请胡愈之正式担任《东方杂志》的主编。10月16日，《东方杂志》在中断8个月后复刊，第29卷第4号出版。胡愈之在卷首发表了《本刊的新生》一文，表示要“以文字作分析现实指导现实的工具，以文字作民族斗争社会斗争的利器，我们将以此求本刊的新生”。他还发表了《李顿报告书的分析和批评》，并以陈仲逸的笔名发表了两篇文章。同时还发表了范寿康、周予同、林仲达、金仲华、巴金的文章和胡伯恳的译文。从第5号到第8号，胡愈之（陈仲逸）共发表7篇文章，此外还发表了吴觉农、金仲华、俞平伯、丁玲、茅盾等人的文章，胡仲持翻译的赛珍珠的小说《大地》连载8期。刊物办得比复刊前的更有起色②。

1933年初，《东方杂志》第30卷新年号出版。这一期，胡愈之（陈仲逸）写了卷首语“迎1933年”，和另外两篇论国际政治的文章。同时发表了沈志远、千家驹、陈翰笙、朱光潜、俞平伯、郑振铎、李石岑、周建人、金仲华、林仲达的论文；发表了茅盾、老舍、朱自清、叶圣陶、丰子恺、郁达夫、巴金、丁玲的文艺作品。作者的阵容十分强大，内容更为丰富多彩。

为了《新年的梦想》这一专栏，编辑部发出了400多封征稿信。收到来稿142篇。80%的作者为教授、编辑、作家、记者、教育家、

---

① 胡愈之：《我的回忆》，江苏人民出版社，1990年，第19～20页。

② 《东方杂志》第29卷，1932年。

艺术家、银行家、实业家等高级知识分子。其中比较知名的有柳亚子、谢冰莹、徐悲鸿、郑振铎、巴金、郁达夫、范寿康、老舍、叶圣陶、胡秋原、索非、张申府、金仲华、周宪文、李石岑、邹韬奋、周谷城、俞平伯、何思敬、楼适夷、宋云彬、章乃器、茅盾、顾颉刚、谭云山、施蛰存、冯自由、郑晓沧、洪森、俞颂华、张君劢、陶孟和、顾均正、周作人、杨杏佛、孙伏园、漆琪生、傅东华、林语堂、夏丏尊、马相伯、陈翰笙、钱君匋等，也有少数官员如外交部长罗文干、铁道部次长曾仲鸣等，此外还有少数职员、学生、律师等。有许多人用梦来描述自己理想的社会，也有人用梦来批判、咒诅现实的社会。有意思的是，许多人的理想社会都是没有阶级、没有人剥削人、人人有饭吃、人人有工做、各尽所能、各取所需的大同世界。这些人有的可能是受到中国儒家传统的影响，有的是受到孙中山的三民主义、天下为公、世界大同思想的影响，有的则是受了马克思列宁主义、苏联的榜样的影响。此外也有不少人借说梦咒骂帝国主义、贪官污吏、土豪劣绅。在国民党反共的白色恐怖下，有这么多知名知识分子发表这样的“梦想”，是对当权者的有力讽刺和打击。于是王云五就要求删去一些“梦想”，或者改动这些“梦想”，为胡愈之所拒绝。后来，王云五就逼迫胡愈之离开《东方杂志》，改聘汪精卫的亲信李圣五和陈协恭任正副主编。

这个《新年的梦想》专栏曾受到鲁迅的批评①，胡愈之本人事后也感到做得不够策略，以至于丧失了《东方杂志》这一重要文化阵地②。

在新年号之后，胡愈之还主编了3期《东方杂志》(第30卷第2至4号)。第2号有胡愈之（仲逸）的评论《寇深矣》、《石油战之又

① 鲁迅：《听说梦》，见《鲁迅全集》，人民文学出版社，1981年，第4卷，第467～471页。

② 胡愈之：《我的回忆》，江苏人民出版社，1990年，第23页。

一幕》，论文《国人对苏联应有的认识》，后面有沈志远、胡仲持等人的有关苏联的 13 篇文章；第 3 号有胡愈之（仲逸）的时评《抗日斗争的一年》、《日本帝国主义的挑战》。后面有有关“一・二八”事变、东北义勇军、日本法西斯、世界经济恐慌的论文，还有刘宏谟介绍算学（数理）逻辑的文章，徐懋庸写的印度的《奈都夫人》、胡伯恳译的《梵蒂冈之艺术》；第 4 号有胡愈之（仲逸）论德国右派、法国阁潮的时评，后面有樊英、千家驹等论述中国经济、财政、金融、税制、盐务等方面的文章；这三期还有丰子恺、茅盾、张天翼、适夷、丁玲、沈从文、巴金、鲁彦的文学作品。从第 5 号开始，就由李圣五主编《东方杂志》，他们刊登汪精卫、孙科等人的文章，对日本帝国主义的态度，变得软弱、妥协，流露出失败主义的情绪（参见第 30 卷第 12 号有关“华北停战”的评论）。

5）离开《东方杂志》以后到抗日战争爆发（1933～1938）。

胡愈之虽然失去了《东方杂志》这一文化阵地，但他作为一位杰出的革命家，却在其他一些阵地作出了出色的贡献。其中比较重要的有 10 种：①1933 年 7 月后，代替邹韬奋策划运筹生活书店和主编《生活》周刊，团结了一大批文化界的进步人士，成为广大爱国力量的重要喉舌；②《生活》周刊被查禁后，1934 年 2 月创办并编辑《新生》周刊，请杜重远挂名主编；③1934 年 9 月,创办并实际主编《世界知识》半月刊；④1935 年后，通过杜重远、高崇明等爱国人士，做张学良、杨虎城的工作；⑤1936 年 6 月，和邹韬奋一起，在香港创办《生活日报》，宣传抗日救亡，呼吁建立抗日民族统一战线；⑥积极参加 1936 年 6 月成立的上海救国会的工作；⑦1936 年 10 月组织鲁迅葬礼；⑧1936 年年底到 1937 年 7 月，组织策划营救沈君儒、邹韬奋等“七君子”的活动；⑨1937 年年底到 1938 年年初，组织翻译出版《西行漫记》；⑩1938 年和胡仲持一起组织编印出版《鲁迅全集》[1]。

1927年以后，国民党对共产党开展了两条战线的斗争，在军事上围剿共产党的革命根据地。在文化战线上也进行了文化围剿，胡愈之的上述工作表明，他是反文化围剿的一位骁将，立下了不朽的功勋；在促使国民党停止剿共，建立抗日民族统一战线方面，他也立下了大功。

6）胡愈之主编的《东方杂志》留给我们的文化遗产。

胡愈之任主要编辑或主编时的《东方杂志》是他留给我们的宝贵文化遗产，体现了他的文化思想。我初步体会到，其中最可贵的有如下几点。

第一，“以文字作分析现实指导现实的工具，以文字作民族斗争社会斗争的利器。”他对国际、国内时政的评论充分体现了这一点。他不仅报道现实、分析现实，而且还追溯历史，展望未来，以此来指导现实。他编辑的《五卅事件临时增刊》、他在“九一八”以后有关抗日的评论都是这方面的范例。

第二，他不仅关注现实时政，也关心学术建设。《东方杂志》刊载哲学、语文学、历史考古、政治法律、经济学、社会学、教育学等学科的高水平的论文，也刊登小说、诗歌、绘画、雕塑等文学艺术作品，它不仅重视人文学科和社会科学，也重视自然科学和技术（如介绍20世纪以来物理学、化学等学科的进展，出版有关爱因斯坦和达尔文的专号），提倡科学精神，反对愚昧迷信，注意文理沟通，人文与科学的交融。这样的兼顾人文和科学的大型综合性期刊，当时除《东方杂志》外，还有一个就是中华学艺社编辑出版的《学艺》杂志。令人遗憾的是，在1949年以后，在中国内地就没有这样的刊物了。

---

① 陈荣力：《大道之行——胡愈之传》，浙江人民出版社，2005年，第121～176页。

第三，胡愈之通过《东方杂志》，联系、团结了一大批国内一流的学者，请他们为刊物写稿，也翻译出版国外著名学者（如罗素、杜威等）的重要论文，使《东方杂志》成为国内一流的学术刊物。在文学方面，“五四”以来的著名作家几乎都在《东方杂志》上发表过作品；也发表了托尔斯泰、高尔基、哈代、赛珍珠等外国作家的作品的译文。刊物还注意发现、培养、扶植新的青年学者和作家。例如，巴金登上文坛，成为知名作家，就是从《东方杂志》和《小说月报》发表作品开始的。

第四，在学术思想和理论观点方面，《东方杂志》支持不同学派、不同观点之间的自由讨论，介绍过国际上自由主义和社会主义思潮的交锋，介绍过不同的社会主义派别的理论观点。在文学艺术方面，也发表不同艺术流派的作品。刊物办得生动活泼，富有生气。

第五，尊重读者。胡愈之主编《东方杂志》后，设立了《读者编者作者》专栏。刊登读者的建议、意见和批评，由编者和作者作出回答，促进了三者之间的交流和互动。1933 年的新年号的《新年的梦想》一栏，发表了 142 个作者的来稿，其中有 13 个是读者。像《东方杂志》这样的高水平的学术刊物，发行量居然高达十余万册，这也表明了广大读者对刊物的爱好和支持。

胡愈之主编《东方杂志》的成功经验和从中体现出来的文化思想是十分丰富和深邃的，需要我们深入研究和发掘。我只是在写这篇文章时，匆匆浏览了从第 12 卷到第 30 卷的《东方杂志》（共 19 卷），我的认识体会还是很肤浅、很片面的，可能还有错误和不当之处，欢迎批评指正。

1933年中国知识分子的新年梦想*

——《东方杂志》第30卷第一号读后

《东方杂志》是商务印书馆在1904年创刊的大型综合性学术刊物。1932年8月，商务印书馆聘请胡愈之为主编，承包刊物全部业务。该年11月1日，东方杂志社向全国各界知名人物遍发通启约400余份，提出两个问题：①先生梦想中的未来中国是怎样？②先生个人生活中有什么梦想？截止到12月5日时，共收到答案160余封。其中有一小部分是《东方杂志》的读者自动来应征的。1933年，《东方杂志》第30卷第1号以“新年的梦想”为题，发表了142人的答案。这142应征人按地域分布：上海78人，南京17人，北平12人，杭州8人，广州4人，天津、济南、安庆各2人，徐州、西安、镇江、无锡、苏州、嘉兴、定县、峄县、青海、南洋、日本各1人，未详5人。按职业分类：大学教授38人，编辑及著作家39人，教育家9人，新闻记者12人，官吏12人，艺术家3人，职员4人，

---

* 本文写于2008年，原载《中华读书报》，2008年7月9日。

学生 3 人，银行家 2 人，实业家 3 人，律师 1 人，读者 13 人，未详 3 人。

1927 年国共分裂，国民党开始实行清党、剿共，到 1933 年已是第 7 个年头了。令人惊讶的是，绝大部分应征人对未来中国的梦想仍然是社会主义或三民主义的大同世界。例如，中央监察委员柳亚子答："我梦想中的未来世界是一个社会主义的大同世界。"（应征人的头衔和他的答案均引自《东方杂志》第 30 卷第 1 号"新年的梦想"专栏，有少数引文稍有删节，但不改原意——作者注）女作家谢冰莹答："我梦见一个没有国界、没有民族、没有阶级区别的大同世界……共同生产、共同消费的社会主义国家。"燕京大学教授郑振铎答："我们将建设了一个伟大的社会主义的国家。"裕丰纱厂的毕云程答："在我梦想中的中国，没有榨取阶级，也没有被榨取阶级。大众……共同努力，造成一个社会主义的新中国。"中央大学研究生汪漫铎的梦想是："凡中国境内一切'劳动寄生虫'完全绝迹。每人作他愿作的工作，每人享他应得的物质享受。"小说家郁达夫说："将来的中国，可以没有阶级，没有争夺，没有物质的压迫，人人都没有，而且可以不要'私有财产'。"燕京大学教授滕白也说："未来的中国，人人能拿枪；人人有饭吃，有事做；没有烟鬼游民和土匪兵；男女平等，做官不得致富；无资本主义侵掠小民。"翻译家查士元希望："有这样一个健全的社会，对资本主义当然是一个不接受，对帝国主义当然是一个不屈服。"复旦大学教授谢六逸说，"未来的中国……没有阶级，不分彼此，互不'揩油'。"安徽大学教授范寿康说："我做了这样一个梦……（旧的）生产关系的'外壳'炸破了，革命的暴风雨席卷了英、美、法、德、意诸国。中国跟随先进各国获得了国际间的自由与平等。在这未来的中国，无所谓贫富悬隔的阶级，无所谓男女差别的待遇……人类真正的历史开始在写第一页了。"在他的梦中，中国进入社会主义是在先进的资本主义国家革命之后。铁道部科长吴嵩庆的梦境是："废除军备、国界、种族而臻于大同。"光华书局编辑顾凤城梦想中的未来中国是"没有阶级，没有种族，自由平等的一个大同社会。那时候军阀已经被民众们推翻，帝国主义也已经打倒"。《中学生》杂志编辑叶圣陶说，"梦想中未来的中国……个个人有饭吃，个个人有工作做；凡所吃的饭绝不是什么人的膏血，凡所做的工作绝不为充塞一个两个人的大肚皮。"神州国光社编辑胡秋原说："我是一个社会主义者，我的'梦想'当然是无须多说的。"

清华大学教授张申府在 1921 年曾是欧洲的中共小组的领导人，1925 年脱党。但他并没有改变对共产主义的信仰，他说："我理想中的中国是能实现孔子仁的理想、罗素科学的理想与列宁共产主义的理想的。"他还希望中国人都能"懂得唯物辩证法"，"能实践唯物辩证法"。读者罗伊生（他是外国记者——作者注）的梦是"无国界的大同世界"，"无阶级社会"。山东正谊中学的徐伯璞梦想中的中国是"以三民主义为原则的大同世界"。暨南大学教授李石岑认为"中国必然走上科学的社会主义之路"。顾森千理想中的未来中国要有"比新俄还要伟大的各种巨大的破坏和巨大的建设"。大晚报记者邵冢寒的梦想是"民众建立并巩固自己的政权……中国便没有什么军阀官僚买办资本家一类的特权阶级，榨取阶级，寄生阶级"。立法院编译处的郎擎霄希望"消灭阶级斗争"，实现"大众平等"。持志大学学生娄立斋梦想中的中国"已无掠夺者和被掠夺者的对立"——而"方今大多数中国人，他们并不贪懒，而反天天在挨饿受冻，且有易子而食者"。《读书杂志》特约撰述员严灵峰预言"1917 年 10 月的俄国的戏剧在中国复演"，最后"整个世界——中国也在内，将要达到'各尽所能，各取所需'的地步"，人类就从"必然的王国跃进了自由的王国"。上海法学院教授朱隐青的回答是一句话："无阶级专政的共产社会。"银行家俞寰澄说："我想未来的中国，一定是个联邦社会主义的国家，连高丽、台湾，或者连日本都包含在内。”《生活周刊》主编邹韬奋所梦想的未来中国“是共劳共享的平等社会”。北京大学教授盛成“主张以唯物史观来建设新中国”，“不过在物质建设以前……有民族意识的建设之必要”。中山大学教授何思敬通过“三五年来马克思主义社会科学之探索”，认为“未来的中国属于……被压迫被剥削的阶级——工人农民和一切劳苦大众”。新闻记者楼适夷认为，“未来的中国，将是勤劳大众的中国，不是剥削阶级的中国”。徐州女子师范学校的俞觉梦见中华“实现了中山先生的大同世界”。开明书店编辑宋云彬说：“未来的中国将有一场大火，毁灭旧社会的一切，重新建设起一个没有人对人的仇恨、阶级对阶级的剥削的社会。”浙江教育厅第三科科长张任天希望通过教育，“实现三民主义，促进世界大同。”教育部科长吴研因梦想，中国在革命和建设以后，“无阶级的分别”，“私人经济制度绝不存在”。著译家武思茂梦想中国在国际上与外国绝对平等，全国人民绝对平等，全国电气化，教育普及，“全国人民无一人不劳而食”。读者张宝星梦想中国通过计划经济、普及教育等，实现经济组织完全社会主义化，“出现真正自由平等博爱无阶级无榨取无压迫的快乐的新中国！”

复旦大学商学院院长李权时认为“理想中的未来中国是须合乎《礼记》‘大道之行也，天下为公……是谓大同’的一段事实的”。张锡昌设想“未来的中国是一个有计划有秩序的国家……一切生产的工具在劳动者手里，不断地生产适应大众的需要；政府是劳动者的代理人……农业生产者走上集体的自由的途径”。著译家黄华节梦想1950年春天中国已是一个“国内无所谓买卖”的农业社会主义社会。中央研究院总干事杨杏佛说：“我梦想中的未来中国应当是一个物质与精神并重的大同社会。”读者杨一南在梦中发现，“现代的中国，已达中山先生所唱之‘大同世界’。”暨南大学教授漆琪生预言，“二次世界大战中，……以苏俄为中心的社会主义势力获得胜利，则中国也将成为社会主义的国家”。大中中学教员严绂葳也梦想“一切阶级都消灭”、“一切剥削关系都不存在”的新社会。武昌中华大学教授陈时说：“中国的传统思想，是世界大同。我……希望于百年以内，与全人类共同促进一个理想的大同世界。”

在坚持反共、剿共的国民党政府的统治下，仍有这么多知识分子梦想大同世界或社会主义，我想是有多种原因的。一是儒家传统的大同理想。二是国民党的创始人孙中山也主张实行“世界大同”。三是马克思列宁主义在中国的传播。苏俄革命和执行第一个五年计划的成功。四是帝国主义对中国的侵略、世界大战、资本主义世界的经济恐慌使许多中国知识分子对资本主义产生了反感。

1931年，日本侵占东三省。1932年年初，日军又进攻上海。面对外敌入侵、国内军阀割据、内战不断，独裁专制、贪污腐败、贫穷落后、民不聊生的现状，第二类应征人希望建立一个独立、统一、民主、法治、富强和现代化的中国。例如，职员陈敏达希望“重创灿烂光明的中国”。艺术家徐悲鸿梦想：“时白崇禧与蒋介石之孙，俱智勇足备，又同心协力，欲雪旧耻，此时中国已有近世组织，国人又诚心以实力助之。”外交部长罗文干希望“政府能统一全国”，“内争的勇敢毅力转用来对外”，“土匪绝迹，外患消除，四民安居乐业，世界共享太平”。大阪商科大学学生周伯棣以为“中国只有忍辱负重，努力自强，静待时变”。上海银行的张水淇梦想“凡是人对于国家所当负的义务，所当享的权利一律平等”，“政治之设施决之于国民的公意”。周宜适“梦见中华民国为世界上最光荣的国家”。读者金丁说：“香水、汽车、电灯、跳舞、书报……为什么甲能享受乙不能享受？未来的中国是不该如此的！”暨南大学教授卫聚贤主张“国家应如建筑塔的形势，最上一层的中央政府权最小，最下一层的人民权最大”。浙江大学教授俞子夷设想了中国未来的教育。开明书店编辑索非说：“未来的中国，必然地走上‘无治’之路：在人的意义上一律平等，真正的自由，由是建立，由衷的博爱，由是产生。”天津女子师范学院教授韦丛芜梦想未来的中国是一个合作社股份有限公司，凡成年人都是社员，都是股东。社会科学研究所主任陈翰笙希望“中国完全能独立”。《东方杂志》“妇女与家庭”栏编辑金仲华希望“中国已不在侵略它和毁坏它者的掌下。每个人可不必愁虑生活的问题……从东南的海岸到西北的边疆，全部的中国将成为一整体”。中华书局编辑倪文宙说，“奴隶化的中国人，自也有翻身之日”。读者何法说：“个人虽极力想梦见中国成为美利坚、意大利，或降格以求，丹麦、土耳其，但是，不能。”教育部的戴应观梦想几十年后的中国，完成孙中山先生的建国方略，铁路、公路、航海、航空、教育、科学都有巨大的发展。《银行周报》主笔戴蔼庐的梦想是“要人人能守秩序”。穆藕初主张“政治上必须实行法治”。著作家李青崖梦想未来的中国知识阶级，重实验，重理智，以为创造新的局面的根基。开明书店编辑顾均正梦想未来“东方杂志每年至少有四千万份销路，排字工人每天只要做四小时的工作”。《东方杂志》文艺栏编辑徐调孚梦想“未来中国没有国学、国医、国术……国耻、国难等名词”。《人民晚报》编辑宓汝卓梦想政治方面“货真价实的廉洁”，“准许言论绝对自由”。苏州振华女学的王季玉梦想未来的中国，“一切利源得到发展；平凡国民有普通知识；学术人才得尽其所长；大小官长有诚实和牺牲的品格；政治设施，入于轨道；国家地位，我不侵人，人也不敢侵我”。著作家韦息予梦想“新生的合法势力（即基于吾人为吃饭说话行动的平等自由的要求而生的一种力量）得其培养而蓬勃生长，终于把一切不法势力压倒”。

镇江民政厅的盛止戈梦想“未来的中国，因人心悔祸而善而决无内争；政治入轨而贪污绝迹；实业振兴而外货滞销；交通发展而商贾载途；教育普及而无一文盲；乃至国防齐备，失地收复，不平等条约悉数取消；遂执国际之牛耳，解除世界弱小民族的痛苦”。江苏省立民众教育院院长高践四认为，中国“在政治方面应培起国民运用民权之欲望与能力；在经济方面应取合作社制度竭力增加生产；知识分子全体动员到民间去，到乡间去，协助教育欠缺之同胞”。“世界的和平统一则通过国际联盟之途进行”。读者周毓英梦想“第三国际放弃阶级斗争，主张阶级协力”，“国民党参加第三国际，中国统治组织与无产阶级合组了新政府，所有监狱里的共产党政治犯都释放出来。共军和剿共军先后向边境开拔，去防御帝国主义的军队，收复东三省的失地”。“中国对一切不平等条约宣告无效。开始实行计划经济，逐渐实现民生主义。”光华大学教授诸青来主张：“本国人民均有参政权。各党和平竞争，绝对不用武力。私人企业以不妨碍公益为限，公营事业须扫除官僚积习，从速发展农工合作。切实保障人民之生存权、劳动权。”铁道部次长曾仲鸣的回答是 7 个字：“自由平等的中国。”《读书》杂志特约撰述员彭芳草梦想“政府不守无抵抗主义，也不向国际联盟求教”。交通部总务科长龚德柏希望中国“可以自己力量收回东三省”，次第收回“领事裁判权、租界、租借地等”，“对外既获得国际之平等，内又巩固其统一”。法政学院教授周还希望，“建设一个有组织的、有能力的、廉洁的政府，带兵的人……表现出抵抗精神，渐次恢复以前失去的地方……一切的军阀、官僚、资本家、名流和土劣一总打倒”。大夏大学教授梁园东“梦想我们的社会，成为一个以自己为中心的社会，而不要再是一个以政府为中心的社会。政府……是一个不怕人讲话的政府”。国立艺术学院教授孙福熙希望“能够人人行为负责”。《生活》周刊编辑艾狄生梦见，在 1943 年，上海已没有红头阿三、洋丘八、洋兵舰，“是完全中国人管理的上海”。燕京大学教授张君劢写了题为“中国今后之出路”的长文，主张“今后之总司令由国民代表公举”，“内战中之和与战，应取决于国民代表”，“社会确立平等基础；个人保持个性自由”，“我国之经济建设，唯有国家社会主义而已”。上海市政府参议武育干梦想的“中华民国”“是一个真正名副其实的‘民’国”，官吏清正，“军队……不作内战的工具”，“人民能够抵制苛捐杂税、清乡剿匪，能够建设代表大多数人民幸福的政府”！申报记者赵叔雍反对采取俄式、意式的政治制度，主张建立“全民主政治，而后可望治平”。社会科学研究所的姜解生梦想“所谓人生，一方面是有计划的、有规律的，一方面是可以本能地尽量享受一切的”。

暨南大学教授周谷城说：“我梦想中的未来中国首要之件便是：人人能有机会坐在抽水马桶上大便。”读者赵何如梦见中国成了中、印、俄、日和各小国的联合大会的主盟国，会址在已没有租界的上海。北平中法大学教授曾觉之梦想“中国的一切都以人为基础，要以人役物，不以物役人。大家觉悟工业制度与资本主义的弊病，乃从事于农村的建设，节制资本，调和生产与消费，使无过剩不及之弊”。行政院参事李圣五认为“内讧与外患是两大致命伤，竭全力以防范敌御”。北京大学教授李宗武希望“中国的军人不要只能内战，不能抗外。军事当局不要只知剿共，不知御侮……希望能杀尽一切贪官污吏……中国民众能监督政府，使政府不为少数军阀所私。使政府为民众全体的政府”。上海浙江实业银行的章乃器说：“中国将来的革命，必然是一个向整个的上层阶级进攻的‘左倾’的革命。那个革命的目标，不单是要推翻帝国主义，而且同时要推翻帝国主义的虎伥。”杭州《民国日报》记者胡键中梦想中的“未来中国是一个纯三民主义的国家”。燕京大学教授顾颉刚希望“没有人吸鸦片，吞红丸。打破旧家庭制度，奖励移民，知识分子到民间去，每个人都有职业”。江湾立达学园的谭云山认为，中国要“兴”，必须“切实奉行三民主义……是中国唯一一条能走的出路”。否则就可能“亡”，亡于日，亡于俄，或亡于被瓜分。燕京大学教授洪业梦想将来的中国人“都有饭可吃，有衣可穿，有屋可住，有人可爱；有业可执；都能读书看报，从军杀敌；充满科学的应用；政府代表国民的公意，给国人和外侨以法律的保障；保守和改良旧有文化，吸收和创造新文化。筹备国家领土的安全，与各外国共谋全世界的和平”。律师张耀曾梦想的中国是在国际政治和经济联盟下的私有经济和国有经济并存的一个民主国家，并作了比较详细具体的勾画。上海文库编辑罗叔和梦想的中国是：“在政治方面，生产者和劳动者都参加政治；在经济方面实现电气化、文化大众化和普遍化。”《现代》杂志主编施蛰存梦想中的未来中国是“一个太平的国家，富足，强盛。中国人走到外国去不被轻视，外国人走到中国来，让我们敢骂一声‘洋鬼子’——现在是不敢骂的”。

暨南大学教授张相时梦想，“到 1983 年，中国民族在内忧外患重重压迫下苦战恶斗了 50 年而建立了一个理想的——真正平等的、和平的新国家。2032 年，完成了伟大的清水工程，全国大小江河的水都清了。应征人时年 138 岁，住在喜马拉雅山附近的长江源头，应友人之邀，出山观光，驾小艇顺江而下，沿途所见，果然水天一色，清漪可爱”。著译家黄华节梦见了 1950 年春天中国农家的幸福生活。新世纪函授学社社长章衣萍的理想中的中国，“最低的限度，要大家有饭吃，有衣穿，有房子住，有路可走”，“不要像甘肃一带人民一样，吃草根树皮，十六七岁的大姑娘还没有裤子穿”。暨南大学教授漆棋生认为“中国行将出现克玛尔的土耳其政权（“右倾”的场合）或者西伯利亚远东共和国的政权（“左倾”的场合)。”读者张竞波希望中国人“都能很自由，很平均的各做其事，各吃其饭；没有野心家垄断着饭碗，把面包堆起来不给人吃；没有神经病患者做无意义的战争和一切无意义的人的枷锁”。浙江大学教授郑晓沧主张“以最科学的方法来‘选贤与能’，希望有一二打的人，真正以公众利益为心，而又有专门训练的，去担当国事”，并主张发展铁路交通，教育科学，改进乡村生活，减除阶级的界限，节育等。中央大学教授凌梦痕梦见，“在日、俄、英、法、美从四面向中国进攻之时，中国国民党终于奋起，以抗外敌，中国共产党脱离第三国际，将红军全部交付政府，集中候命开往前线，终于收复失地，各地民众团体表示愿以全民力量赞助中国国民党作民族复兴运动”。法政学院教授钱啸秋梦见“在海口不见外国兵舰和水兵，外国银行改成中国银行，洋商的工厂收回自办，扬子江上的轮船是本国制造，宜昌上游是世界第一的水电站，农村用最新的洋机器耕种，如此等等”。《时事新报》记者潘公弼认为，“国际地位的增进，有待国内产生若干世界（级）的科学家与哲学家；当然，政治相当的昌明，国防相当的充实，亦是必要的条件”。

九四叟马相伯也应征作答，共 15 条，由门人徐景贤笔记。他认为“未来的中国，既非苏俄式的一党专政，亦非美国式的两党更替，乃民治的国家，法治的国家……根本大法，保障人民应有的天赋人权，即身体自由权、财产所有权、居住权、营业权、言论出版集会权，并信仰‘无邪术害人’的宗教等权”。新加坡南华女子学校的姚楚英梦想中的未来中国，“是光明的、进步的，科学化的、美的新中国，先要经过一番苦难危险，然后好像旭日的初升，照耀在太平洋岸，执东方的牛耳。海内外同胞，都得享受平等的幸福，同时替世界弱小民族求解放”。国立上海商学院教授俞颂华梦见，“中国出了一位大科学家，能够改造国人的生殖细胞，使得未来一代新国民都富于创造冲动，没有占有冲动。他们个个都劳动 ，没有不劳动而获的寄生者。他们之中，有的是大科学家，大艺术家，大哲学家；有的是大政治家，大军事家，大经济家……他们能够把我们‘社会遗传’中的贪污、懒惰、愚昧、残忍、独断、谄佞等颓风陋习一扫而空，发挥今人所不可思议的美德，使中国成为一片光明的世界”。

虽然多数应征人都赞成民主，但也有人认为中国需要专制。例如，清华大学教授俞平伯就主张：“绝对的开明专制的阶段是必需的。”复旦大学教授袁道丰认为，“中国的未来会有一位狄克推多（专制者）出现……他公然利用外力，以削除异己。可是他不是独立的狄克推多……后来他被民众推翻了，起而代之者，是一位更有才干的狄克推多……”读者孙伯鲁梦想未来中国，“能有一个像墨索里尼、凯马尔等这样的人物出来，用独裁的手段，来救中国目前的危机。”而读者张杰则主张非暴力革命，梦想未来的中国，“忽然生出来一个甘地，艰苦卓绝，领导群众，和横暴势力奋斗。”

在内战问题上，虽然多数应征人，反对内战，反对剿共，但也有少数人有不同见解。例如，实业家冯自由就认为“国民党容共酿乱”，主张消灭共产党。

第三类应征人对中国的前途比较悲观，做的梦比较低调，有的甚至做了可怕的噩梦。例如，小说家巴金说，“在现在的这种环境中……我只感到冷，觉得饿，我只听见许许多多人的哭声，这些只能够使我做噩梦”，“那一切所谓中国的古旧文化遮住了我的眼睛，使我看不见中国的未来，有一个时期使我甚至相信中国是没有未来的”。他引用了他写的一篇小说中曾经写过的话：“我们如果得不着新生，就会灭亡，灭亡而让位于他人”，“我要努力奋斗，即使奋斗的结果，我们依旧不免于灭亡，我们也应该奋斗”。《时代画报》编辑章克标说：“中国的未来，我简直不敢有所梦想。”小说家老舍说：“我对中国将来的希望不大，在梦里也不常见着玫瑰色的国家……天长地久，糊涂的是永生的，这是咱们。得了满洲，再灭了中国，春满乾坤，这是日本。揖让进退是古训，无抵抗主义是新名词。”图案画家钱君匋说：“未来的中国是一团糟……我们生活的苦，将跟着逐渐加浓。”中华书局编辑周宪文说：“我有意要替未来中国做个好梦，好过小说上的君子国……正在这样梦想入神的时候，小说上的两面国忽然出现；国里的人民看去和蔼可亲，嘴上说的都是‘牺牲一己’，转瞬间他们都露出了狰狞的面目，互相屠杀，愈杀愈凶。”暨南大学教授区克宣说："准照中国目前的情状，实不是一只什么睡狮或醒狮，而倒像一只可怜的骆驼，不管什么合理与不合理的负担，都一天天地加重在它身上，而它将来也只有忍受着那样的重负，一天一天地在无边际的沙漠中前进！"著作家伍迁耀"梦见二三个佩指挥刀者跳舞于骷髅之上，音乐悠扬，甚形得意"。戏剧家洪深只希望，"在这一年中，那些妨碍社会改革和进步的人……会多死去几个"。海关职员慕洁在梦想中讽刺了海关、税收机关和财政部长的腐败。浙江省立图书馆的冯次行在梦中，梦见了一个日本人，他说中国"不是被国际共管，就是被列强瓜分"；梦见了一个美国人，他"希望中国能够成为一个资本主义的新国家"；梦见一个苏俄人，他说："同志！全世界迟早要进展到社会主义路上去的，中国哪能例外"；梦见了一个意大利人，他说，中国要建造一个统一国家，最好采用国家资本主义和法西斯蒂主义。这几个洋鬼子争闹不休，做梦人在彷徨踌躇中惊醒了。岭南大学教授谢扶雅说："将来的中国，不是日本独占，便是国际共管。"

《论语》半月刊主编林语堂十分低调。他说道：我"不希望有全国太平的天下，只希望国中有小小一片的不打仗，无苛捐，换门牌不要钱，人民不必跑入租界而可以安居乐业的干净土"。"我不做梦，希望民治实现，人民可以执行选举、复决、罢免之权，只希望人民之财产生命不致随时被剥夺"，"我不做梦，希望内地军阀不杀人头，只希望在杀头之后，不要以 25 元代价将头卖与死者的家属"，"我不做梦，希望全国禁种鸦片，只希望鸦片勒捐不名为'懒捐'，运鸦片不用军舰，抽鸦片者非禁烟局长"，"我不做梦，希望监察院行使职权，弹劾大吏，只希望人民可以如封建时代在县衙门击鼓，或是拦舆喊冤"，"我不做梦，希望人民有集会结社权，只希望临时开会抗日不被军警干涉"，"我不做梦，希望贪官污吏断绝，做官的人不染指，不中饱，只希望染指中饱之余，仍做出一点事情"，"我不做梦，希望政府保护百姓，只希望不乱拆民房，及向农民加息勒还账款”。这样的希望共 16 条，对当时中国的怪现状作了辛辣的讽刺。

开门书店编译所长夏丏尊做了几个噩梦：“梦见中国遍地都开着罂粟花，随处可闻到芬芳的阿芙蓉气味。”“梦见中国捐税名目繁多，连撒屁都有捐。”“梦见中国四万万人都叉麻将。”“梦见中国人用的都是外国货，本国工厂烟筒里不放烟。” “梦见中国日日有内战。”“梦见中国监狱里充满了犯人。”“梦见中国到处都是匪。”如此等等，表现出对当时中国现状的痛心疾首。

第四类应征人不愿意作梦想，反对作梦想，有的甚至骂题。例如，南京国立编译馆的刘英士说，“未来中国的命运，不决定于我们的‘梦想’，而决定于我们的行为。”《大晚报》记者张若谷说：“在中国未来大变动发难的前夜，我对于我的祖国……没有梦想，我不愿学痴人说梦话，我要踏进现实的世界，出汗流血，劳力苦斗。世界上只有劳力苦斗的人们，他们有做幸福之梦的权利。”北平社会调查所主任陶孟和不愿回答问题，而是骂题。他说：“梦想是人类最危险的东西……梦想有麻醉的功能。‘未来的希望’不能专靠梦想，必须依据现在的事实精细筹划。”小说家茅盾说：“对于中国的将来，我从来不作梦想；我只在努力认识现实。梦想是危险的。”针对《东方杂志》征启中所说“甜蜜的舒适的梦是我们所有的神圣权利啊”，安徽大学教授周予同说：“倘使你关门蒙被，做你孤独的梦，或者没有什么危险；倘使你不识相，觉得你的梦太有趣了，而向大众公开着，‘在这昏黑的年代’保得住不掉脑袋吗？我们的神圣权利啊！我们早已空无所有。”北京大学教授周作人引了《看云集》中的一段话，作为答案：“信仰与梦，恋爱与死，也都是上好的麻醉。能够相信宗教和主义，能够做梦，乃是不可多得的幸福的性质，不是人人所能获得。”定县平民教育促进会的孙伏园说：“在这漫长的冬夜里，我们有的是饿，有的是冷，有的是虱子和跳蚤，有的是刺客和强盗，还哪儿来的一两个甜蜜的舒适的梦?”杭州市立中学教员姚韵绮说:“个人连梦想也没有一点的……挣扎在一知半解、辗转无以自存的生活苦闷中，除了眼睁睁怅望着灰暗的前途，听其自然没落，便什么想头都没有。”

第二部分是112位应征人关于个人生活的梦想，因内容不如第一部分重要，又因限于文章的篇幅，就不作介绍了。

鲁迅在看了这一期《东方杂志》新年特大号中的《新年的梦想》之后，写了一篇《听说‘梦’》的杂文①。鲁迅体会到编者的苦心是“以为言论不自由，不如来说梦，而且与其说所谓真话之假，不如来谈梦话之真”。但他认为编者“却大大的失败了”，因为他遇见过一个应征人，“说他的答案已被资本家删改了，他所说的梦并不如此。”所以鲁迅说，“做梦，是自由的，说梦，就不自由。做梦，是做真梦的，说梦，就难免说谎。”鲁迅也指出，“许多人梦想着将来的好社会，‘各尽所能’呀，‘大同世界’呀，很有些越轨气息了”。但他接着说;“而很少有人梦见建设这样社会以前的阶级斗争，白色恐怖，轰炸，虐杀，鼻子里灌辣椒水，电刑……倘不梦见这些，好社会是不会来的。”鲁迅推崇的是要实现这“梦”境的人们，“他们不是说，而是做，梦着将来，而致力于达到这样一种将来的现在”。最后，他也讽刺了梦想做隐士的铁道部次长曾仲鸣（此人抗战时做了汉奸——作者注)、梦想做渔樵的中国银行副总裁俞寰澄。

主编胡愈之也回忆过这一期《东方杂志》出版的前后经过。“1932年8月，商务印书馆又复业了……王云五要我仍回商务主编《东方杂志》。我表示同意。但我和他约定，采取承包的办法，由商务拨给一定的编辑费用，我自己来找房子，请编辑，定内容，这一切商务都不得干涉。王云五同意了。我着手编辑《东方杂志》后，

① 《鲁迅全集》第4卷，人民出版社，1981年，第467～471页。

努力革新内容，使刊物更适合抗日救国的需要，同时在国民党实行文化围剿的情况下，尽量吸收和刊登［共产］党员和进步作者写的文章，使《东方杂志》复刊后有了新的起色……1933 年 1 月，《东方杂志》新年号出版，我在这一期组织了一个〈新年的梦想〉专栏，这些文章没有骂国民党的，只是对国民党有些讽刺。清样已经打好，王云五却来找我说，‘有的文章最好不要用，或是改一改。’我说，‘你不是包给我办的吗?’他马上就说：‘那就不包吧!’就是这样他逼我离开了《东方杂志》。他把《东方杂志》交给了汪精卫的亲信李圣五和陈恭协，由他们当正副主编……《东方杂志》是一个很有影响的刊物，失去这样一个阵地是很可惜的，后来鲁迅先生也说没有必要搞这样一个‘梦’的专栏。今天回过头来看，当时我们如果做得更策略一些，保持这块阵地，对革命文化工作的发展更有利。"[①]

尽管鲁迅认为“新年的梦想”这一专栏办得并不成功，有的说梦者，“难免说谎”，有的梦被删改，不少说梦者，空谈理想社会，而并不实践。不过总体看来，说谎者还是少数，被删改的是个别的。大多数应征人还是真诚的。确也有一些知识分子，在书斋内高谈理想社会，但在应征人中，也有的在为中国民族的救亡和民权的保障而踏踏实实地工作着，奋斗着。其中杰出的代表，如杨杏佛，作为民权保障同盟的领导人，在 1933 年 6 月就被特务暗杀了。而邹韬奋在 7 月就被迫流亡。[②] 1936 年 11 月，作为上海救国会的领导人的邹韬奋和章乃器被国民党政府逮捕，激起了全国人民的公愤。

在 3/4 世纪以后的今天看来，1933 年“新年的梦想”专栏是对当时中国知识界的一个很好的社会学调查，很有代表性地反映了当时中国知识分子的思想动向，具有很高的历史价值。这一专栏说明了一个重要的历史现象。为什么在 20 世纪 40 年代末到 50 年代初，

---

① 胡愈之：《我的回忆》，江苏人民出版社，1990 年，第 23 页。

② 胡愈之：《我的回忆》，江苏人民出版社，1990 年，第 25～26 页。

中国国内的绝大部分知识分子都留在中国内地，迎接或等待新中国成立，许多原在海外的中国知识分子，纷纷回国，积极参加新中国的建设事业。这是因为中国知识分子早在 20 世纪 30 年代，就不满国民党的腐败和专制，有渴望大同世界、新民主主义和社会主义的思想基础。

范寿康一家和春晖中学*

家父范寿康曾任春晖中学校长，我的大姐、两个妹妹、一个弟弟都是春晖校友。但是，我们家与春晖中学的关系还得从我祖父范高平谈起。

一、范高平与经亨颐是莫逆之交

我的祖父范高平（1868～1944）与春晖中学创办人兼老校长经亨颐（1877～1938）是莫逆之交。我祖父出身贫苦，6岁就当学徒，靠自学成才。1903年，他与经亨颐同为清朝第二批官费赴日留学生。他们在日本与蒋百里、张葆灵等结下深厚的友谊。祖父回国后筹创了杭州笕桥省立农事试验场，并当选为省农会会长。辛亥革命后曾任浙江省军政府财政部参议、省盐政局副局长。后从事实业，曾与范旭东、张謇等实业家合作。1925年在营口创办利源精盐公司，事

* 本文写于2008年，为纪念春晖中学百年校庆而作，原载《我们的科学文化——伦理能不能管科学》，华东师范大学出版社，2009年。

业颇有成就。经亨颐为“国民党左派”，辛亥革命后曾主持浙江省军政府教育行政，并当选为省教育会会长。以后辞去政务，专心办学。我祖父和经亨颐（我们称他为子渊公公）虽从事不同事业，但始终亲密交往，在事业上相互支持。经亨颐想发展白马湖，自建长松山房，约何香凝建蓼花居，我祖父也应邀在他们两家的东侧建了一所别墅。有一年，我祖父母到那里小住，正好廖承志和经普椿在谈情说爱，子渊公公就诙谐地对我祖母说：“你看，他们俩在吊膀子哩。”子渊公公创办大同医院，我祖父也出资赞助。对我祖父的事业，子渊公公也入股支持。在我祖父回上虞时，子渊公公也常到城里（现丰惠镇）做客，挥毫写字作画。他为我曾祖父写了墓碑，也为我祖父的寿圹写了墓碑，为我们家的正厅写了“后乐堂”的横匾。他不仅送我祖父、父亲许多亲书的字画，也送我大姐令棣一个条幅，送我大哥岳年（时年3岁）一幅绘画，上面还题写“岳年先生雅正”。子渊公公幽默风趣，他的音容笑貌，我至今还有点印象。

二、经亨颐提携范寿康为春晖中学校长

家父范寿康（1896～1983）是我祖父的独子。祖父怕我曾祖母过分娇惯孙子，在家父11岁时，就把他送到宁波张葆灵先生创办的存宜小学学习。我父亲1913年到日本留学，先进东京第一高等学校，1919年入东京帝国大学，攻哲学与教育学。1923年回国后，在商务印书馆任编辑，主编《教育大辞书》和《学艺》杂志，著有《教育哲学大纲》等著作。1926年，家父曾推荐他的好友陈兼善先生来春晖担任代校长。1926年末，广州国民政府任命戴季陶为中山大学校长。戴是“国民党右派”，遭到该校“左倾”的学生反对，不敢就职，于是改任经亨颐为副校长，代行校长职务。经亨颐就带范寿康前去就职，任范为教授兼秘书长。经亨颐就任后，因“国民党右

派”张静江身居要职，专横反动，遇事掣肘，不久即行去职，回归上虞。1927年8月，经亨颐仍任春晖中学校长，并任命范寿康为代校长，直至1930年7月。范寿康的教育思想是主张发挥学生个性的社会主义教育。① 在这三年内，春晖有了蓬勃的发展，学生人数激增到300余人，开始增设高中部，不仅是本省各县，甚至四川、湖南、广东的学生，也都纷纷闻名来学。②

1927年夏，家父初任春晖校长时，我祖父母的义女胡子婴（我们称她为小伯）因在第一次大革命时期参与上海工人纠察队进攻上海警察局一事，在“四一二”反革命政变后被列入黑名单。她就来到春晖，找我父亲，在春晖躲藏了一个时期。同年，张葆灵先生的儿子、生物学家张孟闻在宁波曾作为共产党重要嫌疑犯被捕。被保释出狱后，他于该年初秋到春晖任教，并介绍雪花社社友王任叔、毛路真来春晖任教。1928年，他和雪花社的社友们把在汉口牺牲遇难的著名共产党员汪子望的遗体运到上虞，在春晖附近的山岙里埋葬，并请经亨颐校长题了墓碑。③ 这些都体现了春晖的两位校长对受迫害的共产党员的深切同情。

三、范寿康被绑架的前前后后

1930年6月15日傍晚6时左右，有12个匪徒来春晖中学，先绑架了伍敏行老师和学生夏廷才，逼问他们校长的住所。家父范寿康听到声音，就出来说，我就是校长，你们不要难为他们。匪徒就把三人一起绑架走了。这是我幼时听家里人说的。而据章育文先生回忆，是匪徒先在家父在白马湖的住所前绑架了父亲，然后又绑架

---

① 《浙江省春晖中学》，人民教育出版社，1999年，第41～43页。
② 《浙江省春晖中学》，人民教育出版社，1999年，第137页。
③ 《浙江省春晖中学》，人民教育出版社，1999年，第145～148页。

了伍老师和夏姓同学。[1]

据家父记载，那天晚上下着雨，12 个带着盒子炮的“好汉”带着三个“财神”（我们家乡称绑架为“请财神”），在泥泞的田塍和崎岖的山路上走了一夜，最后到达（大约是嵊县的）荒山上的一座草舍“山厂”。他们在山厂住了 50 多天。每天夜间有两个“好汉”夹着一个“财神”睡，“财神”的头旁就是两把木壳枪。[2]

大约一周后，绑匪通知春晖中学校方去上海洽谈“赎票”事宜。学校决定派章育文先生赴上海谈判。几经讨价还价，最后商定票款 3 万元。春晖中学校董会出 2 万，我祖父（当时已从营口赶回上海）同意出 1 万元。[1] 章先生回忆我祖父是变卖房产田地，凑足赎金的。其实我祖父一贯主张不为子孙买房产田地，我想他多半还是变卖股票凑足赎金的。我现在还模糊地记得，在我 4 岁时，一个夏日的晚上，我父亲和另外两个人蓬头垢面地回到家中。

20 世纪 70 年代末，我常去北京汪芝麻胡同看望堂舅胡愈之先生，他有一次也谈起了我父亲被绑架一事。愈之舅舅说，他最佩服我的祖父。在商谈赎票过程中，绑匪代表曾威胁说，如再谈不出结果，他们准备先割下夏姓学生的两只耳朵。我祖父听说后，严正表示，对三个人中的任何一个的身体，都不许有丝毫伤害。如果伤害了其中的任何一个，就终止赎票的谈判，一个也不赎。这样就保证了三个人的人身安全。而人们都知道，我父亲是他的唯一儿子。

此后，我父亲就离开了春晖中学，在营口祖父家中休养一段时间以后，到安徽大学任文学院院长、教授，后到武汉大学任哲学教育系主任、教授。

---

① 陈绵武：《春晖范寿康校长遭歹徒绑架始末》，《上虞乡贤文化》，第 150～152 页。

② 范寿康：《死线》，《东方杂志》，1935 年第 32 卷，第 24～25 页。

四、春晖中学和开明书店

春晖中学之所以闻名全国，这与春晖在 20 世纪 20 年代的著名教师加入开明书店所依托的主要作家团队有密切关系。1926 年，章锡琛根据胡愈之的创意和策划，在他和郑振铎、吴觉农、叶圣陶等知识分子的支持下，创办了开明书店。曾在春晖任教的夏丏尊、丰子恺、朱自清、朱光潜、刘薰宇、毛路真、范寿康等都先后加入了开明书店的作者队伍，或成为股东。1927 年，在“四一二”反革命政变后，胡愈之起草了一封由郑振铎、章锡琛、胡愈之、周予同、吴觉农、冯次行、李石岑等七人共同署名的公开抗议信。1928 年春，在胡愈之出国避难前，胡愈之和开明书店的朋友章锡琛、夏丏尊、叶圣陶、徐调孚、周予同等在白马湖畔夏丏尊家中聚会，共商开明书店发展大计，决定由夏丏尊任开明书店编辑所所长，创办《中学生》杂志。在此前后，夏丏尊译的《爱的教育》、他与叶圣陶合写的《文心》、丰子恺的漫画、朱自清的《背影》、朱光潜的《给青年的十二封信》、刘薰宇的《数学趣味》、陈建功、毛路真的《高中代数》等都十分畅销。家父范寿康的《中国哲学史通论》也在开明书店出版。茅盾的《子夜》、巴金的一系列小说、沈端先（夏衍）译的《母》受到广大文学爱好者和进步青年的欢迎。《中学生》成为广大青年知识分子心爱的读物。开明书店一跃成为国内最有影响的出版社之一。

抗战期间，章锡琛没有来中国内地。中国内地的开明书店业务由我的堂叔公范洗人负责。1938 年，我在桂林的开明书店见到了丰子恺先生。1941 年年初，我在贵阳的开明书店（就设在刘薰宇家的前半部）见到过刘薰宇先生和巴金。家父范寿康在抗战后曾任军委会政治部第三厅任第七处处长，后任副厅长，到重庆后辞职。也曾任开明书店代表，后被聘为商务印书馆、中华书局、世界书局、开明书店等七大书局的联合处主任，统筹大后方西南各省中小学教科书等印销事宜。1945 年后，家父到中国台湾任教育处处长，1947 年改任台湾大学教授兼图书馆馆长。1949 年后，家父曾兼任中国台湾开明书店董事长。后因中国台湾开明书店总经理刘甫琴，在 70 年代末，侵吞开明资金，汇给他在美国的亲属，不肯退还，导致中国台湾开明书店破产。后来，开明书店将遗留的房子、设备、物资转让给中国台湾商务印书馆，由商务印书馆代还所欠债务。台湾开明书店就此结束。而中国内地的开明书店早在新中国成立初，就与青年出版社合营。这样，与春晖中学同人关系密切的开明书店就彻底消失了。

五、我们一代与春晖中学

我的大姐范令棣于 1932 年在春晖中学初中毕业。当时还有人敲着锣，到家中报喜。我的二姐、哥哥和我，因抗战逃到中国内地，没有机会进春晖中学。但我们在贵州进了黔江中学，该校校长就是曾任春晖中学校长的陈兼善先生。我们读了许多开明书店出版的书和教科书，间接地也受到春晖的影响。我们的三妹范令云、四妹范云棣、三弟范樟年在 20 世纪 40 年代都曾在春晖肄业。范令云后在美国获有机化学和生物化学硕士学位，积极参加促进中美两国人民友好活动，曾任美京华人各界联合会总干事，全美华人协会华盛顿分会会长。范云棣后在加拿大麦吉尔大学获数学博士学位，后在诺福克大学任教授。范樟年后在美国获电机工程硕士学位。他和夫人为芬兰诺基亚公司在中国发展手机业务作出了巨大贡献。

1982 年，家父从台湾经美国回到大陆。我和大哥岳年陪同他回到阔别 35 年的故乡，也回到春晖中学和同学们见面。他在和同学见面时，作了简短讲话，勉励同学要尽可能多地对社会作出贡献。

1983 年家父因病逝世。我们兄弟姐妹商定，在春晖中学建立范寿康奖学基金。以后我们的四妹范云棣博士（她是家父在春晖被绑架的 1930 年出生的）又捐款设立范云棣奖学基金。现在校方和范云棣已商定将两个奖学基金合而为一，成为范寿康、范云棣奖学基金。我们希望这一基金能长期保持下去，以表达范寿康一家对春晖中学的深切怀念。